사상적 지진

사상적 지진

강연집 III

가라타니 고진 ㅣ 윤인로 옮김

도서출판 b

| 일러두기 |

1. 이 책은 柄谷行人, 『思想的地震 —— 柄谷行人講演集成 1995~2015』(筑摩書房, 2017)를 옮긴 것이다.
2. 인용문의 출처는 모두 본문 속에 간략히 표기되어 있는데, 여기서는 주요 국역본 출처와 함께 각주로 처리했다. 몇몇 인용문은 국역본이나 원문에 비추어 손질한 부분이 있다.
3. 역자가 본문에 삽입한 것들과 역자주는 모두 [ ] 속에 넣었다.

| 차례 |

지진과 칸트

오늘 저는 '근대화 속에서 도시가 갖는 연속성과 변용'이라는 과제를 받았는데, 아쉽게도 지금부터 이야기하는 것은 그것과 관련되긴 해도 근본적으로는 다른 것이라고 하겠습니다. 왜냐하면 저는 오히려 비연속성과 변용이라는 것에 대해 이야기하고 싶기 때문입니다. 구체적으로 말하자면, 지진에 관한 것입니다. 아시다시피 올해(1995년) 1월 7일 한신阪神[오사카와 고베] 지역에서 대지진이 있었고 죽은 사람이 6,400여 명에 이릅니다. 몇 만 채의 집이 붕괴되었습니다. 저는 현재 도쿄에 살고 있지만 한신 지역 출신으로, 지금도 나이 드신 어머니가 홀로 거기서 살고 있습니다. 어머니 집은 조금 무너졌을 뿐이지만 누나의 집은 완전히 붕괴되었습니다. 하지만 아무도 죽지 않은 이상 피해자 속에는 끼지도 못합니다. 저는 곧바로 달려가고자 했지만 지진 이후 철도가 정지되어 있었으므로 아마가사키의 집에 도착한 것은 1주일이 지난 뒤였습니다. 게다가 전차까지 불통이었으므로 고베 항까지는 걸어서 가야 했습니다. 도중에 곳곳의 가옥들이 붕괴된 것을 보았습니다. 처음에는 사진을 찍었습니다만 붕괴된 집들이 너무도 많았으므로 이내 그만두었을 정도였습니다.

고베의 피해에 관해서는 그 지역 도시개발이 토건업자의 이익을 위해 행해지고 있어 주민의 안전을 희생시키고 있으며 지진 이후의 원조체제 및 위기관리가 제대로 작동되지 못했다는 비판이 많았습니다. 그중에는 건축가 안도 다다오처럼 도시 건설에 대한 국가적 통제의 강화를 주장하는 이도 있었습니다. 지진은 정치적으로 총리로의 권력집중 및 자위대의 적극적 긍정을 향한 여론을 유도하는 데에 이용됐던 것입니다.

그러나 제가 지진의 흔적을 여기저기 돌아다니면서 생각했던 것은 그것이 전쟁 시 폭격의 흔적과도 같은 풍경이었다는 점입니다. 제가 어렸을 때 보았던 고베는 거의 폐허였습니다. 폭격을 면하여 남아 있던 낡은 건물들은 아마도 이번 지진에 의해 모두 붕괴됐을 테죠. 이후 50년간의 건설이 행해졌는데 고베는 이번에 다시 폐허가 된 것입니다. 고베 사람들이 올해의 지진재해에 냉정한 태도를 취했던 것은 그들이 이미 동일한 경험을 해보았기 때문이라고 생각합니다.

제가 생각해보았던 것은 그러한 폐허의 장소에서, 건축에 관하여, 혹은 도시화에 관하여 이야기하는 것이 무엇을 의미하는가라는 점이었습니다. 그래서 이소자키 아라타가 예전에 말했던 것을 떠올렸습니다. 그의 건축이 다름 아닌 폐허의 이미지에서 발단하고 있다는 말이었습니다. 그리고 저는 고베에서 그 말을 절실히 느낄 수 있었습니다. 우리는 폐허의 이미지 없이는 미래에 관하여,

혹은 건축에 관하여 이야기할 수 없는 게 아닐까라는 느낌이 그것입니다.

지진이 있고 나서 얼마 지나지 않아(3월 20일) 일본을 뒤흔든 또 하나의 사건이 있었습니다. 그것은 옴 진리교라는 컬트집단이 지하철에 사린[신경성 독가스]을 살포해 대량의 피해자를 낸 사건입니다. 그들은 금세기의 아마겟돈·세계최종전쟁을 예상하면서 그것을 준비했을 뿐만 아니라 먼저 선수를 친다는 일방적 믿음으로 화학병기를 사용한 게릴라적 전쟁을 시도한 것입니다. 그들의 이론은 특별히 일본적인 것도 독일적인 것도 아니며, 19세기 서양에서 일어났던 신지학神知學에서 발단한 스피리추얼리즘Spiritualism의 기울어져가는 마지막 유파에 해당된다고 하겠습니다.

물론 지진과 옴 사건 간에는 아무런 연결점도 없습니다. 그러나 제가 한신의 지진과 옴 사건의 조합에서 상기했던 것은 18세기 중반 유럽에서 일어났던 한 사건이기도 했습니다. 정확히 말하자면 1755년에 일어난 리스본에서의 지진과 그것을 예지했던 스베덴보리를 상기하게 됐던 것입니다. 그는 일급의 과학자인 동시에 환영을 보는 자(비저너리)[1]였습니다. 어떤 의미에서 그는 19세기 말에 융성하게 되는 신지학의 선구자였습니다. 물론 지적인 레벨

• •

1. [환영을 보는 자, 원문은 "視靈者", visionery. 스베덴보리(혹은 스웨덴보르그, Emanuel Swedenborg, 1688~1772)는 스웨덴의 과학자로, 1741년 이후 신비적 영성체험의 신학에 몰두했다. 그는 칸트보다 한 세대 앞서며, 칸트는 「형이상학의 꿈을 통해 밝힌 환시자(Geistersehers)의 꿈」(1766)에서 스베덴보리의 영성체험을 검증했다.]

에서도 시령視靈의 레벨에서도 신지학자들은 스베덴보리에는 훨씬 못 미치지만 말입니다.

그러나 여기서 제가 이야기하고 싶은 것은 지진이나 스베덴보리에 관해서가 아니라 그것들에 대해 양의적인 태도를 취한 칸트에 관해서입니다. 리스본 지진은 유럽에서 모든 성인들을 기리는 그 날(11월 1일), 신자들이 교회에서 예배를 드리던 때에 일어났습니다. 그랬기 때문에 그 지진은 신의 은총에 대한 의심을 야기했습니다. 그것은 대중적인 레벨에서 머물지 않고 유럽 전체의 지적 세계를 문자 그대로 뒤흔들었던 겁니다. 제가 흥미롭게 생각하는 것은 바로 그때 칸트가 취했던 태도에 관련된 것입니다.

리스본 지진은 그때까지 지배적이던 라이프니츠의 예정조화적 형이상학의 붕괴를 상징하는 사건이었습니다. 예컨대 볼테르는 몇 년 뒤 『캉디드』를 써서 라이프니츠적 예정조화의 관념을 비웃었습니다. 그 어느 때보다 신의 은총이 있어야 할 날에 대지진이 일어났기 때문입니다. 한편, 루소 또한 지진은 인간이 자연을 망각한 것에 대한 심판이라고 썼습니다. 문명에 대한 자연의 보복이라는 것입니다. 그러나 칸트는 그런 사람들과는 전혀 달랐습니다.

그는 1756년에 리스본 지진에 관한 세 편의 연구 보고를 쓰면서, 지진과 종교적인 의미는 전혀 관계가 없으며 지진은 오로지 자연적 원인에 의한 것임을 강조했습니다. 나아가 지진 발생의 원인에 관한 가설을 서술하면서 유럽에 지진이 일어날 가능성을 경고했고 내진건축의 필요를 설파했습니다. 비종교적인 입장에 서 있던 이들마저도 이 사건에서 무언가 '의미'를 발견하고자 했던 것과는 달리, 칸트는 그러한 의미 발견을 전적으로 거부했었다는 점에 주목해야 할 것입니다.

그런데 그런 칸트가 다른 한편에서 기묘한 태도를 취했습니다. 즉, 그는 지진을 예언한 시령자 스베덴보리의 '앎知'에 매료됐던 것입니다. 칸트는 스베덴보리의 기적 능력에 대해 조사했을 뿐만 아니라 직접 스베덴보리 본인에게 편지를 썼고 면회를 희망했습니다. 칸트가 특별히 시령이라는 현상을 인정했던 것은 아닙니다. 그의 생각에 시령이라는 현상은 '몽상' 혹은 '뇌질환'의 일종이었습니다. 시령이란 단지 사념에 지나지 않는 것으로서, 감관을 통해 외부로부터 전해오는 것처럼 받아들였을 따름입니다.

그런데 어찌해도 칸트는 스베덴보리의 '앎'을 부인할 수 없었습니다. 영[혼]이라는 초감성적인 것을 감관에 있어 수취한다는 것은 많은 경우에 그저 상상(망상)이기만 하겠지만, 그중에는 단순히 망상으로 정리해버릴 수 없는 경우가 있습니다. 특히 스베덴보리는 '정신착란'과는 거리가 멀었던 제1급의 자연과학자였고, 동시에 그의 시령자로서의 '예지' 능력에도 리스본에서의 지진 예고를 위시해 의심할 수 없는 증거가 많았기 때문입니다. 칸트는 그것을 인정하지 않을 수 없었던 것이죠. 그러함에도 동시에 그것을 부정하지 않을 수 없었던 것입니다.

칸트는 그런 인정과 부정 둘 중 어느 한 쪽을 결정할 수 없었습니다. 그것을 정신착란이라고 불렀을지라도 '시령자의 꿈'을 진지하게 다루지 않을 수 없었던 것이죠. 또한 동시에 그것을 자조하지 않을 수도 없었습니다. 예컨대 그는 시령자를 긍정하는 자신을 독자들이 (정신병원에) 입원할 후보자로 간주할지라도 어쩔 수

없다고 생각했습니다. 나아가 칸트는 그런 사정이 '시령자의 꿈'
에 한정되지 않고 형이상학에도 마찬가지로 해당되는 것이 아닐
까라고 말합니다. 왜냐하면 형이상학은 아무런 경험에 빚지지
않은 사념을 마치 실재하는 것인 양 다루고 있기 때문입니다.

　이리하여 칸트는 「시령자의 꿈에 의해 해명될 형이상학의 꿈」
이라는 제목의 자조적인 에세이를 썼던 것입니다. "끝을 모르는
철학에 일치하지 않을 모종의 우매한 일이라는 게 있겠는가?"
즉 '형이상학의 꿈' 또한 더할 나위 없이 '우매한 일'이며 '정신착
란'이라는 겁니다. 그러하되 칸트가 말하는 것은, 그럼에도 우리
가 그런 '형이상학'을 피할 수 없다는 점입니다.

　그때까지 사교적이었던 칸트는 그 이후로 침묵합니다. 『순수이
성비판』을 발표한 것은 그로부터 10년이 지난 뒤입니다. 『순수이
성비판』은 「시령자의 꿈」처럼 자기 풍자적으로 씌어져 있지 않습
니다. 어떤 의미에서는 체계적으로 구축된 저작입니다. 그러나
거기서도 「시령자의 꿈」을 관통하는 태도, 즉 조소하면서도 긍정
하는 태도는 소실되지 않고 있죠. 그런 태도는 『순수이성비판』에
서는 안티노미(이율배반)라는 형태를 취했던 겁니다. 「시령자의
꿈」에는 이렇게 적혀 있습니다. "앞서 나는 일반적 인간 오성을
단지 내가 가진 오성의 입장에서 고찰했었으나, 지금 나는 나
자신이 아니라 외적인 이성의 위치에서, 나 자신을, 나 자신의
판단을 그 가장 은밀한 동기와 함께 타인의 시점에서 고찰한다.
그러한 양쪽에서의 고찰을 비교하는 일은 분명 강력한 시차를
발생시키겠지만, 그 일은 광학적 기만을 회피해 여러 개념들을
그것들이 인간성의 인식능력에 관계해 서 있는 참된 위치에 놓기

12

위한 유일한 수단이다."(「시령자의 꿈」) 이처럼 『순수이성비판』에서도 테제와 안티테제 양쪽 모두가 성립하는 것을 증명함으로써 그 양쪽 모두가 '광학적 기만'에 지나지 않음을 노출시켰던 것입니다.

그럴 때 라이프니츠적인 형이상학은 어떻게 되는 걸까요『순수이성비판』에서 칸트는 이렇게 쓰고 있습니다. "오늘날은 형이상학에 대해 모든 경멸을 노골적으로 드러내는 것이 시대의 유행이 되고 말았다."[2] 그러하되 그는 다음과 같이 말하는 것입니다. "실제로 인간의 자연적 본성과 관련하여 무관심하게 있을 수 없는 대상에 관한 연구를 두고 아무리 무관심함을 가장할지라도 그것은 무익할 따름이다. 자신은 형이상학에 대해 무관심하다고 말하는 사람들이 학문적 용어를 아무리 통속적인 상태로 고쳐 자기 정체를 속이려고 할지라도, 어쨌든 그들이 무언가를 사고하는 한에서, 그들은 자기들이 극심히 모멸하는 형이상학적 견해로 어쩔 도리 없이 되돌아가지 않을 수 없는 것이다."[3] 『순수이성비판』 이후 칸트의 일은 형이상학의 '비판'입니다. 그러나 그 비판이란 파괴하는 것이 아니라 철저하게 음미함으로써 재건하는 것입니다.

저는 여기서 칸트적 비판의 계기가 다름 아닌 지진에 있었음을 새로이 상기시켜보고 싶습니다. 예컨대 슬라보예 지젝은 이렇게

2. 『純粹理性批判』上卷, 岩波文庫. [임마누엘 칸트, 『순수이성비판』(1권), 백종현 옮김, 서광사, 2006, 166쪽.]
3. 같은 곳. [같은 책, 167쪽.]

말합니다. 데카르트의 코기토는 중세시대 '존재의 위대한 쇠사슬'이 끊어진 틈에 대한 자각으로 나타났지만 그 자신은 그것을 곧바로 봉합하고 말았는데, 그렇게 쇠사슬이 끊어진 틈을 초월론적 코기토로서 새로이 발견했던 사람이 칸트였다고 말입니다. 데카르트와 함께 자각된 그 끊어진 틈을 (충족이유율에 의해) 합리론적으로 이어붙인 이가 라이프니츠입니다. 그리고 라이프니츠, 볼프와 같은 합리론적 형이상학 속에서 졸고 있던 칸트를 각성시킨 것이 흄의 회의였다고 일반적으로 말해집니다. 그러나 칸트는 흄의 방향으로는 가지 않았습니다. 오히려 형이상학의 재건을 향했던 것입니다. 그 지점에서 뒤돌아보면 칸트의 형이상학을 뒤흔들었던 것은 흄의 회의가 아니라, 말하자면 지진이었다고 해야 할 것입니다. 지진은 라이프니츠에겐 단지 연속적인 단계에 있던 감성과 오성 사이에 결정적인 '갈라짐'을 낳았으며, 칸트는 그런 상황에 대처하고자 했던 것입니다.

지젝의 표현을 빌리자면, 칸트는 데카르트가 발견하고 틀어막았던 틈새를 다시 발견했던 것입니다. 우리는 라이프니츠를 근대라고 불러야 하는 걸까요 만약 그렇다면 칸트는 포스트 근대라고 불러야 하는 걸까요. 그러나 근대란 그렇게 메울 수 없는 틈새 위에 서 있는 것입니다. 동시에 근대란 말하자면 그런 틈새를 봉쇄하려는 필사적 운동이라고도 해야 할 것입니다. 칸트가 발견했던 틈새는 낭만파에 의해 금세 상상적으로 메워지고 말았습니다. 키르케고어나 마르크스가 각기 그 틈새를 재발견하지만 그것도 머지않아 메워지고 맙니다. 실존주의자가 다시 틈새를 열었지만 그것 또한 메워지며, 나아가 그것에 대해 구조주의자가 틈새를 가져왔으되 다시 메워졌습니다. 말하자면 그러한 변형과 연속성이 근대의 사상사를 형성한다고 해도 좋지 않을까 합니다.

1980년대에는 포스트모더니즘이나 형이상학의 디컨스트럭션(탈구축) 같은 논의가 번성하였습니다. 건축에서도 마찬가지입니다. 아니 그렇다기보다 오히려 포스트모던이라는 단어 자체가 건축에서 나왔던 것입니다. 1991년에 시작된 ANY라는 건축가 회의는 디컨 건축[Deconstructivism Architecture]을 주창한 피터 아이젠만이 주도적이었는데, 그뿐만 아니라 자크 데리다도 참가하고 있었습니다. 그 회의는 이후 로스엔젤리스, 규슈 유후인, 몬트리올, 바르셀로나를 거쳐 이번에 서울에서 개최됩니다. 저는 올해에 미묘한 변화를 감지할 수 있었습니다. 아직 단순한 예감에 불과하지만 말입니다.

한신의 지진에서 제가 감지했던 것은 탈구축deconstruction이라기보다는 파괴destruction가 더 근저적인 것이라는 점이었습니다. 건축은 무엇보다 자연에 의한 파괴에 대해 존재하는 것입니다. 나아가 좀 더 말하자면, 저는 형이상학의 탈구축보다도 그 비판적 재구축, 체계적인 건축을 지향해야 한다는 예감을 갖게 되었습니다. 제가 새로이 칸트에 관심을 갖게 된 이유 또한 거기에 있다고 하겠습니다.

타자로서의 [사]물

1991년 로스엔젤리스에서 시작된 <ANY> 회의에서는 매년 테마가 제안되었고, 그 테마에는 매회 ANY라는 단어가 포함되었습니다. 이래로 세계 각국에서 개최되어 왔는데, 이번 2000년 뉴욕 회의를 매듭지으면서 제안된 테마는 'Anything'이었습니다. 그것은 다음과 같이 여섯 가지로 나눠져 있습니다. 추상으로서의 [사]물物, 대상으로서의 물, 물질로서의 물, 감정으로서의 물, 관념으로서의 물, 오브세션[강박관념]으로서의 물.

저는 '관념으로서의 물'이라는 과제를 받았는데, 무엇을 이야기해야 좋을지 몰랐습니다. 제가 생각해보고 싶었던 것은 말하자면 타자로서의 [사]물이었습니다. 그것은 주어진 테마와는 다를지도 모릅니다. 그러나 이번 회의가 Anything goes(무엇이든 있음)에 관련되어 있었으므로 그것에 관하여 이야기해보기로 했습니다.

타자로서의 [사]물이란 무엇인가. 많은 점에서 그것은 칸트가 말하는 '물자체'에 관련되어 있습니다. 칸트적인 관점을 따르면 우리가 대상이라고 부르고 있는 것은 물자체가 아니라 현상입니다. [사]물은 이미 주관적인 형식과 카테고리에 의해 구성되어 있기 때문에 그것을 우리는 그 자체로서 알 수 없는 것입니다. 즉, 물자체를 알 수는 없는 것입니다. 그렇다고 해서 물자체가 정체를 알 수 없는 무엇은 아닙니다(그런 뜻에서 물자체란 자크 라캉이 말하는 리얼한 것과는 다릅니다). 오히려 물자체는 어디에 나 있는 혼한 것입니다.

물자체라고 하면, 『순수이성비판』에서 논해지고 있다는 인상이 강하기 때문에 마치 사물만의 문제인 것처럼 보이지만, 실제로는 『실천이성비판』에서도 물자체가 논해지고 있습니다. 이 경우, 물자체는 타자입니다. 여기서 우리는 타자를 알 수 없는가라고 질문해봅시다. 우리는 타인을 신체, 몸짓, 언어를 통해 인식합니다. 그러나 그것들은 말하자면 현상이지 물자체는 아닙니다. 물자체란 타자의 주관성 혹은 타자의 자유입니다. 우리에게 타자는 불투명한 채로 머물러 있죠. 이 불투명성이 타자의 타자성입니다.

칸트가 물자체라고 불렀던 것은 바로 그런 자유로운 주관으로서의 타자인 겁니다. 『실천이성비판』에서 칸트는 그것을 이론적 인식의 대상으로서가 아니라 실천적·도덕적 문제로 간주했던 것입니다. 이는 20세기가 되어 버트런드 러셀이 제기한 질문, 곧 '우리는 어떻게 타자의 아픔을 알 수 있는가'라는 질문과도 관계되어 있습니다.

러셀은 우리가 타자의 아픔이라는 것을 외재적인 상태, 몸짓, 언어를 통해 지각한다고 생각했습니다. 그 결과 그는 일종의 회의론에 **빠졌죠**. 즉 우리가 타자를 아는 것은 불가능하다는 생각에 말입니다. 이에 맞서 비트겐슈타인은 누군가가 화상을 입게 될 때 사람은 타자의 아픔을 인식할 수 있는가 아닌가를 묻기 전에 응급조치를 위해 급히 달려간다고 말했습니다. 바꿔 말하자면 타자의 아픔이란 무엇보다 먼저, 그리고 다른 그 무엇보다도 실천적인(도덕적인) 문제라는 것입니다. 따라서 우리가 현실에서 타자의 아픔을 알 수 있는가 아닌가라는 이론적인 물음은 무의미한 겁니다. 비트겐슈타인은 그렇게 칸트적인 프로블레마틱[복합적 문제설정]을 계승하고 있습니다. 칸트의 말을 빌리지 않고서도 그는 칸트와 마찬가지로 타자를 물자체로 보고 있었던 것입니다.

그러나 타자는 제2비판 『실천이성비판』에서 처음으로 등장하는 문제가 아닙니다. 타자의 문제는 제1비판 『순수이성비판』, 즉 자연과학의 인식에 관련해서도 나옵니다. 거기서 말해지는 물자체도 사물보다는 타자에 걸려 있는 겁니다. 예컨대 칼 포퍼는 칸트를 다음과 같이 비판했습니다. 포퍼의 생각에 과학적 명제의 보편성이라는 것은 명제가 반증가능한 형태로 제기되어 있으며 그 명제에 대한 반증이 없을 때 존속합니다. 그런데 칸트는 명제의 보편성이라는 것을 [반증가능성으로서의] 타자를 상정하지 않고서 주관성에 의거해서만 정초하고자 했다는 것입니다. 그리고 그런 정초가 불가능하기에 물자체를 파악할 수 없다고 단정하고는 불가지론에 빠졌다는 겁니다.

그러나 칸트가 과학적인 판단과 관련하여 미리부터 타자를 내쫓고 있다는 말은 옳지 않습니다. 칸트가 논하는 바로는, 모든 경우들을 전부 망라하는 검증이 불가능한 이상, 보편적인 명제가 획득되는 것은 한정된 혹은 특이한 경우로부터의 귀납에 의해서 일뿐입니다. 그렇기 때문에 보편적 명제란 어차피 가설에 불과하며 그것에 대해 반증이 없는 한에서 잠정적으로만 진리라고 간주되는 것에 지나지 않습니다. 따라서 칸트는 그것을 잠정적인 진리, 즉 현상이라고 보았던 것입니다.

물론 그것은 반증가능성입니다. 그러면 그 경우, 반증하는 것은 누구일까요. 대상으로서의 [사]물은 반증하지 않습니다. 누군가, 다름 아닌 타자가 반증하는 것입니다. 단, [사]물에 관한 데이터를 갖고 반증합니다. 이는 다음과 같은 것을 시사합니다. 곧, 진정으로 보편적 운명이 성립하는 데에는 지금 살아 있는 타자의 동의만이 아니라 예측불가능한 미래의 타자의 동의가 필요하다는 것입니다. 그러하다면 칸트가 제1비판(『순수이성비판』)에서 물자체에 관해 썼을 때 그는 바로 그 미래의 타자를 함의하고 있었다고 할 수 있겠습니다. 바꿔 말하자면 물자체란 타자이며, 따라서 '제1비판'과 '제2비판' 사이에는 아무런 모순도 없는 것입니다.

제가 정의하는 타자란, 비트겐슈타인의 말투로 하자면 언어게임을 공유하지 않는 자입니다. 그는 그 예로 자주 외국인을 들고 있습니다만, 정신이상자를 들어도 좋겠습니다. 분명 그들과의 관계에서 합의가 성립하기란 곤란한 일일 것입니다. 그러나 전혀 불가능하지는 않습니다. 여기서 그런 합의 성립이라는 것이 전혀 불가능한 타자를 생각해봅시다. 그것은 죽은 자이며, 아직 태어나지 않은 자입니다. 아무리 문화가 다를지라도, 혹은 얼마나 제정신에서 멀리 떨어져 있을지라도 모종의 합의에 이르는 일은 있을 수 있습니다. 이와는 달리 죽은 자나 태어나지 않은 자와는 그런 일은 불가능한 것입니다.

　이를 환경문제와의 관련에서 생각해봅시다. 혹시 자본제 시장경제가 현상 그대로 계속된다면, 우리는 의심의 여지없이 글로벌한 규모에서의 환경 위기에 직면하게 될 것입니다. 그런 상황 아래에서 선진국들이 어떻게 그 상황을 다룰 것인지 합의에 도달하는 일은 쉽지 않습니다. 나아가 선진국이 이산화탄소 소멸 등에 관해 제3세계 여러 나라들과 합의를 성사시키는 일은 더욱 곤란해집니다. 왜냐하면 제3세계 사람들의 관점에서 보면, 왜 자신들을 희생시켜서까지 선진국 사람들과 협조하지 않으면 안 되는지 알 수 없는 것이기 때문입니다. 선진국 사람들의 생활의 질이야말로 위기를 초래한 원인인데, 왜 그 외상 빚을 제3세계 사람들 자신들이 갚게 되는지에 대해서 말입니다. 그러하되 이러한 '타자'와 교섭하는 일이 불가능하지는 않습니다. 그러나 우리는 아직 태어나지 않은 자와는 교섭할 수 없습니다. 그들이 환경 파괴의 희생자가 될 것임에 틀림없음에도 말입니다.

　칸트의 도덕법칙에 따르면 도덕률의 궁극적 메시지는 다음과 같은 지상명령에 있습니다. "당신의 인격 속에 있는 인간성과 마찬가지로 저마다의 다른 인격 속에 있는 인간성을 그저 단순한 수단으로서만 필요로 하는 게 아니라 동시에 언제나 목적으로서도 필요로 할 수 있게 행하라."[1] 혹시 우리들이 자신의 생활수준을 유지하기 위해 미래의 타자를 희생시키는 것이라면, 그것은 단지

----

1. [임마누엘 칸트, 『윤리형이상학 정초』, 이원봉 옮김, 책세상, 84쪽. 원문을 참조하여 번역문을 손질함.]

우리들 자신의 목적을 위한 수단으로서만 그들을 취급하는 것이 됩니다. 칸트적인 생각에서 보자면 그러한 태도는 무릇 윤리적인 것일 수 없습니다. 이에 비해 위르겐 하버마스가 '커뮤니케이션적인 이성'이나 '공공의 합의' 등으로 부르는 것은 단지 살아 있는 인간 이외에는, 나아가 실제로는 서양이나 선진국 이외에는 고려하지 않는 것입니다. 거기서는 그것 이외의 세계만이 아니라 미래의 타자가 누락되어 있습니다. 애초에 합의 따위를 얻을 수 없는 것이 타자입니다. 그것이 물자체인 겁니다.

따라서 물자체는 이론적인 대상으로서는 알 수 없는 것不可知입니다. 그러나 미학을 통해 그 물자체에 도달할 수 있다고 논하는 철학자들도 있습니다. 예컨대 베르그송이 생각했던 것은 우리가 언어적인 분절을 초월하여 '지속'으로서 물자체를 직관할 수 있다는 것이었습니다. 그에게 [사]물은 이마주image입니다. 즉, 이마주에서 물자체가 파악됩니다. 하이데거는 예술에서 물자체가 개시된다는 생각을 했다고 하겠습니다. 예컨대 그는 이렇게 말합니다. 회화에서는 구두를 사용물로서가 아니라 그런 '관심'을 괄호에 넣고 그 자체로서 볼 수 있게 된다고 말입니다. 즉 그는 이런 표현을 쓰진 않지만, 현상이 아니라 물자체에 접근할 수 있다고 말하는 겁니다.

이러한 생각은 별달리 새로운 것이 아닙니다. 그것을 칸트는 이미 제3비판(『판단력비판』)에서 설명하고 있기 때문입니다. 그는 예술이라는 것이 관심을 괄호에 넣고 [사]물을 보는 데에 있다고 생각했습니다. 이 '관심'에는 여러 가지가 있습니다. 효용에 대한 관심, 혹은 지적 관심, 도덕적 관심 등. 그러나 그런 여러 관심들을 괄호에 넣는다고 해서 과연 물자체가 드러나겠습니까. 그런 일은 없습니다. 우리가 발견하는 것은 역시 현상인 겁니다. 그리고 거기서 우리가 아름다움이나 숭고를 발견한다면, 그것은 칸트의 말을 빌리자면 주관이 거기서 '목적 없는 합목적성'을 발견하기 때문입니다. 그런 까닭에 예술에서 물자체가 개시되는 것처럼 말하는 것은 잘못입니다. 베르그송이나 하이데거는 우리에게 미적인 태도를 취할 것을 요청하고 있을 따름입니다. 그리고 그것이 정치적 차원에서 실행됐을 때, 다름 아닌 파시즘, 즉 현실 속 계급 대립의 미적인 승화로 전화되는 것임을 잊어서는 안 됩니다.

베르그송과 하이데거가 요구하는 것은 우리가 현실세계에 대해 미적인 태도를 취하는 것입니다. 마치 이 요구를 받아들인 것처럼, 최근 10년 동안 사람들의 관심은 자크 데리다로부터 하이데거로, 질 들뢰즈로부터 베르그송으로 퇴행하는 경향을 보입니다. 이를 저는 <ANY> 컨퍼런스를 통해 매년 생생히 보아왔습니다. 혹시 그 이유 중 하나는 데리다와 들뢰즈가 소비에트 연방 붕괴 이후 선명히 마르크스주의적인 포지션을 취했던 데에 있는 것일지도 모릅니다. 그러한 방향을 거부했던 이들이 베르그송 혹은 하이데거로 퇴행하는 것은 당연한 일입니다.

분명 예술에서 우리는 정말로 여러 관심들을 괄호에 넣고 [사]물을 바라봅니다. 그러나 그런 괄호치기는 예술에 한정되는 것이 아닙니다. 우리는 세계와 대치할 때 동시에 적어도 세 가지 판단을 갖습니다 — 참인가 거짓인가라는 인식적인 판단, 선인가 악인가라는 도덕적인 판단, 쾌인가 불쾌인가라는 미적인 판단. 이러한 판단들은 서로 얽혀 있어 구별하기가 곤란합니다. 따라서 우리는 예컨대 미적인 판단에서는 진위와 선악에 대한 물음은 괄호에 넣습니다. 마찬가지로 과학자는 도덕적인 판단과 미적인 판단을 괄호에 넣고 [사]물을 관찰합니다. 이러한 괄호치기에 의해서만 인식의 대상은 존재할 수 있는 것입니다. 그러나 그것은 자연과학에 한정되지 않습니다. 예컨대 마키아벨리 이래의 정치학은 정치적 행위의 효과를 판단함에 있어 그 도덕적 위상을 괄호에 넣어왔습니다. 나아가 이렇게 말해도 좋겠죠. 미술작품은 가격이라는 관점에서 생각될 때만이 경제의 대상이 됩니다. 과학적, 미적, 정치적, 경제적—— 이런 스탠스는 모두 괄호치기를 통해서 생겨납니다. 그 결과 하나의 [사]물이 다양한 위상에서 드러나게 됩니다. 그럼에도 그것은 물자체가 아니라 현상입니다. 그렇다고 한다면 물자체란 어디서 모습을 드러내는 것일까요. 물자체는 다른 모든 차원을 괄호에 넣은 윤리적 스탠스에서만 드러나는 것입니다. 왜냐하면 그것은 타자를 자유로운 주관으로 보는 것이기 때문입니다.

그러나 그렇다고 해서 반드시 윤리적 스탠스가 다른 모든 판단 기준에 대해 우위에 서는 것은 아닙니다. 여기서 중요한 것은 괄호에 넣는 것이 아니라 괄호를 벗기는 것이기도 합니다. 예컨대 과학적 태도 속에서 타자는 이른바 [사]물(대상)입니다. 진료·수술을 하는 외과의는 환자의 인격을 괄호에 넣으며 자신의 미적인 혹은 성적인 관심을 괄호에 넣습니다. 그렇게 하는 것에는 직업상의 훈련이 필요합니다. 그러나 말할 것도 없이 수술 이후 외과의는 그 괄호를 벗기지 않으면 안 됩니다. 다른 한 가지

24

사례를 더 들면, 마피아나 야쿠자가 주인공인 영화를 보고 그들의 비도덕성을 비난하는 것은 어리석은 짓입니다. 그것은 정확히 SF영화에 대해 충분히 과학적이지 않음을 근거로 이의를 제기하는 일이 우스운 짓인 것과 마찬가지입니다. 영화관에서 우리는 그런 짓은 하지 않으며 다른 관심을 괄호에 넣어도 좋습니다. 그러나 영화관을 나오면 그런 괄호를 벗기지 않으면 안 됩니다. 요컨대 사람은 괄호에 넣는 것과 동시에 괄호를 벗기는 것을 배울 필요가 있는 것입니다.

건축에 대해서도 동일하게 말할 수 있습니다. 건축은 영화와 마찬가지로 다양한 위상에서 존재합니다. 역사적인 견지에서 보자면, 건축이 첫째 목적으로 삼는 것은 인간을 자연환경으로부터 셸터[방공호·피난처]로서 보호하는 거주 가능한 장소를 공급하는 것입니다. 둘째로 건축은 종교적·정치적 권력을 과시하는 모뉴먼트[기념비·기념물·유물·유적]입니다. 옛날부터 건축은 이 두 양극 사이에 존재해 왔습니다. 그러나 근대와 더불어 예술로서의 건축이라는 비전이 태어났습니다. 그런 관점은 다른 관심을 괄호에 넣음으로써만 가능해졌던 겁니다 —— 즉 실천적인 것과 정치적인 것에 관한 관심 말입니다. 이는 잘못이 아닙니다. 저는 건축이 독자적인 위상을 갖고 그 자신의 언어를 갖는 것을 인정합니다. 그러나 우리는 언제든지 그러한 괄호를 벗길 수 있도록 되지 않으면 안 됩니다.

건축사史는 본질적으로 종교적·정치적 모뉴먼트를 중심으로 조직되어 왔습니다. 그러나 현재는 그런 사정이 괄호에 넣어져 단순히 건축사로서만 이야기됩니다. 그러한 문맥에선, 건축이란 과거의 텍스트였거나 탈구축적인 것이었거나 버추얼한 것일 수도 있습니다. 그러나 그런 관점에는 다음과 같은 두 가지가 간과되고 있습니다. 하나는 건축이 인간을 자연환경으로부터 보호하는 거주 가능한 장소를 공급하지 않으면 안 된다는 것. 다른 하나는 현실에선 대부분의 건축이 실용적·경제적·정치적 관심에 의해 지배되고 있다는 것입니다. 단적으로 말하면, 건축은 자본주의적인 토건산업의 일환입니다. 건축가가 아무리 아티스틱할지라도 그런 기본적인 조건과 관계 맺지 않을 수는 없습니다.

이런 두 가지 점에 관하여 제가 떠올리게 되는 것은 이제까지의 <ANY> 회의에서 일어난 두 사건입니다. 하나는 고베 대지진 이후 서울에서 개최된 <Anywise[어떻하든; 어떤 방식으로든]>에서 일어난 것입니다. 이소자키 아라타와 저 말고는 이 지진을 언급한 참가자가 없었습니다. 제게는 이 지진이 야기한 파괴 쪽이 탈구축의 관념 따위보다도 건축에 훨씬 더 근저적인 문제를 제기했다고 생각되었습니다 — 즉, 구축으로서의 건축은 무엇보다 먼저 자연환경으로부터의 보호로서 존재하는 것이라는 점. 그렇다면, 그 지진이란 물자체를 개시한 것이 될는지요? 예, 그렇습니다. 그러나 그것은 그 지진이 라캉적인 리얼한 것, 혹은 아사다 아키라가 말하는 <모노노케[物の怪/物の気, 사령(死霊)·원령(怨霊)]>를 개시했음을 의미하는 것은 아닙니다. 이 경우, 물자체가 의미하는 것은 죽은 6천 명의 사람들입니다. 그들은 아무것도 이야기하지 않습니다. 물론 그때의 회의에 출석한 건축가의 대다수는 고베의 도시개발에 직접 관여하지 않았으며 재해에 대한 책임도 없습니다. 그러나 이 문제를 진정으로 잘못 받아들인 건축가는 이후 결코

중요한 문제에 관여할 수 없을 것입니다.

두 번째 사건으로서 떠오르는 것은 몬트리올에서의 <Anyplace>에서 행해진 '건축과 정치'에 관한 토론입니다. 제게는 거기서 '정치'라는 말로 불리고 있는 것이 너무도 추상적이어서 건축계 내부의 언어게임으로 추락하고 말았다는 인상이 있었습니다. 그 회의가 열렸던 때는 Anyone 코퍼레이션의 메인 스폰서인 기요미즈 건설의 중역 한 사람이 체포된 직후였습니다. 그러나 그 점을 다룬 이는 저 한 사람뿐이었습니다. 일본에서 건축 산업은 보수정치의 기반 그 자체이며 야쿠자와도 흑막에서의 긴밀한 끈을 줄곧 이어 왔습니다. 설령 어디까지나 간접적으로만 그런 유착구조의 그물코에 걸려 있다고 할지라도, 이소자키 아라타를 포함해 일본의 건축가는 청렴결백한 방관자를 표방할 수 없는 것입니다. 물론 일본만이 예외인 것은 아닙니다. 데이비드 하비가 최근작 『희망의 공간』에서 상기시켰던 것처럼, 이른바 글로벌리제이션 한복판에서 선진국의 건축 산업이 제3세계에 대해 어떤 거동을 행하고 있는지, 그 존재가 생산과 권력구조 간의 연관을 어떻게 지탱하면서 영향을 미치고 있는지, 우리는 거기에 눈을 돌릴 필요가 있습니다. <ANY>의 회의는 세계를 순회하면서도 그런 문제들에 대해서는 너무도 무관심했습니다.

<ANY>는 오래도록 건축가와 철학자 간의 교류의 장으로 생각되어 왔습니다. 그러나 저는 스스로를 철학자라고 생각했던 적도 없거니와 건축을 이론적으로 토의하는 것에 관심을 가졌던 적도 없습니다. 두 번을 제외하고 저는 과거 10년의 <ANY> 회의에 모두 출석했었습니다. 철학자도 아니고 건축에도 관심이 없는

저는 그 매번의 회의에서 대체 무엇이었는지를 생각했습니다. 실은 저는 타자로서의 물자체였던 겁니다. 그것은 곧 제가 다른 참가자들 대부분과 동일한 언어를 공유하지 않았고 또 그렇게 하고자 하지도 않았다는 것입니다. 저는 그것을 거부했습니다. 그리고 그 결과 저는 거부당했던 겁니다. <ANY>에서 저는 현상이 아니라 물자체였던 겁니다. 사실 많은 이들은 저의 존재를 알아차리지도 못 했을 것입니다. 경우에 따라선, 회의의 조직자들은 제가 다름 아닌 그런 기능을 완수하는 것을 기대하고 있었던 것인지도 모르겠습니다. 그러나 제 쪽에서 보면, 그것은 기분 좋은 입장일 수 없습니다. 따라서 간신히 그런 역할이 끝을 맞이하기에 이르렀을 때 안도감을 느꼈습니다.

<ANY>의 첫 번째 회의 <Anyone>이 개최됐던 것은 1991년입니다. 그것은 소비에트 연방이 붕괴한 뒤였지만, 동시에 그때까지 포스트모더니즘이 지니고 있던 래디컬한 의미 또한 붕괴된 때이기도 했습니다. 이후 자본제 경제의 탈구축적인 힘을 아이러니컬하게 칭송하게 되는 포스트모더니즘의 스탠스는 그 유효성을 상실했습니다. 그것은 최근 10년 동안에 점점 더 분명해졌습니다. 그 10년간에, 아니 좀 더 정확하게는 근래 수년간에 저 자신의 포지션은 근본적으로 변했습니다. 우리가 적극적인 스탠스를 취해야만 한다는 견해, 자본과 국가의 운동에 적극적으로 대항해야만 한다는 견해를 갖게 됐던 겁니다.

<ANY> 덕분에 저는 『은유로서의 건축』 영어판을 간행할 수 있었습니다. 그러나 그 책은 1970년대부터 80년대에 걸친 작업이므로 현재의 제 생각을 반영하고 있지 않습니다. 좀 더 최근의

생각은 새로운 책『트랜스크리틱: 칸트와 마르크스』의 영역본 간행을 통해 표명되지 않을까 합니다. 제목에서도 명확하듯이 그것은 건축에 관한 책이 아닙니다. 그러나 넓은 의미에서는 건축이 취해야 할 미래의 침로를 가리켜 보이는 책이라고 하겠습니다. 그 책은 과거 10년에 이르는 <ANY> 참가자들과의 교류의 산물이기도 합니다. 그 점에 감사드리게 됩니다.

근대문학의 종언

1

오늘은 '근대문학의 종언'에 관해 이야기하겠습니다. 그것은
근대문학 이후에, 예컨대 포스트모던 문학이 이어진다는 것을
말하는 게 아니며, 문학이 전부 없어져버린다는 것도 아닙니다.
제가 이야기하고 싶은 것은 근대에 문학이 특수한 의미를 부여받
음으로써 다름 아닌 특수한 중요성 혹은 특수한 가치가 있었다는
점, 그것이 이제는 사라지고 말았다는 점입니다. 이는 제가 큰소리
치며 말하고 다니는 것이 아닙니다. 단적인 사실입니다. 문학이
중요하다고 생각하는 사람은 이미 많지 않습니다. 따라서 일부러
제가 말하고 다닐 필요 따위도 없습니다. 오히려 문학이 예전에
대단히 큰 의미를 지녔던 시대가 있었다는 사실을 말하고 다닐
필요가 있을 정도입니다.

제 자신은 문학에 깊이 관여해 왔습니다. 그러나 여러분들께

그렇게 하라고 말하려는 것은 아니며 그럴 필요 또한 전혀 없습니다. 다만, 문학이 영원하다고 생각한 시대가 있었던 것은 어떤 이유에서인가, 그리고 그런 문학이 사라졌던 것은 무엇을 의미하는가라는 물음은 잘 생각해볼 필요가 있습니다. 그것은 우리가 어떤 시대에 살고 있는가라는 물음에 대해 생각하는 일이기 때문입니다.

근대문학이라고 할 때, 저는 소설을 생각하고 있습니다. 물론 근대문학이 근대소설에 한정되는 것은 아니지만, 소설이 중요한 지위를 점했다는 것이야말로 근대문학의 특질이라고 하겠습니다. 근대 이전에도 '문학'은 있었습니다. 그것은 지배계급이나 지식층 사이에서 중시되고 있었죠. 그러나 그 속에 소설은 들어가 있지 않았습니다. 유럽에서는 아리스토텔레스 이래로 '시학(포에틱스)'이라는 것이 있지만, 거기에 연극은 포함되어도 소설은 포함되어 있지 않습니다. 영어로 노블이라는 것은 새롭고 기묘함이라는 정도의 뜻입니다. 일본에서도 마찬가지였습니다. '문학'은 한문학이나 고전을 가리키는 것으로, 거기에 모노가타리物語·하이시稗史[1] 같은 종류는 포함되어 있지 않았습니다. 소설은 노블의 번역어입니다. 원래 소설은 『논어』의 '소인을 기쁘게 하기는 쉽다'라는 말에서 온 것으로, 노블의 번역어로서는 적합

• •
1. [모노가타리는 헤이안시대에서 가마쿠라시대에 걸친 산문체 문학. 하이시는 사관(史官)의 역사 서술이 아닌 일종의 패관(稗官) 이야기, 곧 세간의 말들을 이야기 형식으로 엮어 지어낸 역사 이야기.]

하지만 애초부터 훌륭한 것은 아니었습니다. 메이지 20년대에 들어 비로소 소설이 중시됩니다. 따라서 근대문학이 중시됐다는 것은 소설이 중시됐다는 것, 또 그러한 소설이 씌어졌다는 것을 의미합니다.

따라서 근대문학이 끝났다는 것은 소설 혹은 소설가가 중요했던 시대가 끝났다는 것입니다. 그런 뜻에서 저는 소설가 한 사람으로부터 이야기를 시작하고 싶습니다. 사르트르가 그 사람입니다. 곧바로 이의가 제기될지도 모르겠습니다. 사르트르는 철학자이고 극작가, 소설가, 예술 일반에 관한 비평가, 저널리스트, 사회활동가였습니다. 그러나 제 생각에 그는 근본적으로 소설가입니다.

마침 일전에 들뢰즈의 에세이 및 인터뷰·대담을 모은 책(영역본)을 읽고 있었는데, 들뢰즈는 자신에게 유일한 교사가 사르트르였다고 말하고 있었습니다. 즉 들뢰즈는 '사적인 교사'와 '공적인 교수'를 나누고는 자신에게 '사적인 교사'란 사르트르뿐이었다는 것입니다. 이는 다름 아닌 사르트르가 '소설가'였음을 의미합니다. 사르트르는 대학에서 강의하는 철학자가 아니었죠. 그의 철학은 근본적으로 문학, 아니 그것보다는 소설에 가까운 것이었습니다.

들뢰즈는 사르트르의 다음과 같은 말을 인용하고 있습니다. "한 마디로 말해 문학이란 영구혁명 속에 있는 사회의 주체성(주관성)이다." 이는 혁명정치가 보수화되고 있을 때에 문학이야말로 영구혁명을 담당하고 있다는 뜻입니다. 그러나 사르트르가 '철학'이 아니라 '문학'이 그렇다고 말하는 점에 주의해야만 합니다. 그는 소설만이 아니라 모든 것을 했는데, 이를 가능하게 했던 것은 소설 혹은 소설가의 시점이었습니다.

프랑스에서는 사르트르의 존재가 너무도 컸기 때문에, 그 이후의 사람들은 곤란한 점이 있었습니다. 따라서 그들 스스로가 독립하여 존재하기 위해 일부러 사르트르를 비판하거나 조소하는 이들이 많았죠. 그러나 들뢰즈가 솔직하게 인정하고 있듯이 실은 모두가 사르트르를 동경하고 있었던 겁니다. 사르트르는 그에 대한 비판으로 행해진 것들 모두를 앞질러 선취하고 있었습니다. 예컨대 데리다는 '현전성의 철학'을 비판했었는데, 사르트르가 '상상력'에 관해 썼던 것이 바로 그것이었습니다. 또한 앙티로망[반(反)소설]이라는 것도 애초에 사르트르에 의해 평가를 받아왔던 것이며 『구토』는 원래 최초의 앙티로망이었습니다.

예컨대 1960년대부터 에크리튀르라는 개념이 보급되었습니다. 그것은 로망도 아니며 철학도 아닌 저작을 의미하는 겁니다. 그러나 사실대로 말하자면 저는 사람들이 사르트르처럼 소설을 쓸 수 없었기 때문에 오히려 그것을 부정했고, 대신에 사르트르가 '문학'으로서 서술한 것을 에크리튀르라는 개념으로 치환했던 거라고 봅니다. 에크리튀르라는 개념은 더 이상 근대문학으로서의 소설(앙티로망을 포함한 소설)이 끝났음을 뜻하는 것인바, 거기서 무언가 새로운 문학의 가능성을 기대한다면 그것은 착각에 따른 것이라고 하겠습니다.

저는 저 자신이 일본에서 문학비평을 해왔던 경험에서 말하는 것이지만, 근대문학은 1980년대에 끝났다는 실감을 갖고 있습니다. 이른바 버블[거품경제], 소비사회, 포스트모던이라고 불리는 시기가 그때입니다. 그 무렵의 많은 젊은이들은 소설보다는 『현대사상』을 읽었습니다. 바꿔 말하면 문학이 예전과 같은 첨단의 의미를 갖지 못하게 됐던 겁니다. 그런 뜻에서, 사르트르가 말하는 '문학'은 비평적인 에크리튀르로 옮겨가고 있었다고 말해도 좋겠습니다. 그러나 그것도 그리 오래 계속되지는 못했습니다. 지금 제가 '근대문학의 종언'이라고 말할 때에는 근대문학을 비판하는 형태로 나타났던 에크리튀르나 디컨스트럭티브한 비평과 철학까지도 포함합니다. 그것이 선명해진 것은 1990년대죠. 일본에서는 때마침 나카가미 겐지가 죽은 이후입니다.

2

문학의 지위, 문학의 영향력이 낮아졌다는 것은 대체 어떤 걸까요. 이에 대해서는 뒤에서 말하겠습니다. 우선 그런 현상이 일본에서만 벌어진 일이 아니라는 것을 말해두고 싶습니다. 방금 프랑스에 관해 말했는데, 미국에서 근대문학은 좀 더 일찍 쇠퇴하였습니다. 거기서는 텔레비전을 중심으로 한 대중문화가 무엇보다 일찍 발전하고 있었기 때문입니다. 이는 1950년대였습니다. 물론 미국에는 많은 마이너리티가 있으므로 1950년대부터는 마이너리티의 문학이 되어 갔습니다. 1970년대 이후에는 흑인여성 작가, 그리고 아시아계 여성작가 등이 나왔습니다. 그들은 문학적 활력을 지니고 있었지만 그것은 더 이상 사회 전체에 영향을 미칠 수 있는 것이 아니었죠. 이는 일본의 1980년대에 나카가미 겐지나 이양지, 쓰시마 유코 등이 활약했던 것과 동일한 상황입니다.

　미국에서는 그런 상황이 좀 더 일찍 벌어졌습니다. 그 증거로, 최근 일본에서는 대학에 '창작과'가 늘어나고 작가는 거기서 교수가 되고 있는데, 이 현상은 미국에서는 1950년대부터 진행되고 있었습니다. 포크너는 작가가 되고 싶다면 매음굴을 경영해보라고 말한 적이 있는데, 이제는 그런 게 아니며 현실에서는 작가가 대학의 창작 코스로부터 나오게 됐던 겁니다. 그러나 현실의 미국에서 문학부는 전혀 인기가 없습니다. 영화를 함께 하지 않으면 꾸려나갈 수가 없을 정도입니다. 일본에서도 문학부는 사라지고 있는 중입니다.

　그러나 제가 근대문학의 종언을 진정으로 실감했던 것은 한국에서 문학이 급격히 그 영향력을 잃었다는 점이었습니다. 그것은 쇼크였습니다. 1990년대에 저는 한일작가회의에 참가하거나 한국의 문학자들과 교제할 기회가 많았습니다. 그래서 일본의 사정은 이렇게 되었어도 한국에서는 그렇게 되지 않으리라는 느낌을 받고 있었던 겁니다. 예컨대 2000년에도 저는 서울에서 기자 회견을 하면서 일본에서 문학은 죽었다고 말한 적이 있습니다. 그것은 상품으로서는 무라카미 하루키같이 글로벌하게 통용되는 작품을 낳고 있지만 문학이 예전에 일본의 사회 속에서 지니고 있던 역할이나 의미는 끝나고 있다는 뜻이었습니다. 이후에 들으니 그 말이 화제가 되었던 듯한데, 남의 일이 아니라는 느낌으로 받아들여졌던 모양입니다. 왜냐하면 이미 한국의 젊은이들도 무라카미 하루키를 읽게 되었기 때문입니다. 그 시점에서, 한국의 문학은 어떻게 되리라고 보는가라는 질문을 받은 저는 한국에서는 문학의 역할이 계속 강할 것이라고 말했습니다. 정치운동이 남아 있듯이 문학도 남으리라는 것이었습니다.

그러나 실제로는 그렇지 않았습니다. 분명 학생운동은 쇠퇴하고 있었지만 노동운동은 대단히 활발했습니다. 2003년 가을의 노동자 집회에서는 화염병이 어지러이 날아다녔습니다. 한국에서 학생운동이 번성했던 이유는 그것이 노동운동이 불가능한 시대, 곧 일반적으로는 정치운동이 불가능한 시대의 대리적 표현이었기 때문입니다. 따라서 평상시에 정치운동·노동운동이 가능해지면 학생운동이 쇠퇴하는 것은 정해진 일이죠. 문학도 비슷합니다. 실제로 한국에서 문학은 학생운동과 같은 위치에 있었습니다. 현실에서는 불가능하기 때문에 문학이 모든 것을 떠맡고 있었던 것이죠.

그런데 1990년대 말엽부터 문학의 쇠퇴는 급격히 진행되고 있었던 듯합니다. 김종철이라는 고명한 문학비평가는 문학을 그만두고 에콜로지 운동을 시작해 『녹색평론』이라는 잡지를 내고 있습니다. 실은 2002년 가을 저는 그 사람의 초대로 강연을 하러 갔던 일이 있습니다. 그는 제가 문학을 떠나 NAM[뉴 어소시에이셔니스트 무브먼트]에 관여한 일 등을 잘 알고 있었습니다. 그러나 오해를 피하기 위해 말해두지만, 그는 최근에도 다니자키 준이치로의 『세설細雪』을 읽었다면서 벌써 네 번째라고 말할 정도의 사람입니다. 저는 그에게 왜 문학을 그만두었냐고 물었습니다. 그는 자신이 문학을 그만둔 것은, 문학이 정치로부터 개인의 문제까지 그 모든 것을, 나아가 현실에서 해결할 수 없을 모순까지도 떠맡는 것이라고 여겼는데, 어느새 문학은 좁은 범위에 한정되고 말았고 그런 것이라면 자신이 취할 필요가 없다고 생각했기 때문이라고 말했습니다. 저는 동감의 뜻을 표했습니다.

이후에 알게 된 것은 제가 90년대에 교류한 한국의 문예평론가 모두가 문학에서 손을 뗐다는 것이었습니다. 한국의 비평가들 중에는 단지 평론을 쓰는 것만이 아니라 잡지를 편집하거나 출판사를 경영하는 사람들이 많았습니다. 그들이 일제히 문학을 그만둔 것입니다. 그것은 나이가 들어 젊은 세대의 감수성을 따라가지 못했기 때문이라고는 생각되지 않습니다. 그들이 생각하고 있던 '문학'이 끝나버렸기 때문입니다. 저는 한국에서 이렇게도 빨리 사태가 진행되리라고는 생각하지 못했습니다. 그래서 드디어 문학의 종언이 사실이 되었다고 생각했던 겁니다.

3

그러면 근대문학=소설이 왜 특수한 의미를 띠고 있는지에 대해 생각해보고자 합니다. 근대 이전에도 문학은 있었으며 문학에 관한 이론도 있었습니다. 그것이 시학(포에틱스)입니다. 그러나 그것에는, 방금 전에 말한 것처럼 소설이 포함되어 있지 않았죠. 소설은 이미 있었던 것이고 대중적으로도 선호되고 있었지만 온전히 취급받지 못했던 것입니다.

그런 상황에서 18세기에 '미학'이라는 개념이 등장한 것은 중요합니다. aesthetics라는 것은 본래 감성론인데, 예컨대 이 단어를 칸트는 『순수이성비판』속에서 전적으로 그런 감성론이라는 뜻에서 사용하고 있습니다. 요컨대 그것은 감성 혹은 감정에 관한 학문인 겁니다. 그러하되 그것에는 감성에 대한 새로운 태도가 있습니다. 감성·감정은 이제까지 철학에서의 인간적 능력으로서는 하위에 놓여왔던 것입니다. 그런 감성·감정에서 벗어나 이성적으로 되는 것이 바람직한 것으로 여겨졌던 것이죠. 그런데 감성·감정이라는 것이 지적·도덕적인 능력(오성이나 이성)과 내밀하게 연결되어 있다는 점, 그리고 그 연결을 매개하는 것이 상상력이라는 생각이 생겨났던 겁니다. 상상력은 이제까지 환상을 초래하는 부정적인 것으로 여겨졌지만, 이 시기부터는 오히려 창조적인 능력으로 평가받게 되었습니다. 그런 사정과 문학이 중시되게끔 되는 것은 밀접하게 이어져 있습니다.

'미학'은 영국에서 시작되었지만 얼마 지나지 않아 독일 낭만파에 의해 칭송됩니다. 흥미로운 것은 같은 시기 일본에서도 그것과 비슷한 일이 있었다는 점입니다. 18세기 후반 모토오리 노리나가는 주자학적인 앎知과 도덕에 맞서 '모노노아와레'라는 공감 혹은 상상력의 우위를 강조했습니다.[2] 그리고 비도덕적으로 보이는 『겐지 모노가타리』야말로 오히려 진정한 도덕성을 품고 있다고 말했습니다. 이는 유럽과는 관계없이 나왔던 생각입니다. 그러나

2. [本居宣長(1730~1801). 에도시대의 국학자·문헌학자. 『겐지 모노가타리(源氏物語)』로 대표되는 헤이안시대 왕조문학의 미의식에 이어진 '모노노아와레(物の哀れ; 사물이 촉발시키는 정취·비감·비애·애수·슬픔·적막)'의 자연적 감정 및 정서를 중시하고, 그것을 기초로 하여, '가라고코로(漢意)'라는 중국의 외래적 가르침을 자연적인 것으로 사고한 기존의 유교 및 불교를 비판함.]

실은 공통성이 있습니다. 감성이나 감정을 긍정하는 태도는 상공업에 종사하는 시민계급의 우위로부터 나온 것이기 때문입니다.

다른 관점에서 말하자면, 그것은 이제까지 단순한 감성적 오락을 위한 읽을거리였던 '소설'이 철학이나 종교와는 다르지만 더욱 인식적이고 진정으로 도덕적일 수 있는 가능성을 발견했다는 것이기도 합니다. 소설은 '공감'의 공동체, 즉 상상된 공동체로서의 네이션의 기반이 됩니다. 소설이 지식인과 대중, 혹은 다양한 사회적 계급들을 '공감'에 의해 동일한 것으로 만듦으로써 네이션을 형성하는 겁니다.

그 결과 그때까지 저하되어 있던 소설의 위상이 상승합니다. 그러나 그에 따른 하중도 커집니다. 왜냐하면 그것이 단지 '감성'적인 쾌[감] 이외에 다른 게 아니라면 미학적일 수 없게 되기 때문입니다. 문학이 지적·도덕적인 것을 넘어선다는 것은 거꾸로 문학이 끊임없이 지적·도덕적이지 않으면 안 되는 하중을 짊어진다는 것이기도 한 겁니다. 예전에는 종교·도덕에 맞서 '시詩의 옹호'가 행해졌습니다. 그러나 문학에 맞서는 지적·도덕적인 것은, 현대의 관점에서 말하자면 정치적인 혹은 마르크스주의적인 것이 되겠지요. '종교와 정치'라거나 '정치와 문학'이라는 논의는 문학이 단순한 오락으로부터 승격됐기 때문에 생긴 것이라고 하겠습니다.

예전에 '종교와 문학'이라는 문제의식 속에서 '문학'을 옹호하는 논의는 문학이 일견 반종교적으로 보이지만 (제도화된) 종교보다도 더 종교적이며 도덕적인 것을 가리켜 보인다고 주장했습니다. 또 문학은 허구지만 진실이라고 말해지는 것보다도 더 진실을 가리키는 것이라고도 주장했죠. 마찬가지로 '정치와 문학'이라는 논의 속에서도 문학의 옹호는 대체로 문학은 무력하고 무위無爲적이며 반정치적으로 보이지만 (제도화된) 혁명정치보다도 더 혁명적인 것을 가리켜 보이며, 또 문학은 허구지만 통상적인 인식을 넘어선 인식을 보여주는 것이라는 식으로 행해졌습니다. 그것이 사르트르가 '문학이란 영구혁명 속에 있는 사회의 주관성이다'라고 말했을 때 의미하고자 했던 것입니다. 사르트르의 말은 칸트 이후에 문학(예술)이 놓인 입장을 가리키는 것이었습니다.

그러나 오늘날에는 문학에 대한 그러한 의미부여(옹호)는 행해지지 않습니다. 왜냐하면 그 누구도 문학을 비난하거나 하지 않기 때문입니다. 사회적으로는 그럭저럭 추켜올려지지만 사실은 어린애 장난과 비슷하다고들 생각합니다. 현재에는 전혀 논의되고 있지 않지만 30년 전만 해도 '정치와 문학'이라는 논의, 예컨대 문학은 언제나 정치로부터 자립해야만 한다는 식의 논의들이 행해지고 있었습니다. 구체적으로 말하자면, 그것은 정치=공산당에 대해 문학자는 어떻게 할 것인가라는 의미를 품고 있었죠. 따라서 공산당의 권위가 없어지면 정치와 문학이라는 문제는 끝나고 말죠. 작가는 무얼 써도 좋은 겁니다. 정치 같은 케케묵고 촌스런 말은 그만 하라는 식이 되는 거죠.

그러나 사정은 그리 간단치 않습니다. 문학의 지위가 높아지는 것과 문학이 도덕적 과제를 짊어지는 것은 동일한 것이기 때문입니다. 그런 과제로부터 해방되어 자유로워지게 되면 문학은 그저 오락이 되는 겁니다. 그래도 좋다면 그걸로 된 것이죠, 그렇게 해주십시오. 저는 애초부터 윤리적인 것과 정치적인 것을 무리하게 문학에 요구할 일이 아니라고 생각했습니다. 분명히 말해 문학보다 더 중요한 일이 있다고 생각했던 겁니다. 이와 동시에 근대문학을 만든 소설이라는 형식은 역사적인 것이며 이미 그 역할을 다했다고 생각한 것입니다.

4

근대에 이르기까지 세계는 다수의 제국으로 덮여 있었습니다. 그때의 언어는 문자언어였습니다. 동아시아는 한자, 서유럽은 라틴어, 이슬람권은 아라비아어가 그것입니다. 그것들은 세계어 이며 각지의 보통사람들에게는 읽고 쓸 수 없는 것이었습니다. 근대국가(네이션=스테이트)는 그러한 제국으로부터 분절화되는 형태로 나왔던 것이지만, 이 경우에 중요한 것은 그런 세계어로부 터 벗어나 각 민족의 속어(버내큘러)로부터 국어를 만들어가는 일이었습니다.

그 경우 실제로는 속어를 쓴다기보다는 오히려 라틴어 등의 세계어를 속어로 번역하는 형태로 각각의 국어를 만들고 있었던 겁니다. 루터가 『성서』를 속어로 번역했고, 그것이 근대 독일어의 근간이 되었죠. 단테의 시문詩文에 관해서도 동일하게 말할 수 있습니다. 그는 『신생[새로운 삶]』을 이탈리아의 한 지방 속어로 썼고, 그것이 이제는 표준적인 이탈리아어가 되어 있습니다. 라틴 어의 명수로 알려진 단테는 라틴어로 쓰지 않았기 때문에 애석하 게 여겨졌지만, 그가 쓴 문장이 이후에 규범적인 것이 됐던 이유는 그것이 실제로는 라틴어의 번역으로서 쓰어졌기 때문이라고 하겠습니다.

단테의 의견으로는 연애와 같은 감정은 라틴어로는 쓸 수 없는 것이었습니다. 이는 한문에 정통해 있던 일본의 무라사키 시키부가 『겐지 모노가타리』에서 일절 한어를 사용하지 않았다는 것과 동일합니다. 한문과 같은 지적인 언어로는 감정의 기미를 포착할 수 없기 때문입니다. 그러나 무라사키 시키부의 야마토고토바[3]는 결코 교토 부근의 속어가 아니라 한어의 번역으로서 쓰어진 것이며, 따라서 이후에 고전적인 규범이 될 수 있었던 겁니다.

이렇게 근대국가에서는 어디서든 제각기 한문이나 라틴어 같은 보편적인 지적 언어를 속어로 번역하면서 새로운 글말문(장)에을 만들었습니다. 일본의 경우는 메이지시대에 새로이 속어(구어)에 기초한 글말을 다시 만들지 않으면 안 되었습니다. '언문일치'로 불리는 것으로서, 이는 역시 소설가에 의해 실현됐던 겁니다. 방금 전에 '미학'에 관해 말하면서 상상력이 감성과 이성을 매개하는 것으로서 중요해졌다고 했는데, 언어의 레벨에서도 마찬가지로 말할 수 있습니다. 즉 언문일치란 감성적·감정적·구체적인 것과 지적이고 추상적인 개념을 잇는 것입니다.

이러한 과정은 근대의 네이션=스테이트가 형성될 때 어디서나 일어난 일입니다. 예컨대 중국에서도 종래의 '한문'이 아니라

---

3. [大和言葉. 흔히 간고(漢語)에 대립되는 말, 즉 일본 고유의 말로 여겨짐. 구체적으로는 『겐지 모노가타리』가 작성된 헤이안시대의 아어(雅語).]

'언문일치'로 쓰게 되었습니다. 청일전쟁 이후 일본에 유학한 많은 젊은 중국인들이 일본의 언문일치로부터 배워 중국에서도 그것을 시작했다고들 합니다. 그 경우에도 소설이 중요했습니다.

그러나 오늘날은 이미 네이션=스테이트가 확립되어 있습니다. 즉 세계 각지에서 네이션으로서의 동일성은 이미 완전히 뿌리를 내리고 있는 것이죠. 이를 위해 예전에는 문학이 불가결했던 것이지만 이제는 그런 동일성을 상상적으로 만들어낼 필요가 없는 겁니다. 이제 사람들은 오히려 현실적이고 경제적인 이해관계로부터 네이션을 생각하게 되었습니다.

현재 세계 속의 네이션=스테이트는 자본주의적인 글로벌리제이션에 의해 '문화적으로' 침식되고 있는데, 이에 대한 반발이 있을지라도 이전과 같은 노골적인 내셔널리즘은 나오지 않습니다. 경제적으로 불리한 점이 있다면 맹렬하게 반발하지만 말이죠. 현재 글로벌리제이션에 대해 강력한 반발의 기초가 되고 있는 것은 내셔널리즘이나 문학이 아닌 이슬람교나 그리스도교의 원리주의 같은 것입니다. 그것은 오히려 문학에 적대하는 것입니다.

5

반복하자면, 근대문학의 종언이란 근대소설의 종언이라고 해도 좋을 것입니다. 왜냐하면 소설이 다른 장르를 제패했다는 것이 근대문학의 특징이기 때문입니다. 앞서 저는 근대소설이 이제까지 갖지 못했던 지적·도덕적 과제를 떠맡았다고 지적했습니다. 어째서 소설이 그럴 수 있었을까요. 왜 다른 문학적 형식이 아니었을까요. 이 문제에 관해서는 좀 더 다른 관점에서 살피지 않으면 안 될 것입니다. 애초에 소설이라는 표현 형식은 인쇄기술 같은 테크놀로지와 관계되어 있습니다.

에도의 소설에는 삽화가 붙어 있었죠. 예컨대 교쿠테이 바킨의 『핫켄덴[南総里見]八犬伝]』[1814~1842]에는 가쓰시카 호쿠사이의 삽화가 붙어 있습니다. 문자만으로는 읽을 수 있는 사람이 없었기 때문입니다. 그리고 그것은 목소리를 통해 읽혔습니다. 메이지 중반까지 소설은, 신문소설도 마찬가지인데, 한 사람이 소리를 내어 읽으면 다른 이들은 들었습니다. 따라서 그것에는 언문일치의 문장보다는 오히려 운율적인 의고擬古[옛것을 본뜸]문체가 더 나은 것이었습니다. 그런 뜻에서 근대소설은 그림이나 음성이 없어졌을 때 비로소 성립한다고 말해도 좋겠죠. 근대소설은 묵독되는 것입니다. 근대소설을 읽으면 내면적으로 되는 것은 당연합니다. 거꾸로 내면적인 소설을 소리 내어 읽기는 어렵습니다.

그것과 관련되는 것인데 메이지 중반에 기묘한 일이 일어났습니다. 예컨대 후타바테이 시메이는 『뜬구름浮雲』[1891]을 언문일치로 썼습니다. 그러나 그는 그것을 도중에 포기했던바, 이 작품은 이후에 회자될 정도의 영향을 미치지는 못했습니다. 그런데 그가 번역한 투르게네프의 「밀회」 등은 일본의 근대문학에 큰 영향을 미쳤습니다. 그러면 『뜬구름』은 왜 그렇게 되지 못했을까요.

그 이유를 저는 후타바테이가 에도의 골계본滑稽本[익살스런 통속 소설]에서 받은 영향으로부터 벗어나지 못했기 때문이라고 생각했었습니다. 『일본근대문학의 기원』에서도 그렇게 썼습니다. 그러나 그 점이 사실이라고 할지라도 그가 배운 서양문학이란 그런 골계본과 상당히 비슷한 것이었다고 하겠습니다. 고골리, 도스토예프스키의 계보가 그것입니다. 그들은 투르게네프처럼 근대 리얼리즘의 작가가 아닙니다. 예컨대 도스토예프스키의 소설 등은 본인이 구술필기로 만든 것이므로 읽기보다는 오히려 듣는 것이었습니다.

후타바테이는 러시아인 선생의 낭독을 듣고 도스토예프스키의 소설에 감동했습니다. 뒤에 문장으로 읽으니 그다지 재미있지 않았다고 말하고 있습니다. 그런 관점에서 볼 때 명확한 것은 『뜬구름』이 오히려 고골리와 도스토예프스키의 계보에 이어져 있다는 점, 근대문학의 리얼리즘과는 다르다는 점입니다. 그것은 말하자면 '르네상스적'인 소설입니다. 나쓰메 소세키에 관해서도 마찬가지로 말할 수 있다고 봅니다. 소세키가 선호했던 로렌스 스턴 또한 '르네상스적'인 소설가입니다. 그것을 리얼리즘 이전으로 볼 것인지 리얼리즘을 넘어선 것으로 볼 것인지에 따라 의미는 달라집니다. 그러나 당시에 그것은 영국에서도 일본에서도 '근대 이전'으로 간주되었습니다.

예컨대 소세키는 『나는 고양이로소이다』를, 처음에는 낭독으로 발표했습니다. 그런 뜻에서는 『도련님』이나 『풀베개草枕』 또한 낭독되는 것을 들을 때가 더 재미있을 겁니다. 후타바테이의 『뜬구름』도 읽는 것보다는 듣는 쪽이 재미있는 작품입니다. 따라서 근대문학의 주류로부터 어긋나 있는 것입니다. 근대문학이란 역시 묵독에 의해 성립하는 것이며 리얼리즘적인 또는 낭만주의적인 것입니다. 들뢰즈가 말한 것이지만, 카프카가 『심판소송』을

낭독했을 때 모두가 포복절도했다는 일화는 그런 뜻에서 중요합
니다.

6

　근대소설은 말하자면 음성이나 삽화 없이 독립된 것이지만,
그것은 쓰는 사람에게도 독자에게도 커다란 상상력을 요구하는
것이었습니다. 그러나 시청각적인 미디어가 나오게 되면 그런
필요는 사라집니다. 예컨대 영화가 출현하기까지 소설가는 말하
자면 영화처럼 소설을 쓰고자 다양한 궁리를 짜냈던 겁니다.
그러나 일단 영화라는 기술이 출현하게 되면 그런 궁리는 의미를
잃게 됩니다.
　어떤 의미로 그것은 사진이 나왔을 때 회화에 일어난 일과
비슷합니다. 19세기 중반에 프랑스에서 사진이 출현했을 때, 그때
까지 초상화로 먹고살던 화가가 더 이상 그럴 수 없게 됐습니다.
그때까지의 회화는 실제로는 사진과 동일한 원리(카메라 옵스큐
라)를 따르고 있던 것입니다. 기하학적 원근법은 그것에 기초해
있었죠. 그러나 사진이 가능해지면 더 이상 의미를 갖지 못합니다.
그래서 인상파 화가들은 사진으로는 불가능한 것을 하고자 했죠.
그 지점에서 현대회화가 시작한다고 해도 좋겠습니다. 그럴 때
그들은 일본의 우키요에浮世絵와 만났던 겁니다. 그런데 아이러니
컬하게도 그로부터 얼마 지나지 않아 메이지의 일본인은 인상파
이전의 서양 회화를 규범으로 받아들이게 됩니다. 소설에 관해서

도 마찬가지로 말할 수 있습니다. 근대소설의 특질은 뭐니 뭐니 해도 리얼리즘에 있는 겁니다. 즉, 이야기(허구)인데도 그것이 리얼하게 보이도록 하려면 어떻게 해야 되는가가 근대소설이 몰두했던 문제입니다. 파노프스키는 회화의 리얼리즘을 가능케 하는 것을 대상과 그것을 포착하는 형식이라는 두 가지 관점에서 보고 있습니다. 대상 쪽에서 말하자면, 그것은 종교적·역사적 주제로부터 벗어나 평범한 인간이나 풍경을 주제로 하게 됩니다. 형식(상징형식) 쪽에서 말하자면, 그것은 기하학적 원근법을 채용하게 됩니다. 이는 고정된 한 점에서 투시한 도법을 통해 2차원의 공간에 깊이가 있는 형태를 부여하기 위해 고안된 것입니다. 실은 소설의 리얼리즘에 관해서도 마찬가지로 말할 수 있습니다.

대상 쪽에 대해서는 말할 것도 없겠죠. 간단히 말하자면, 어디에나 흔히 있는 풍경과 인간이 주제가 됩니다. 그러나 그것이 커다란 전도를 품고 있었다는 것은 제가 예전에 구니키다 돗포의 「잊을 수 없는 사람들」을 사례로 하여 말했던 적이 있습니다. '잊을 수 없는' 것이란 어찌되어도 좋은 풍경입니다. 다른 한편, 형식 쪽에 대해 말하자면 리얼리즘을 가능케 하는 것은 '3인칭 객관 묘사'라는 형태입니다. 이는 화자가 있음에도 마치 그것이 없는 것처럼 보이도록 하는 기술입니다. 화자가 있으면 고정된 한 점이 없어져 현전성이랄까 '깊이' 같은 것이 사라지고 마는 것입니다. 그러나 앞서 후타바테이에 대해 말했던 것처럼, 서양문학이 3인칭 객관의 리얼리즘을 의심하기 시작했을 때 일본에서는 그것을 옹호하기 위해 고심했습니다. 그 지점에서도 회화 문제와의 병행성이 있습니다.

일본의 작가가 '사私소설'에 집착했던 것은 3인칭 객관 묘사라는 '상징형식'에 익숙하지 않았기 때문입니다. 상당히 많은 사소설에서 3인칭이 사용되고 있지만 그것은 [1인칭] 주인공 시점과 동일합니다. 주인공에게 보이지 않는 것은 누구에게도 보이지 않게 됩니다. 이와는 달리 '3인칭 객관'이라는 것은 기하학적 원근법과 마찬가지로 허구로서 존재하는 것입니다. 따라서 사소설가에겐 3인칭 객관소설은 통속소설로 보입니다. 그들이 3인칭= 기하학적 원근법이란 허위가 아닌가라고 한다면, 바로 그렇다고 하겠습니다.

당시에도 지금도 사소설은 근대소설로부터 일탈하여 지체되고 왜곡된 것이라는 비판이 있습니다. 그러나 사소설에는 나름의 근거가 있습니다. 사소설은 '리얼리즘'을 철저히 하고자 했던 것이라고 하겠습니다. 그럴 때 3인칭 객관이라는 허구는 허용될 수 없는 것이죠. 아쿠타가와는 거꾸로 사소설을 후기 인상파에 대응하는 선구성을 가진 것으로 인정하면서 평가했습니다. 또 아쿠타가와는 「덤불 속藪の中」(이를 영화화한 구로자와 아키라의 <라쇼몽羅生門>이 국제적으로 유명한데)에서 '3인칭 객관'이 허구에 다름 아니라는 것을 세 가지 퍼스펙티브를 사용해 교묘하게 드러냈습니다. 조금 뒤에 프랑스에서 사르트르는 최초로 3인칭 객관의 시점을 의심하였고 그것으로부터 앙티로망이 성립합니다. 이래로 '3인칭 객관'은 포기됐다고 하겠습니다. '3인칭 객관'이 부여하는 리얼리즘의 가치를 선택해버리면 근대소설이 가진 획기적인 의의도 사라지고 마는 겁니다.

앞서 말했듯이 사진이 출현했을 때 회화는 사진이 할 수 없는 것, 회화만이 할 수 있는 것을 하고자 했습니다. 이와 동일한 것을 근대소설은 영화가 나왔을 때 했다고 하겠습니다. 그 점에서 20세기의 모더니즘 소설은 영화에 맞서 행해진 소설의 소설성의 실현이라는 의미를 갖는다고 하겠습니다. 소설만이 가능한 일을 한다는 것. 제임스 조이스 등이 그 대표겠죠. 프랑스의 앙티로망 또한 그렇습니다. 영화를 대단히 의식했던 것이죠. 그뿐만 아니라 그들은 영화에 깊이 관계했습니다. 뒤라스는 10편 정도의 영화를 감독했고 알렝 레네의 <히로시마 내 사랑>(일본어 제목은 <24시간의 정사情事>)의 시나리오를 쓰고 있었습니다.

여담이지만 뒤라스는 바칼로레아(대학입학자격 공통시험)를 베트남어로 치렀던 사람으로, 그녀에게 프랑스어는 외국어였습니다. 앙티로망의 다른 사람들에게선 그저 지적인 세련만이 감지되는 것에 비해, 그녀는 무언가 나카가미 겐지와 같은 느낌이 나는 '소설가'였죠. 그녀는 나카가미가 죽고 나서 4년 뒤에 죽었습니다.

그러나 소설의 상대는 영화만이 아니었습니다. 영화 그 자체를 바짝 추적하는 것이 나왔죠. 텔레비전과 라디오가 그것이고, 나아가 컴퓨터에 의한 영상 및 음성의 디지털화가 그것입니다. 이러한 시대 속에서 활판인쇄의 획기성에 의해 주어진 활자문화 혹은 소설의 우위가 사라지는 것은 당연하다면 당연한 일입니다. 예컨대 일본의 경우 만화가 널리 퍼졌던 것은 도쿠가와시대의 소설로 회귀하는 것이라고 할 수 있습니다. 에도의 소설은 삽화가 들어 있는 것으로 거의 인물들의 대화만으로 성립하는 것이기 때문입니다.

50

앞서 말했듯이 근대소설이 근대 네이션 형성의 기반이었다는 것은 부정할 수 없는 사실입니다. 그런데 20세기 후반이 되면 문학이 내셔널리즘의 기반이 된 사례는 드물게 됩니다. 그리고 이후로 그런 사례는 점점 더 일어나지 않게 된다고 하겠습니다. 현재에는 개발도상국에서 소설이 씌어지거나 그것을 읽는 독자가 증가하는 일 따위는 기대할 수 없는 일입니다. 가령 독자가 있다고 할지라도 그들은 『해리포터』를 읽을 것입니다.

예컨대 아이슬란드 사람에 관하여 다음과 같은 이야기를 들은 적이 있습니다. 섬나라에 속했기 때문인지 그들은 순수한 아이슬란드 사람이라는 것을 자랑스레 생각하는데, 사실 언어에서도 '아이슬란드 사가saga[북유럽의 신화·전설, 무용담]' 이래로 변한 게 없으며, 춤에도 노래에도 젊은이들의 오락에도 민족적인 것이 대단히 강했다는 것입니다. 따라서 어떤 미국인 저널리스트는 그들의 그런 상태가 영원하리라고 생각했으나 스웨덴의 한 회사가 아이슬란드에 케이블 텔레비전을 설치하고 하룻밤 사이에 그들 모두가 미국화 되어버린 것 같다고 말했다는 겁니다.

그러하되 이러한 사태는 내셔널리즘이 소멸한다는 것을 말하는 것이 아닙니다. 다만 문학이 내셔널리즘의 기반이 되는 일이란 이제 어렵게 됐음을 말하는 것입니다. 정치적인 목적이 있다면 소설을 쓰기보다는 영화를 만드는 쪽이 빠르겠지요. 혹은 만화 쪽이 좋겠지요. 요컨대 활자문화가 아니라 시청각을 통하는 쪽이 좋은 것이죠. 그쪽이 대중에게 쉽게 다가갈 수 있기 때문입니다. 따라서 어디서나 근대문학 혹은 소설이라는 과정이 불가결·불가피하다고는 말할 수 없습니다. 물론 그것을 '건너뛰어'버리는 것은 큰 문제가 있는 것이지만 말입니다. 그렇게 건너뛴 외상빚은 언젠가 어딘가에서 지불하게 되리라고 생각합니다.

7

인도인 작가로 아룬다티 로이라는 사람이 있습니다. 1997년 영국의 부커상을 받았는데 그것이 베스트셀러가 되어 매우 유명해졌죠. 그러나 그녀는 첫 번째 소설작품으로 수상한 뒤로 소설을 쓰지 않고 인도에서 댐 건설 반대운동 및 반전운동 등으로 분주합니다. 발표한 저작도 그런 운동들과 관련된 에세이가 중심이 됐죠. 유럽·미국에서 인기를 얻은 인도인 작가는 미국이나 영국으로 이주하여 화려한 문단생활을 하는 것이 보통입니다. 왜 소설을 쓰지 않느냐는 질문을 받고 로이는 자신이 소설가니까 소설을 쓰는 것은 아니며 써야만 하는 것이 있을 때에만 쓰는바, 이러한 위기의 시대에 한가하게 소설 따위를 쓰고 있을 수는 없다고 답합니다.

로이의 언동은 문학이 맡고 있던 사회적 역할이 끝났음을 시사하는 것이 아닐까 합니다. 문학에 의해 사회를 움직일 수 있는 것처럼 보였던 시대가 끝났다고 한다면, 즉 더 이상 진정한 의미에서 소설을 쓰는 일도, 소설가일 수 있는 일도 불가능한 것이라고 한다면 소설가란 단순한 직업적 직함에 지나지 않게 됩니다. 로이는 문학을 버리고 사회운동을 택한 것이 아니라 오히려 '문학'을 정통적으로 이어받은 것이라고 하겠습니다.

덧붙여 말하자면 근년에 부커상이라는 것은 살만 루시디나 가즈오 이시구로를 포함해 거의 대부분 마이너리티나 외국인이 받고 있습니다. 그것은 앞서 미국과 일본에 관해 말했던 것과 동일한 현상입니다. 이는 앞날이 예상될 수 있는 것입니다. 일본에 비해 훨씬 더 다민족적이고 다문화적이기 때문에 조금은 더 지속되리라고 생각하지만, '문학'이 윤리적·지적인 과제를 짊어졌기에 영향력을 가졌던 시대는 기본적으로 끝나고 있습니다. 그 잔영이 있을 따름인 겁니다.

아니, 오늘날에도 문학은 있다고 말하는 사람이 있습니다. 그러나 그렇게 말하는 것이 고독을 각오하며 쓰고 있는 몇몇 작가라면 괜찮아요. 실제로 저는 그런 소수의 사람들을 북돋기 위해 여러모로 써왔고 이후에도 그럴지 모릅니다. 그러나 지금 문학은 건재하다고 말하는 자들은 그런 사람들이 아닙니다. 거꾸로 그 존재가 문학의 죽음을 역력히 증명하고 있을 따름인 패거리들이 그렇게 말하는 겁니다. 일본에서는 아직 문예잡지가 있고 매월 신문에 크게 광고를 싣고 있습니다. 실제로는 전혀 팔리지 않죠. 비참할 정도의 판매부수입니다. 소설이 팔릴 때는 '문학'과는 관계없는 화제에 따른 것인데, 이래저래 문학이 아직 번영하고 있다는 따위의 허위적 현실을 만들어내고 있는 겁니다.

저는 작가에게 '문학'을 되찾으라는 식으로 말하지 않습니다. 또 작가가 오락 작품을 쓰는 걸 비난하지도 않습니다. 근대소설이 끝났다면, 그것은 일본의 역사적 문맥에선 '독본讀本'이나 '인정본 人情本⁴'이 되는 게 당연한 일입니다. 그것으로 된 게 아니겠는지요 힘껏 솜씨 좋게 써서 세계적 상품을 만들라, 만화가 그런 것처럼.

그리고 실제로 그렇게 할 수 있는 작가가 미스터리 계열에는 꽤 있습니다. 이와는 다른 한편에서 순문학이라고 불리는, 일본에서만 겨우 읽힐 따름인 통속적 작품을 쓰는 작가가 잘난체하는 말을 해서는 안 되죠.

8

지금까지 근대문학의 종언에 관해 간단히 이야기하였습니다. 그러나 이 문제는 문학이나 소설만을 생각하면 잘 알기 어려우며 의미도 없습니다. 애초에 '근대'라는 개념 또한 심히 불명료한 것입니다. 사정이 그러하므로 근대 비판이라거나 포스트모던을 말할지라도 근대라는 개념은 더욱 불명료해질 뿐입니다. 제 생각에 그런 문제는 세계자본주의의 전개라는 관점에서 사고되어야 하는 것으로 여겨집니다. 그것을 간단한 시대구분으로 가리켜 보이고자 합니다.

다음의 표는 일견 생산력의 발전과 더불어 생긴 변화를 드러내고 있습니다. 이는 예컨대 세계상품이나 주요 예술(미디어)의 항목을 보면 명확합니다. 그것은 테크놀로지의 발전을 명료하게 드러내고 있죠. 그러나 한편으로 이 표에서는 순환적(반복적)인 변화 또한 드러나고 있습니다. 이는 세계자본주의의 항목을 보면

4. ['독본'은 에도 후기의 전기적(傳奇的)·교훈적 이야기. '인정본'은 에도 후기 서민들의 애정생활을 묘사한 풍속 이야기.]

명확해집니다.

예컨대 이 표에서 세계자본주의의 여러 단계들이 중상주의, 자유주의 혹은 제국주의……로 되어 있는 경우, 그것은 세계 전체가 그렇게 되고 있었음을 뜻하는 게 아닙니다. 예컨대 자유주의란 당시 압도적인 우위에 있던 영국이라는 국가가 취한 경제정책이며 다른 나라는 자유주의적이기는커녕 보호주의를 통해 영국에 대항하고 있었습니다. 단적으로 말해 그때 일본은 에도시대[곧 쇄국 상태]에 있었습니다. 또 제국주의란 유럽 열강이 취한 정책 ── 메이지 일본도 급속히 발전하여 거기에 참가했던 것인데 ── 으로, 대다수 나라는 그로 인해 지배받고 식민지화됐습니다.

그럼에도 예컨대 1810~1870년이라는 시기를 '자유주의' 단계로 부를 수 있는 것은 다른 여러 국가들이 어떤 정책을 취하고자 할 때는 영국 경제가 헤게모니를 쥔 세계자본주의 아래에 공시적으로 귀속되어 있는 것으로 간주될 수 있기 때문입니다. 세계자본주의 아래서는 다양한 단계의 국가들이 국제 분업을 형성하면서 공존합니다. 각국 경제가 놓이게 되는 그런 세계적인 공시적 구조가 중요한 것입니다.

한편 중상주의(1750~1810)나 제국주의(1870~1930) 단계는 그때까지의 경제적 헤게모니를 가진 나라가 쇠퇴하고 그것을 대체할 신흥 국가와의 사이에서 항쟁이 이어지는 단계라고 해도 좋을 것입니다. 제국주의적인 단계와 자유주의적인 단계는 대체로 60년 주기로 교체되고 있습니다.

그런 뜻에서 1930~1990년의 단계는 흔히 후기자본주의로 불리거나 냉전시대로도 불립니다만, 다른 관점에서 보면 미국의 헤게

	1750~1810	1810~1870
세계자본주의	중상주의	자유주의
헤게모니국가	(제국주의적)	영국(자유주의적)
자본	상인자본	산업자본
세계상품	모직물	섬유공업
국가	절대주의	네이션=스테이트
에토스	소비적	금욕적
사회심리	전통지향	내부지향
주요 예술	이야기	소설

<세계자본주의의 여러 단계들>

모니에 기초한 '자유주의' 단계였다고도 할 수 있겠습니다. 거기
서는 선진자본주의 국가들이 소련 권역을 공통의 적으로 설정함
으로써 상호 협력하고, 국내적으로는 노동자의 보호나 사회복지
정책을 취했던 것입니다. 외견상으로는 적대적이고 위기적으로
보이지만 국제적으로는 소련 권역, 국내적으로는 사회주의 정당
은 세계자본주의를 위협하기는커녕 그것을 안정화시키는 것으로
기능했던 겁니다. 오히려 1990년대 이후가 미국이 경제적으로
쇠퇴하고 헤게모니 국가가 존재하지 않는다는 뜻에서 '제국주의
적' 단계라고 해야 할 것입니다.

이렇게 한편으로는 자본주의의 발전에 따르는 변화와 함께
다른 한편으로는 반복적인 순환이 있습니다. 그 점은 '자본'의
항목을 보면 명확합니다. 유통에서의 차액으로부터 이윤을 얻는
상인자본주의는 생산으로부터 이윤을 얻는 산업자본주의에 의해
대체될 터이지만, 그 이후로 우위를 점하는 금융자본 혹은 투기적

1870~1930	1930~1990	1990~
제국주의	후기 자본주의	신자유주의
(제국주의적)	미국(자유주의적)	(제국주의적)
금융자본	국가독점 자본	다국적 자본
중공업	내구소비재	정보
사회주의 / 파시즘	복지국가	지역주의
	소비사회	
	타인지향	
영화	텔레비전	멀티미디어

자본은 어떤 뜻에선 상인자본주의적인 것의 회귀라고 할 수 있는
것입니다. 베버는 산업자본주의를 초래했던 것이 상인자본에 있
는 소비를 향한 욕망이 아니라 오히려 그것을 억제하는 금욕적인
태도였음을 강조했습니다. 그러나 대량생산·대량소비에 기초한
후기자본주의 혹은 '소비사회' 속에서는 그런 금욕적 태도는 오히
려 부정됩니다. '에토스'라는 항목에서 드러나는 것은 그러한
변화입니다.

9

우선 '사회심리'라는 레벨에서 생각해보겠습니다. 좀 전에 저
는 1950년대의 미국에 관해 조금 말했습니다만, 그 무렵 미국에서
일어났던 일은 이후에 포스트모더니즘이라고 이야기되는 거의
모든 사정을 맹아적으로 품고 있었습니다. 따라서 당시 그것에

몰두한 북미의 사회학자나 비평가의 작업은 예견적이었습니다. 예컨대 부어스틴은 사건이 모조이벤트pseudo-event에 의해 대체됐음을 지적했습니다. 이는 이후 보드리야르가 시뮬라크르라고 부른 것입니다. 나아가 캐나다의 문예비평가 맥루한은 텔레비전이라는 새로운 미디어가 획기적인 변화를 초래할 것임을 예견적으로 고찰했습니다.

여기서 거론하고 싶은 것은 리스먼의 『고독한 군중』입니다. 그는 그러한 변화들이 '주체'의 문제로 드러나는 것에 주목했습니다. 리스먼은 사회를 전통지향형, 내부지향형, 타인지향형으로 분류하고 미국 사회가 근대의 내부지향형으로부터 타인지향형으로 이행했다고 말합니다. 내부지향형은 자율적인 '자기'를 갖는 바, 전통이나 타인에 의해 손쉽게 움직여지지 않습니다. 이는 계급적으로는 중서부의 독립 자영농민으로 대표되는데, 리스먼은 그들이 급속하게 타인지향형이 됐다고 말합니다.

타인지향형은 전통지향형과는 달리 일정한 객관적 규범을 갖지 않습니다. 타인지향이란 헤겔이 말했던 것처럼 타인의 욕망, 즉 타인에게 승인받고 싶다는 욕망에 의해 움직이는 것입니다. 그들이 지향하는 '타인'이란 각자가 다른 이를 신경 씀으로써 만들어내는 상상물입니다. 모조이벤트나 새로운 미디어에서 나타난 것은 이렇게 전통적 규범에서 벗어났기에 주체적으로 보일지라도 실제로는 전혀 주체성을 지니지 못한 채 부유하는 사람들(대중)인 것입니다.

이는 특별히 미국에 고유한 현상은 아닙니다. 산업자본주의가 1차·2차 산업에서 3차 산업으로, 다른 방식으로 말하자면 [사]물의 제조로부터 정보의 생산으로 쉬프트[전환·변경]하기 시작한 시기에 어디서나 일어나는 현상입니다. 그러나 미국에서 그런 일이 대단히 일찍 현저하게 발생했던 이유는 거기서는 애초에 전통지향형이 존재하지 않았을 뿐만 아니라 실은 내부지향형 또한 희박했었기 때문입니다. 리스먼이 전형적이라고 간주하는 중서부의 농민은 본래 전통지향을 거부했던 이민移民으로 구성되어 있었던바, 그들이 형성한 공동체는 전통적 규범을 갖지 않았기에 거꾸로 극도로 타인지향적으로 됐던 것입니다.

내부지향은 전통지향이 강한 곳에서 그것에 대항하면서 나온 내적 자율성입니다. 그러하되 전통지향이 없는 미국에서 각자는 제멋대로 자신의 원리를 따라 행동하는가 하면, 전혀 그렇지 않습니다. 서로들 타인이 어떻게 하는지를 보고 그것을 기준으로 삼게 되죠. 그것이 전통지향을 대신하는 겁니다. 예전에 미국에는 소련과 같은 국가적 강제는 없었지만 다른 강력한 콘포미즘획일주의·공식주의·(체제)순응주의이 있었다고들 하는 것은 그런 까닭에서입니다. 따라서 미국에서는 대중사회 및 소비사회가 무엇보다 일찍이, 저항도 없이 실현됐다고 말해도 좋을 것입니다.

그런데 헤겔은 욕구와 욕망을 구별했습니다. 앞서 말했듯 욕망이란 타인의 욕망, 즉 타인에게 승인받고 싶다는 욕망이라고 하겠습니다. 헤겔은 그런 욕망과 그것을 둘러싼 상호 간의 투쟁이 세계사를 만든다고 생각했습니다. 그러나 그것이 실현되면 어떻게 될까요. 역사는 끝납니다. 그래서 헤겔주의자 알렉상드르 코제브는 역사가 끝난 뒤의 인간에 대해 생각했었죠. 그는 '역사의 종언'을 장래의 코뮤니즘에서 보고 있었던 겁니다. 단, 그것은 장래에 실현되는 것일 뿐만 아니라 지금 여기서도 보인다고 말하면서, 그런 사례로 코제브는 '미국적 생활양식'을 들었습니다. 그것은 1950년대 미국에서 대단히 일찍 출현했던 대량생산·대량소비에 의한 대중소비사회의 존재방식을 말하는 것이었습니다.

코제브에 따르면, 그것은 이제 더 이상 투쟁도 없고 계급도 없는 사회로, 따라서 '세계나 자기를 이해한다'고 하는 사변적 필요성 또한 없는 '동물적'인 사회입니다. 그러하되 그가 말하는 '미국적 생활양식'이란, 리스먼의 말을 빌리자면 전통지향도 아니며 내부지향도 아닌, 타인지향의 세계인 겁니다. 즉 코제브가 '동물적'이라고 부르고 있는 것은 동물의 존재방식과는 정반대입니다. 그것은 오히려 타인의 욕망 이외에 다른 건 없는 인간의 존재방식을 가리키는 것입니다.

코제브는 장래에 세계가 '미국화'될 것이라고 생각했습니다. 그런데 그는 1959년 일본을 방문한 뒤에 '근본적으로 의견을 변경'했다고 말합니다. 그는 일본에서 세키가하라 전쟁(1600) 이후의, 전쟁 없는, 포스트 히스토리컬한 세계를 보았습니다. 예컨대 일본인은 '인간적'인 내용이 없어도 순수한 스노비즘(허세·허위적 형식만 남은) 속물주의에 따라 완전한 '무상無償의' 자살(하라키리はら きり[할복])을 행할 수 있다는 겁니다. 이어 코제브는 이렇게 결론내립니다. "최근 일본과 서양 사회 간에 시작된 상호교류는 결국 일본인을 다시 야만이 되게 하는 것이 아니라 (러시아인을 포함한) 서양인을 '일본화하는' 것으로 귀착될 것이다."[5]

5. 『ヘーゲル読解入門』第二版脚注[『헤겔 독해입문』 2판 각주], 上妻

그러나 코제브가 말하고 있는 '미국'이나 '일본'은 애초부터 실제의 대상이라기보다는 헤겔이 그랬던 것처럼 철학적으로 반성된 형태입니다. 그런 뜻에서 일본적 스노비즘이란 역사적 이념도 지적·도덕적인 내용도 없이 공허한 형식적 게임에 목숨을 거는 생활양식을 의미합니다. 그것은 전통지향도 내부지향도 아니며 타인지향의 극단적인 형태인 겁니다. 거기서는 타자에게 승인받고 싶다는 욕망밖에는 없습니다. 예컨대 오직 타인이 어떻게 생각할지만을 신경 씀에도 정작 타인에 관해 조금도 사고하지 않습니다. 강한 자의식을 가졌음에 비해 내면성이라는 것이 전혀 없는, 그런 타입의 사람이 많습니다.

코제브는 역사의 종언을 에도시대의 '일본적 생활양식'에서 발견했는데, 그것은 예견적이었습니다. 왜냐하면 그가 그렇게 말한 20년 뒤에 포스트모던이라고 불린 일본의 경제적 번영(버블경제)에서 드러났던 것은 에도시대 300년간의 평화 속에서 독특하게 세련화되었던 특유의 스노비즘이 재현된 것이었기 때문입니다.

애초에 일본에는 내부지향형 따위는 없었습니다. 그것은 메이지 이래 일본의 근대문학이나 사상 속에서 나왔던 것입니다. 그것들에는 자율적인 '주체'를 확립하기 위한 노력이 담겨 있었다고 해도 좋겠죠. 그런데 1980년대에 현저해진 것은 거꾸로 그러한 '주체'나 '의미'를 조소하고 형식적인 언어적 유희를 탐닉하는 것이었습니다. 근대소설을 대신하여 만화나 애니메이션, 컴퓨터

••
精·今野雅方訳.

게임, 디자인, 혹은 그것들과 연동하는 문학이나 미술이 지배적인 것으로 되었습니다. 그것은 미국에서 시작된 대중화를 한층 더 공허하게, 그러나 미적으로 한층 더 세련되게 한 것이었습니다.

일본의 버블경제는 얼마 지나지 않아 붕괴했지만, 오히려 그 이후로 그런 대중문화는 글로벌하게 보급되기 시작했죠. 그런 뜻에서 세계는 다름 아닌 '일본화'되기 시작한 것처럼 보입니다. 그러나 그것은 글로벌한 자본주의 경제가 종래의 전통지향과 내부지향을 뿌리째 뽑아 일소하고 글로벌하게 '타인지향'을 초래하고 있음을 뜻하는 것에 불과합니다. 근대와 근대문학은 그렇게 끝났던 겁니다.

10

앞서 말했던 것처럼, 베버는 산업자본주의를 추진했던 것이 이익이나 욕망이 아니라 '세속 내적인 금욕'에 있음을 강조했습니다. 그것이 근대 (산업)자본주의를 초래하고 근면한 노동윤리를 준비했다고 그는 생각했었습니다. 그리고 그것을 초래한 것은 프로테스탄티즘(그리스도교)이라고 말했습니다. 그러나 일본의 경우는 그럴 때 어찌되는 걸까요. 반드시 프로테스탄티즘이어야만 하는 것은 아닙니다. '세속 내적인 금욕'이라는 것은 욕망의 실현의 지연이라는 것입니다. 요컨대 그 점이 중요한 것입니다.

물론 메이지 일본에서도 그리스도교(프로테스탄트)의 영향은 적지 않습니다. 실제로 기타무라 도코쿠, 구니키다 돗포를 위시해 많은 작가들이 그리스도교를 경유하고 있습니다. 그러나 그 전에 일본인 전반을 움직여 근면하고 금욕적인 생활을 하게 만든 것이 있습니다. 입신출세주의가 그것입니다. 이는 학제 개혁과 징병제라는 메이지 초기 정책의 근저에 있던 이념이었습니다. 애초부터 이른바 5개조 서[약]문[6]에서도 강조되고 있던 것입니다. 그리고 그것에 호응하듯 후쿠자와 유키치의 『학문을 권함』[1872]이나 S. 스마일즈의 『서국입지편西國立志編』(나카무라 마사나오 옮김)[7]이 출판되어 베스트셀러가 되었습니다.

입신출세주의는 근대 일본인의 정신적 원동력이지요. 봉건시대의 신분제를 부정하는 사상은 다양하게 있습니다. 그러나 인간이 평등하다고 할지라도 그건 입에 발린 말일뿐입니다. 현실적인 평등과는 거리가 먼데, 그런 상황에서 메이지시대를 통해 변한 것이 무엇인지를 묻는다면, 메이지 이후의 일본은 학력에 의해 새로운 위계가 결정되는 시스템이 됐다는 점입니다. 도쿠가와시대에도 신분을 넘어서는 모빌리티[유동성·이동성·기동성]가 의외로 없지 않았는데, 메이지 이래로 그것은 전면화되었다고 하겠습니

6. ["五箇条の誓文". 메이지 원년 1868년 4월에 메이지 천황이 천신지지(天神地祇)에 맹세를 고하는 의례 형식으로 상하 모두를 향해 포고한 정부기본방침. 1) 널리 회의를 흥하게 하여 국정의 여러 일들을 공론(公論)으로 결정할 것. 2) 상하 합심하여 왕성한 경륜을 행할 것. 3) 문무백관에서 서민에 이르기까지 저마다의 뜻을 이룰 수 있고 인심이 지치지 않도록 할 필요를 따를 것. 4) 구래의 누습을 깨고 천지의 공도(公道)에 근거할 것. 5) 지식을 세계로부터 구하고 황국의 기반(皇基)을 크게 진작시킬 것.]

7. [스마일즈 『자조론(Self-Help)』(1859)의 일역본. 1871년에 출판.]

다. 따라서 대다수의 일본인은 아이부터 부모까지 입신출세를 위해 필사적으로 되고 근면하게 일하게 된 것이죠. 이것이 학생들의 수험 경쟁으로 최근까지 계속 이어지고 있습니다. 이를 무시하면 일본의 근대를 이해할 수 없는 것입니다.

그럴지라도 입신출세주의가 즉각 근대문학이 되는 것은 아닙니다. 거꾸로 근대문학은 입신출세라는 것이 잘 되는 게 아니며 공허한 것이라는 데에서 나왔습니다. 그것이 대체로 메이지 20년쯤이었습니다. 모리 오가이의 『무희舞姬』[1890]나 후타바테이의 『뜬구름』 등도 그런 상황 속의 인물을 다루고 있습니다.

메이지 일본에서의 근대적인 자기 혹은 내면성은 자유민권운동의 좌절로부터 나왔다고들 합니다. 기타무라 도코쿠가 그 대표입니다. 그러나 자유민권운동에는 여러 넓은 범위로 퍼져 있었습니다. 거기에는 이미 입신출세주의와의 갈등이 있었던 것이죠. 예컨대 학교의 중앙집권화에 대항하여 퇴학한 스즈키 다이세쓰나 니시다 기타로 같은 사람이 있었습니다. 그들은 이후 종교에 몰두합니다. 후타바테이도 넓은 의미에서 자유민권운동의 흐름 아래에서 출세 코스로서의 학교를 그만두었죠. 그의 『뜬구름』에는 그런 배경이 있습니다. 이와는 달리 나쓰메 소세키는 일견 엘리트 코스를 밟고 있는 것처럼 보임에도 언제나 그것을 부정하거나 파괴하고 싶다는 충동에 내몰리고 있었습니다. 소세키가 문학에 참여하게 된 것은 꽤 뒤의 일이지만, 소세키 또한 도코쿠나 후타바테이, 니시다 기타로 등과 동세대의 인물입니다. 실제로 소세키는 도쿄제국대학 교수 자리를 내던지고 소설가가 됐던 겁니다. 따라서 저는 『마음こゝろ』[1914]에 묘사된 K와 선생 위에다

가 메이지 10년대의 도코쿠나 니시다 기타로의 모습을 겹쳐보게
됩니다.

한편, 메이지 일본에 근대적인 내면성을 가져왔던 것, 그리고
연애나 문학을 가져왔던 것은 그리스도교입니다. 그러나 단순한
영향 관계만으로는 왜 이 시기에 그리스도교가 중요한가를 알
수 없습니다. 이 점에 관해서는 『일본근대문학의 기원』에도 썼는
데, 그리스도교로 향했던 사람들 중에는 옛 바쿠후幕府 가신 계열
에 속한 이들이 많았습니다. 그들은 출세할 가망이 없었고 그때까
지 충성의 대상이었던 '주君'가 없어졌던바, 그런 상태에서 그리
스도(주主)로 향해 갔던 것입니다. 그렇다면 그것 역시 입신출세주
의라는 시대배경 없이는 이해될 수 없습니다. 그들의 내면성은
입신출세라는 강제력 아래서 생겨났던 것이 분명합니다. 그들은
입신출세를 강제하는 사회에 맞서 자립하고자 했었죠. 그때 그리
스도교(프로테스탄티즘)와 만났던 겁니다.

저는 메이지 이후의 일본인에게 근면이나 금욕이라는 에토스
를 가져다준 것이 입신출세주의라고 생각합니다. 리스먼의 말을
빌리자면 입신출세는 전통지향이 아닙니다. 그것은 부모를 잇는
다는 신분제를 부정한 것입니다. 그러나 그것은 내부지향도 아닙
니다. 타인지향이지요. 타인의 승인을 쟁취하고 싶다는 욕망에
내몰리고 있기 때문입니다. 근대적 자기라는 것은 전통이나 타인
을 넘어 자율적인 무언가를 추구하는 것입니다. 현실 속에서
그것은 쉽지 않은 일입니다. 따라서 그것을 그리스도교에서, 아니
그것보다 궁극적으로는 '문학'에서 발견했던 겁니다.

그러나 현재는 어떨까요. 예컨대 학력주의라고 할 수 있을,

도쿄대학을 정점으로 어느 대학에 들어가느냐에 따라 '신분'이 결정되는 체제가 이어지고 있죠. 아무리 부정해도 그렇습니다. 그런데 그것은 1990년대 이후의 글로벌리제이션 아래에서 급속하게 해체되고 있는 것처럼 보입니다. 학생들 쪽에서도 그렇죠. 오랜 수험 경쟁을 거쳐 겨우 좋은 회사에 들어갔는데도 깨끗이 그만둬버리는 사람들이 많습니다. 그리고는 '프리터[프라+아르바이테]'가 되죠. 그들은 소설을 쓸지도 모릅니다. 그러나 그것에는 입신출세 코스로부터 탈락한, 혹은 배제된 상태에서 생겨나는 근대문학의 내면성이나 르상티망은 없습니다. 그리고 실제로 저는 그것이 나쁘지 않은 경향이라고 생각합니다. 좀 더 말하자면, 그런 이들은 문학 따위는 하지 않아도 괜찮습니다. 좀 더 다른 삶의 방식을 현실에서 만들어주길 바랍니다.

11

세속 내적인 금욕이라는 것이 단적으로 드러나는 것은 노동이 아니라 역시 성적인 사랑에서입니다. 에도시대에도 상인은 금욕적이었습니다. 그러나 오래도록 돈을 모은 다음에는 무엇을 했을까요. 주색잡기밖에 없었죠. 그런 사정을 오자키 고요가 소설로 쓰고 있습니다. 그의 「침향베개伽羅枕」[1890]라는 작품을 통렬하게 비판했던 이가 기타무라 도코쿠입니다. 그는 고요가 그린 세계를 '이키粹'[8]라고 부르면서 비판했습니다. 그것이 봉건사회의 유곽에서 태어난 평민적 니힐리즘이라고 말입니다. 그것에 대해 도코쿠

는 연애를 거론했습니다. 「염세 시가厭世詩歌와 여성」에서는 '상
[상]세계와 실[제]세계 간의 전쟁에서 상[상]세계의 패장으로 하
여금 농성할 수 있게 하는 야성은 다름 아닌 연애다'라는 식으로,
혹은 '연애는 일단 자기我를 희생하는 동시에 자기다운 '나我'를
비추는 거울이 된다'는 식으로, 연애가 획기적인 의의를 갖는
것으로 제시됩니다.

도코쿠는 플라토닉한 연애를 설파했는데, 시마자키 도손이나
다야마 가타이처럼 처음부터 그런 연애를 생각하고 있던 후배들
과는 달리, 젊은 시절에 이미 고요의 방탕·유희적인 세계를 경험
했었습니다. 소학생 무렵부터 자유민권운동에 참가할 정도였기
때문입니다. 그리고 그는 연애의 곤란함에 대해서도 리얼한 인식
을 갖고 있었습니다. 예컨대 그는 이렇게 말합니다. "괴이한 연애
가 염세가를 눈부시게 만드는 것이 쉬운 것처럼 혼인은 대단히
쉽게 염세가를 실망시킬 수 있다. ……처음부터 과중한 희망
속에 있는 혼인은 이후에 비교적 빨리 실망을 부르는바, 부부가
참담하게 서로를 대하는 일이 일어날 수 있다." 실제로 도코쿠
자신 또한 이시자카 미나와의 이혼 경험이 있었습니다. 그는
25세에 자살했습니다.

그런데 도코쿠에 의해 비판받은 고요는 어떻게 됐던 걸까요.
고요는 이하라 사이카쿠⁹의 전집을 편집했을 정도로 사이카쿠에

8. [훈독일 때 '이키', 음독일 때는 '스이'. 때를 벗겨낸 상태, 세련
   ·운치·생기·매력·요염, 유곽에서의 풍류(에 통달함) 등을 뜻
   함.]

게 빠졌고 그의 흉내를 냈습니다. 저는 도코쿠가 고요를 두고 도쿠가와시대의 평민적 허무사상이라고 비판했던 일이 사이카쿠에게는 타당한 것일 수 없다고 생각합니다. 오히려 겐로쿠시대元禄 (1688~1707) 오사카에 있던 사이카쿠나 지카마쓰는 사무라이를 압도하는 상인계급의 상승적인 힘을 포착하고 있었습니다. 도코쿠가 말하는 '이키'라는 것은 오히려 분카·분세이文化文政 시대 이후의 에도에 해당되는 것이라고 하겠습니다(예컨대 철학자 구기 슈조가 그렇게 유곽에서 발생한 평민적 허무사상에 대해 '이키いき[粋]의 구조'로서 의미를 부여했었지만, 그 '이키'는 분카·분세이 시대 이후의 것입니다).

그런데 에도문학에 이어진 고요는 사이카쿠의 전집까지 편집하면서도 사이카쿠를 몰랐습니다. 아니 그렇다기보다 고요는 자신이 살고 있는 시대를 잘 알지 못했다고 하겠습니다. 고요가 사이카쿠로부터 얻었던 것은 모든 것이 상품경제에 의해 지배되고 있다는 인식이었습니다. 그러나 그런 인식은 18세기 초엽 사무라이가 지배하는 봉건사회 속에서 말해지는 것과 메이지 20년대에 말해지는 것에 의미의 차이를 갖습니다. 메이지 20년대에는 예전의 사이카쿠가 발견한 상인자본주의가 산업자본주의로 대체되고 있었습니다. 상인자본주의의 시대에 강했던 것이 메이지 20년대에는 단지 상업자본(상점)이 되거나 고리대금이 되었죠. 그것은 산업자본주의의 시대에 은행으로 대체됩니다. 이는 옛적

9. [井原西鶴. 1642?~1693. 에도시대 우키요(浮世) 통속 이야기 및 인형 악극(人形浄瑠璃) 이야기 작자, 하이쿠 작자(俳諧師).]

부터 있던 대금업자와는 질적으로 다른 것입니다.

고요 본인은 연애에 관한 자신의 의견을 대체로 변경했다고 생각했었습니다. 그러나 근본적으로는 변하지 않았죠. 그것은 그의 마지막 만년의 작업인 『곤지키야샤金色夜叉[금색야차]』[1897-1903]를 보면 분명합니다. 이는 메이지 36년에 씌어졌습니다. 러일전쟁 직전이죠. 즉 일본의 경제가 중공업을 향하고 정치적으로 제국주의적인 단계로 나아가던 때입니다. 그런데 고요가 거기에 썼던 것은 여자(오미야お宮)가 부(도미야마富山)를 쫓아 자신을 버렸다고 생각해 고리대금업자가 되어 복수하려는 인물(간이치貫一)입니다. 그런 설정 자체가 아나크로니즘[시대착외이라고 하겠습니다. 동시대의 현실로부터 동떨어진 것이라고 할 수밖에 없는 것이죠. 그 점에서 말하자면 도코쿠가 말하는 연애는, 결코 그런 의도로 설파된 것은 아니겠지만 실제로는 산업자본주의에 불가결한 에토스에 합치됐던 것입니다. 즉 세속 내적인 금욕이 그것입니다. 즉시 욕구를 만족시키는 것이 아니라 지연시키는 것, 혹은 욕구를 채울 수 있는 권리를 축적하는 것이죠. 그것이 산업자본주의의 '정신'인 겁니다.

그러나 메이지 36년 혹은 그 이후에 『곤지키야샤』가 기록적인 베스트셀러가 됐던 것은 당시 사람들의 사고방식이 아직 도쿠가와시대와 그다지 다르지 않았기 때문이 아닐까 합니다. 예컨대 아타미 해안에서 대학생 간이치가 자신을 배반한 오미야를 나막신으로 걷어차는 장면이 있습니다. 그때 간이치는 내년, 내후년의, 몇 십 년 이후의 '오늘밤 저 달을 내 눈물로 흐려지게 하리라'고 말하죠. 그때 간이치는 '부부는 서로 다를 바 없는데'라고 말하면서 오미야가 배반한 일을 따지지만, 예전에 저는 그것이 좀 과장된 게 아닌가라고 생각했었습니다. 그러나 원작을 잘 읽어보면 그들은 이미 5년 정도 사실상 동거하고 있었습니다. 오미야의 부모 또한 그것을 알고 있었습니다. 그런데 도미야마는 그런 사정을 알고 있었음에도 구혼을 강행했던 겁니다. 그리고 오미야도 '자신은 좀 더 비싸게 팔릴' 수 있다고 판단했습니다. 소설에는 정확히 그렇게 씌어 있습니다.

그것을 읽으면 오늘날의 독자들은 놀라겠지요. 당시의 독자들은 놀라지 않았습니다. 그렇기는커녕 대단한 인기를 끌었던 겁니다. 그런데 쇼와 이후 신파新派의 연극이 되면 『곤지키야샤』는 대부분 원작에서 거리가 멀어집니다. 제가 『곤지키야샤』를 알았던 것은 중학교에 들어가기 직전이었는데, 야마모토 부시코가 주연한 영화를 봤기 때문이었죠. 그 영화에서 오미야는 가련한 처녀로 주변 가까이에 있던 간이치와 순정어린 사랑을 나누고 있었는데, 갑자기 나타난 도미야마의 구혼을 받고는 간이치의 장래를 고려하여 울면서 승낙하게 됩니다.

그러나 고요가 메이지 30년대에 쓰고 있었을 때는 그렇지 않았죠. 애초에 처녀성이나 플라토닉한 연애가 운위되었던 것은 메이지 20년대부터로, 그것을 적극적으로 제창했던 이들 중 하나가 도코쿠입니다. 그러나 대중의 레벨에서는 그렇지 않았습니다. 농촌에서는 말할 것도 없습니다. 요바이夜這い「한밤중 연인의 잠자리에 잠입하는 풍습」라는 관습은 전후까지 꽤나 남아 있었습니다. 도시에서도 마찬가지입니다. 처녀성 따위는 문제되지 않았습니다. 다만 도시가 농촌과 달랐던 것은 섹스를 금전적으로 보는 견해가 있었

다는 점, 즉 스스로를 상품으로 보는 의식이 있었다는 점입니다. 노골적으로 말하자면 '공짜로 섹스하도록 해주는 것은 아깝다'는 것입니다. 당연한 것인데, 그들은 유곽에 가는 것도 그다지 신경 쓰지 않았습니다. 사무라이의 가정은 예외입니다. 거기엔 유교도 덕이 침투해 있었기 때문이죠. 메이지 이후로 그러한 도덕은 근대적인 도덕의식과 섞여 계층 전체로 서서히 침투해갔습니다.

그러나 『곤지키야샤』를 읽으면 메이지 30년대가 되어서도 대중의 레벨에서는 그다지 변한 것이 없음을 알게 됩니다. 오미야는 메이지의 여학교를 나온 것으로 되어 있는데, 그 내실에서는 게이샤와 그리 다르지 않죠. 메이지 중반까지 정치가나 학자 중에 게이샤와 결혼한 사람은 적지 않습니다. 단적으로 말해 로쿠메이칸鹿鳴館의 파티는 예전의 게이샤가 도맡고 있었던 겁니다.

보통의 여자는 사교적으로 거동하지 않습니다. 그렇게 거동해서는 곤란하기에 여학교가 생긴 것입니다. 고요에겐 오미야가 그렇게 여학교를 나왔다고 할지라도 게이샤와 마찬가지였습니다. 오미야는 자신의 미모라면 간이치 정도로는 아까우며 좀 더 큰 값어치가 있지 않을까 생각했던 것입니다. 단, 그것을 보고는 일본이 지체되고 있었다거나 비서양적이라는 식으로 말할 수는 없습니다. 예컨대 프랑스의 궁정을 무대로 한 심리소설 속에서 활약하는 공작부인이나 백작부인은 고급 창부 출신이 적지 않죠. 별달리 그것으로 비난받지 않았습니다. 나폴레옹 3세 시대에는 파리의 여자들 중 3분의 1정도가 창부였다고 합니다. 물론 그것은 프로테스탄트적 문화의 관점에서는 엄격하게 부정됩니다. 도쿄쿠 등은 퀘이커 교도였으므로 유곽에서 나온 문화란 당치도 않은 것이었습니다. 그것이 일반적으로 비서양적인 것이라고는 말할 수 없습니다. 따라서 앞서 말했던 구기 슈조의 '이키粹'를 프랑스의 '시크chic[기교·솜씨·세련·근사함]'와 견주고 있습니다. 참고로 하이데거는 구기가 말하는 '이키'를 높이 평가했습니다. 하이데거 같은 독일 농민형 철학자가 유곽에서 태어난 '이키'의 경지를 알 수 있었으리라고는 생각하기 어렵지만 말입니다.

한편 도미야마는 서양에서 유학하고 돌아온 것으로 되어 있는데, 그의 태도는 도쿠가와시대에 유곽에서 노는 조닌町人[도시 상인계급 사람과 다르지 않습니다. 따라서 오미야가 간이치와 동거하고 있음을 알고서도, 말하자면 게이샤의 빚을 갚고 몸을 빼내듯이 구혼했던 것이며 또 그런 일이 가능했던 것입니다. 그리고 자주 있는 일인데, 일단 그렇게 몸을 빼내어 맡은 다음에는 오래지 않아 흥미를 잃게 되고 상대하고 싶지 않게 되는 것이죠. 그래서 오미야는 간이치를 생각하면서 후회하는, 요컨대 그런 이야기인 겁니다.

좀 전에 오늘날의 독자들이 『곤지키야샤』를 읽으면 놀랄 것이라고 말했습니다. 그러나 실제로는 오늘날의 젊은 사람들이 혹시라도 그것을 읽게 된다면 전혀 놀라지 않을 것이라고 생각됩니다. 오히려 기타무라 도코쿠를 읽는 쪽이 질려버리지 않을까 합니다. 왜냐하면 오미야같이 자신의 상품가치를 생각하고 더 높은 가격에 팔려고 계산하는 여성은 오늘날에는 흔하며, 남녀 서로가 처녀성에 신경을 쓰는 일도 없기 때문입니다. 수 년 전에 '원조교제'로 불린 10대 소녀의 매춘 형태에서 혁명적인 의의를 발견하려했던 사회학자가 있었습니다. 그러나 그것은 자본주의가 더 깊이 침투했음을 의미할 따름입니다. 혹시 그것이 혁명적이라면 사이카쿠의 『고오쇼쿠 이치다이온나好色一代女[호색일대녀]』 쪽이 좀 더 혁명적일 것입니다.

또 젊은 사람들 중에는 말하자면 간이치같이 단번에 돈을 모으려고 투기를 하는 사람이 적지 않죠. 이는 무얼 말하는 걸까요. 그것을 자본주의의 단계로 말하자면, 산업자본주의 이후의 단계가 어떤 의미로는 상인자본주의적으로 되리라는 것을 뜻하고 있습니다. 생산보다는 유통에서의 차액으로부터 잉여가치를 얻으려는 것이죠. 그러한 상인자본의 본성이 전면에 드러나는 것, 그것이 신자유주의의 단계입니다. 따라서 예전 쪽이 오히려 현재에 딱 들어맞는 것처럼 보이는 겁니다. 이것이 '역사에서의 반복', 그것의 현실적 근거입니다.

끝으로, 반복합니다만 오늘날의 상황에서 문학(소설)이 예전에 가졌던 역할을 다시 맡는 일은 있을 수 없다고 하겠습니다. 근대문학이 끝날지라도 우리들을 움직이게 하고 있는 자본주의와 국가의 운동은 끝나지 않습니다. 그것은 모든 인간적·자연적 환경을 파괴하고서도 계속될 것입니다. 우리들은 그 속에서 대항해나갈 필요가 있는 것이죠. 그러나 그 점에서 저는 더 이상 문학에 아무 기대를 하고 있지 않습니다.

추기: 이 강연록은 2003년 10월 긴키대학 국제인문과학연구소 부속 오사카 칼리지에서 행한 연속강연의 기록에 근거

한 것이다. 그리고 이는 『근대문학의 종언』(인스크립트, 2005)에 수록되었다.[여기 『사상적 지진』에 수록된 판본은 2005년판을 옮긴 선행 국역본(도서출판 b, 2006)과는 달리 조금씩 가필되었다.]

일본정신분석 재고

　제가 오늘 이렇게 '일본 라캉협회'의 초대를 받게 된 것은 예전에 「일본정신분석」이라는 논문 속에서 라캉을 언급했기 때문이라고 생각합니다. 거기서 저는 라캉이 일본에 관해, 특히 한자의 훈독 문제에 관해 말했던 것을 인용했습니다. 오늘 그것에 관해 이야기해볼 생각인데, 그 전에 「일본정신분석」이라는 논문에 관한 경위를 조금 설명하도록 하겠습니다. 그 논문은 1991년경에 썼던 것으로 저의 저작집에 수록되어 있습니다.[1] 이는 『일본정신분석』[2]이라는 제목의 책과는 다른 것입니다. 그 책은 2002년에 썼던 것으로, 이 시점에서는 앞서 썼던 그 논문에 넌더리가 났다는

1. 「文字の地政学 —— 日本精神分析」, 『定本柄谷行人集 4 ネーションと美学』, 岩波書店[「문자의 지정학 —— 일본정신분석」, 『네이션과 미학』, 조영일 옮김, 도서출판 b, 2009].
2. 講談社学術文庫[『일본정신의 기원』, 송태욱 옮김, 이매진, 2003].

느낌을 말했습니다. 즉 예전에 「일본정신분석」이라는 논문을 썼을 때는 일본인론 및 일본문화론을 부정할 생각이었지만 결국에는 그 속으로 들어갈 수밖에 없었기 때문입니다. 실제로 저는 그 이후로 '일본론'에 관해 일절 쓰지 않았습니다. 따라서 지금 기분으로서는 다시 읽는 것조차도 싫습니다. 다만 와카모리 요시키 씨를 위시한 라캉파 사람들에게 평가를 받고 또 강연을 의뢰받았으므로 부득이 '재고'하지 않을 수 없게 된 것입니다. 그렇게 재고를 해보아도 별달리 새로운 생각은 나오지 않았습니다. 다만 오늘 제가 이야기하는 것에 의해 여러분들께서 다시금 생각해주시면 좋지 않을까라고 생각하면서 여기로 왔던 겁니다.

「일본정신분석」이라는 논문의 주제는 제가 1980년대 후반에 생각했던 문제입니다. 이를 간단히 말하자면, 마루야마 마사오가 『일본의 사상』에서 썼던 논점을 재검토하는 것입니다. 마루야마는 서양의 사상사를 기준으로 삼아 일본의 사상사를 고찰하고는 다음과 같이 말했습니다. 일본의 사상사에는 여러 개별적 사상들의 좌표축 역할을 맡을 수 있는 원리가 없으며, 어떤 것을 이단이게 하는 정통 또한 없고, 모든 외래사상이 수용되어 공간적으로 잡거하고 있으며, 거기서는 원리적인 대결이 없기 때문에 발전도 축적도 없다는 것입니다.[3] 바꿔 말하자면, 바깥에서 도입된 사상은 결코 '억압'되는 일 없이 단지 공간적으로 '잡거'할 따름이라는 거죠. 새로운 사상은 그것에 대한 본질적인 대결이 없는 채로

3. 『日本の思想』, 岩波書店, 1961[『일본의 사상』, 김석근 옮김, 한길사, 1998].

보존되고, 다시 다른 새로운 사상이 들어오면 돌연히 끄집어내(어)진다는 겁니다. 이리하여 일본에는 뭐든지 있게 됩니다. 마루야마는 그것을 '신토神道'라고 부르고 있습니다. "'신토'는 말하자면 세로로 길쭉하고 밋밋한 포대자루같이 그때그때의 시대에 유력한 종교와 '습합習合'하여 그 교의 내용을 채워왔다. 신토의 그런 '무한 포용'성과 사상적 잡거성이 앞서 말한 일본의 사상적 '전통'을 집약적으로 표현하고 있음은 말할 것도 없으리라."(같은 책)

마루야마 마사오는 서양과 비교하여 일본을 고찰한 사람인데, 중국과 비교하여 일본을 고찰한 다른 한 사람이 있습니다. 중국문학자 다케우치 요시미입니다. 그의 생각에 근대 서양과의 접촉에 있어 아시아 여러 나라들, 특히 중국에서는 근대 서양에 대한 반동적인 '저항'이 있었는데 일본에서는 그런 저항 없이 부드럽게 '근대화'를 이뤘습니다. 그는 일본에 '저항'할 '자기'가 없었기 때문이라고 말합니다. 그것은 일본에는 사상의 좌표축이 없었다는 마루야마 마사오의 의견과 동일합니다. 즉 원리적인 좌표축이 있다는 것은 '발전'보다는 오히려 '정체'를 가져오죠. 일본의 '발전'의 비밀은 그들이 말하는 그런 자기도 원리도 없었다는 점에 있습니다. 다케우치 요시미는 일시적인 정체를 동반할지라도 중국같이 '저항'을 통한 근대화가 바람직하다고 말하는 셈입니다. 그리고 그쪽이 오히려 서양에 가깝다고 말합니다.

저는 그들의 생각에 별달리 반대하지 않았습니다. 여러모로 생각해보면 분명히 그들의 말 그대로입니다. 근대 일본의 다양한 문제가 그 부근에 집약되어 있죠. 다만 제가 질문하고 싶은 것은 그러면 왜 그러한가라는 점입니다. 이에 답하기 위해선 어찌하든 집단으로서의 일본인의 심리를 살피지 않으면 안 되었습니다. 넓은 뜻에서 '정신분석'적이지 않을 수 없게 되는 것이죠.

실제로 마루야마는 『일본의 사상』 이후인 1972년에 「역사의식의 고층古層」이라는 논문을 발표하고 있습니다. 이는 『일본의 사상』에서 거론했던 위의 문제, 신토라거나 사상의 좌표축이 없다는 이야기를 고대로 거슬러 올라가溯行 사고해보려는 것이었습니다. 그는 그것을 『고지키古事記』[4]의 분석을 통해 행했습니다. 그가 '고층'에서 발견했던 것은 의식적인 작위·제작에 맞서 자연적인 생성을 우위에 놓는 사고입니다. 고층이란 일종의 집합적 무의식입니다. 그러나 그는 「역사의식의 고층」이라는 개념을 그것 이상으로는 이론적으로 뒷받침하려고 하지 않았습니다.

한편, 그 당시 유행하고 있던 것은 가와이 하야오의 일본문화론이었습니다. 『모성사회 일본의 병리』 같은 책이 그것인데, 그는 구스타프 융 계열이었으므로 당연히 집합적 무의식을 실재하고 있는 것처럼 다룹니다. 그리고 다음과 같이 말하죠. "서양인의 경우는 의식의 중심에 자아가 존재하고 그것에 의해 통합성을 가지면서도 그것은 마음 깊은 곳에 있는 자기와 연결되어 있다. 이에 반해 일본인 쪽은 의식과 무의식의 경계도 정해지지 않으며 의식의 구조도 오히려 무의식 안에 존재하는 자기를 중심으로 형성되는 것이므로 그 자신, 중심을 갖는지 그렇지 않은지도 의심스럽게 생각하는 것이다."[5]

••

4. [712년 완성. 일본의 현존하는 가장 오래된 역사서. 나라(奈良)시대 초기에 편찬된, 상·중·하로 된 천황가의 신화(神話).]

그러나 저는 그렇게 집합적 무의식을 뭔가 실재하는 것처럼 다루는 것을 의심스럽게 생각합니다. 어떤 일본인 개인을 정신분석하는 것은 가능하지만, '일본인의 정신분석'은 가능한 걸까요. 가능한 거라면 어떻게 그럴 수 있을까요. 융의 경우, 그것은 집합적 무의식이라는 개념에 의해 가능해질 것입니다. 그러면 프로이트는 어떨는지요. 그는 집단심리학과 개인심리학의 관계에 관해 대단히 신중하게 생각하고 있습니다. 그의 생각으로는 개인심리라는 것은 없는데, 이미 그것은 어떤 뜻에서 집단심리이기 때문입니다. 그는 또 개인심리와는 따로 상정되는 집단심리(르 봉) 같은 것을 부정하죠. 그러면 개인에게 집단적인 것은 어떻게 전해지는 걸까요. 이에 관해 프로이트는 아무래도 명확히 밝히고 있지는 않는 듯합니다. 예컨대 개체발생은 계통발생을 반복한다는 설명을 가져오거나 과거 인류의 경험이 제식 등을 통해 전해진다는 등의 여러 가지로 말하지만 명확하지 않습니다.

그런데 라캉은 그러한 문제를 클리어[분명한·명석한·헤쳐나감]했다고 하겠습니다. 그것은 그가 무의식의 문제를 근본적으로 언어로부터 사고하려고 했기 때문입니다. 언어는 집단적인 것입니다. 따라서 개인은 언어의 습득을 통해 집단적인 경험을 계승하는 것이 가능하죠. 즉 언어의 경험으로부터 출발하면 집단심리학과 개인심리학의 관계라는 까다로운 문제를 면할 수 있습니다. 라캉은 사람이 언어를 습득하는 것을 어떤 결정적인 비약으로서, 즉 '상징계'에 들어가는 것으로서 포착했습니다. 그 경우, 언어가

5. 『母性社会日本の病理』[, 1976].

집단적인 경험이며 과거로부터 면면하게 이어받은 것이라고 한다면, 개인에게 집단적인 것이 존재할 수 있는 것입니다.

이는 예컨대 일본인 혹은 일본문화의 특성을 살피고자 할 경우, 그것을 의식 혹은 관념의 레벨이 아니라 언어적 레벨에서 시도하면 된다는 것을 시사합니다. 물론 언어라고 할지라도 다음과 같은 점에 주의해야 합니다. 예컨대 일본인·일본문화의 특징을 일본어의 문법적 성격에서 구하는 사람이 있습니다. 일본어에는 주어가 없으므로 일본인에겐 주체가 없다는 식이죠. 그러나 그런 것이라면 마찬가지로 알타이 계열의 언어를 갖고 마찬가지로 중국의 주변국가인 한국은 어떨까요. 불가사의하게도 일본문화를 언어로부터 고찰하는 논자는 누구도 그것을 문제로 삼지 않습니다.

애초에 일본문화의 특성을 살피려면 서양이나 중국과 견줄 일이 아니라 한국과 견주어야 한다고 봅니다. 미국인·미국문화의 특성에 관해 생각할 경우에도 마찬가지로 말할 수 있습니다. 흔히들 미국(합중국)을 유럽이나 라틴아메리카 혹은 동양과 비교하지만, 제 생각엔 캐나다와 견주어야 하는 것입니다. 즉 미국문화의 특성은 마찬가지로 영국의 옛 속국이자 이민의 나라인 캐나다와 견줄 때 비로소 보입니다. 왜 캐나다는 이런데 미국은 이런가라고 질문해야 하는 것이죠. 그러나 그렇게 말하는 사람은 거의 없습니다. 제가 아는 한에서 예외는 감독 마이클 무어의, 총기에 의한 대량사살 사건을 다룬 다큐멘터리 영화 <볼링 포 콜럼바인 Bowling for Columbine>[2002]입니다. 그는 캐나다에는 미국보다 오히려 총기 소지율이 높은데도 총을 사용한 범죄가 일어나지 않고 있음에 주목합니다. 그것은 폭력사건을 통한 문화론이고 또 정신분석이죠. 제 생각에 캐나다와 미국의 차이는 영국과 맺는 관계의 차이에서 생겨납니다.

마찬가지로, 일본을 생각할 때는 서양이나 중국이 아니라 한국과 비교하는 일이 중요하다고 봅니다. 그 점에서 명료한 것은 마루야마 마사오나 다케우치 요시미의 일본론이 한국이 아니라 서양이나 중국과 비교하여 일본을 생각했던 것이라는 점입니다. 그래서는 당연히 판에 박힌 인식밖에는 나오지 않습니다. 따라서 제가 말하는 '일본정신분석'의 특질이란 두 가지로, 언어로부터 본다는 것과 한국과의 비교를 통해 본다는 것입니다. 일본과 한국 간의 차이는 중국과 맺는 관계의 차이에 있습니다.

일본과 한국을 견줄 때 무엇보다 눈에 띄는 것은 한자에 대한 태도의 차이입니다. 한국이나 베트남 등 중국의 주변 나라들은 한자를 받아들였지만 현재는 전부 포기하고 있습니다. 언어의 타입이 다르므로(중국어는 독립어이지만 주변국의 언어는 교착어임) 한자의 사용이 어렵기 때문입니다. 그러나 일본에는 한자가 남아 있죠. 그뿐만 아니라 한자에서 유래하는 이중의 표음문자가 사용되고 있습니다. 게다가 일본에서는 3중의 문자에 의해 말의 출생을 구별합니다. 예컨대 외국 기원의 말들은 한자 또는 가타가나로 표기하죠. 이런 시스템이 천 년 이상에 걸쳐 이르고 있는 겁니다. 이러한 특징을 무시하면 문학은 말할 것도 없고 일본의 모든 제도들 및 사고를 이해할 수 없을 것입니다. 왜냐하면 그 제도들 및 사고란 그러한 에크리튀르에 의해 가능해지는 것이기 때문입니다.

마루야마 마사오는 일본에는 그 어떤 외래사상도 받아들여지지만 단지 잡거하고 있을 따름이므로 내적인 핵심에 닿는 일은 없다고 말했습니다. 그러하되 그런 사정이 무엇보다 현저한 지점은 위와 같은 문자사용의 형태에서입니다. 한자나 가타가나로써 받아들였던 것은 결국엔 외래적인 것이며, 그렇기에 무엇을 받아들여도 상관없는 것이죠. 외래적인 관념은 그것이 어떤 것이든 먼저 일본어 속으로 내면화되기에 거의 저항 없이 받아들여지는 겁니다. 그러나 그것들은 어차피 한자나 가타가나로 표기상 구별되는 것인 이상, 본질적으로는 내면화되는 일 없이, 그리고 그것에 대한 투쟁도 없이 단지 외래적인 것으로서 한쪽 곁으로 치워지고 마는 겁니다. 그 결과 일본에는 외래적인 것이 전부 보존되는 것입니다.

그렇게 보면 마루야마 마사오가 말하는 '일본의 사상'이라는 문제는 한자의 문제에서 드러나고 있음을 알게 됩니다. 특별히 '역사의식의 고층'이라는 것이나 집합적 무의식 같은 것을 살피지 않아도 좋은 것이죠. 한자, 가나, 가타가나라는 3중의 에크리튀르가 병용되어온 사실을 생각해보면 되는 겁니다. 그것은 현재의 일본에서도 존재하고 또 기능하고 있습니다. 일본적인 것을 사고함에 있어서는 그것이야말로 가장 핵심적인 것이 아닐까, 저는 그렇게 생각했던 겁니다. 그런데 조사해보니 불가사의하게도 제가 사고하려던 것은 누구도 시도하고 있지 않았습니다. 어떤 영역이든 무언가를 시도하고자 하면 이미 그것에 손을 대고 있는 이가 반드시 있게 마련인데, 그렇지 않았던 것입니다.

그러나 실은 없지 않았던 겁니다. 라캉이 그 사람입니다. 실제로 저는 와카모리 씨가 번역한 라캉의 짧은 논문을 읽고 라캉이 일본의 문자, 특히 한자의 훈독 문제에 대단한 관심을 갖고 있었음을 알게 됐습니다. 게다가 그는 『에크리』의 일본어판 서문에서 "일본어 같은 문자의 사용방식을 취할 때에는 정신분석이 필요하지 않다"고, "이 서문을 읽고서는 일본의 독자들이 즉시 이 책을 덮어버릴 생각이 들도록 하고 싶다"고까지 말하고 있습니다. 그런 라캉이 주목했던 것은 일본에서 한자를 훈독한다는 사실입니다. 그는 이렇게 쓰고 있습니다.

진실로 이야기하는 인간을 위해선 음독['on-yomi]은 훈독[le kun-yomi]을 주석하는 것으로 충분합니다. 그것들 서로를 결부시키고 있는 펜치[니페]는 그것들이 마치 갓 구워낸 고프르[일종의 와플]같이 신선한 상태로 나오는 것을 보면, 실은 그것들이 만들어내고 있는 사람들의 행복이라고 하겠습니다.

어느 나라에서도 그것이 방언이 아니라면 자신들의 국어 안에서 중국어를 말하는 행운은 누릴 수 없을 것이며, 무엇보다도 —— 이는 좀 더 강조되어야 할 점인데 —— 끊임없는 생각으로부터, 즉 무의식으로부터 말(파롤)과의 거리를 촉각적으로 인지 가능하게 할 만큼 미지의 국어에서 문자를 빌리는 일은 없었을 것입니다. 정신분석을 위해 우연하게 적당하게 된 국제적 언어들 속에서 그런 사정을 꺼내 보일 때에는 까다로운 일탈이 생겨날지도 모릅니다.

오해를 두려워하지 않고 말하자면, 일본어를 사용하는

사람들에게 있어 거짓말을 매개로 이야기한다는 것은 거짓 말쟁이라는 의식 없이 진실을 이야기하는 일이며, 그것은 일상적 다반사로 행해집니다.([「일본의 독자들에게 부쳐」,] 1972년 1월 27일)

실제로 저는 라캉의 이 말이 무엇을 의미하는지 아직 잘 모르겠습니다. 여러분들의 의견을 듣고 싶습니다. 다만 예전에 저는 이렇게 생각했습니다. 일본인은 한자를 받아들였을 때 그것을 훈독했다는 것, 즉 자국의 음성으로 읽었다는 것입니다. 그 결과 자신의 음성을 한자를 사용하면서 표현하게 됐습니다. 이는 흔한 일인 것 같지만 실제로는 그렇지 않지요.

일반적으로 외국에서 문학을 수취하는 것은 당연한 일로, 세계의 몇몇 문명의 중심을 제외하면 대부분의 지역은 그것을 경험하고 있습니다. 유럽도 마찬가지죠. 다만 알파벳을 얻은 나라라고 해서 그것으로 곧바로 말을 쓰기 시작한 것은 아닙니다. 그것이 가능해지는 것은 중심에서 온, 문명으로부터 온 텍스트를 번역하는 형태로 자국의 말을 만들 때입니다. 예컨대 이탈리아에서 단테는 라틴어로 쓸 수 있는 것을 굳이 이탈리아 지방의 한 방언으로 번역해 썼습니다. 그 방언이 현재의 이탈리아어가 되어 있죠. 즉 단테가 번역을 통해 만든 언어를 지금의 이탈리아인들이 말하고 있는 겁니다.

이를 저는 메이지 일본에서의 언문일치 문제를 생각했을 때 알아차렸습니다. 예컨대 '언문일치'라고 할 경우, 그런 말하기 방식이 어떻게든 타당한 곳은 도쿄 지방뿐입니다. 다른 지역

사람들에게 언문일치의 문장이란 '말(구어)'과는 아무 관계가 없는 새로운 '문[어]'인 거죠. 그리고 얼마 지나지 않아 그런 '문'으로 말하게 됩니다. 그 결과로 '언문일치'가 되는 것이죠. 이렇게 생각했을 때 저의 생각이 이르렀던 것은, 메이지에 일어났던 일이란 이미 나라시대부터 헤이안시대에 걸쳐서도 일어났다는 점이었습니다.

예컨대 헤이안시대에 각지의 사람들이 교토의 궁정에서 사용되는 말로 쓰인『겐지 모노가타리』를 읽었는데도 어떻게 이해할 수 있었던 걸까요. 그들이 교토의 말을 알았기 때문이 아닙니다. 지금도 각지의 사람들이 완전히 방언으로 이야기하면 뜻이 통하지 않는 일이 있는데, 하물며 헤이안시대에 통할 리가 없는 것이죠.『겐지 모노가타리』같은 와분和文[헤이안시대 일본어(문체)]이 어디서나 통했던 까닭은 그것이 구어로 말해지고 있었기 때문이 아니라 한문의 번역으로 형성됐던 것이기 때문입니다. 무라사키 시키부라는 여성은 사마천의『사기史記』를 애독하고 있던 사람으로, 한문을 숙지하고 있었습니다. 그럼에도 한어를 의도적으로 괄호에 넣고『겐지 모노가타리』를 썼던 것이죠.

다시 말하자면 일본인은 한자를 수취하고 그것을 훈독함으로써 일본어를 만들었던 겁니다. 단, 그 경우 기묘한 것이 있습니다. 이탈리아인은 이탈리아어가 애초에 라틴어의 번역을 통해 형성됐음을 잊었습니다. 그러나 일본인은 일본어의 에크리튀르가 한문에서 유래한 것임을 잊지 않고 있죠. 실제로 한자를 사용하고 있기 때문입니다. 한자는 외래적인 것입니다. 그럼에도 일본인은 그 외래성을 감지하지 못합니다. 따라서 한국처럼 일본에서는 한자를 외래어로서 배제하지도 못하는 겁니다. 그러하되 동시에 한자는 역시 외부적인 것에 머물죠. 그것이 기묘한 점입니다.

제가 주목했던 것은 그 점입니다. 한국에서는 중국의 제도=문명이 전면적으로 받아들여졌습니다. 과거제도나 환관을 포함한 문관제가 일찍부터 확립되고 있습니다. 그러나 일본에서는 중국의 제도=문명을 전면적으로 받아들이면서도 동시에 수용을 거부하고 있기도 합니다. 그런 기묘한 관계방식이 문자에 있어서도 드러나는 것이죠. 저는 그것을 라캉에게서 배운 생각으로 설명하고자 했었습니다. 결론적으로 말하자면, 일본인은 다름 아닌 '거세'가 불충분하다는 것입니다. 상징계에 들어가면서도 동시에 상상계랄까 거울단계에 머물고 있는 것이죠. 이런 관점은 일본의 문화·사상의 역사를 볼 때에 적중하리라고 봅니다. 즉 마루야마 마사오 등이 다뤄왔던 문제는 그런 문자의 문제를 통한 '정신분석'으로써만 접근할 수 있는 게 아닐까 생각했던 겁니다.

저는 [「일본정신분석」에서] 다음과 같이 썼습니다. "라캉이 거기로부터 일본인에겐 '정신분석이 필요 없다'는 결론을 도출한 이유는 아마 프로이트가 무의식을 '상형문자'로서 포착했던 데에 있다고 해도 좋을 것이다. 정신분석은 무의식을 의식화하는 것에 있는데, 이는 음성언어화에 다름 아닌 것이다. 그런데 일본어에선 말하자면 '상형문자'가 고스란히 의식 속에서도 드러난다. 거기서는 '무의식으로부터 파롤과의 거리를 촉각적으로 인지 가능하다.' 따라서 일본인에겐 '억압'이 없는 것이 된다. 왜냐하면 그들은 언제나 무의식(상형문자)을 노출시키고 있기 —— 진실을 이야기하고 있기 —— 때문이다." 반복하자면, 일본인에게는 억압이 없는데 왜냐하면 그들은 의식에 있어 언제나 상형문자에 노출되고 있기 때문입니다. 따라서 일본인은 언제나 진실을 이야기하고 있다는 것이죠.

라캉의 그런 일본론을 읽고 제게 떠올랐던 것은 모토오리 노리나가였습니다. 노리나가는 『겐지 모노가타리』에 관해 이렇게 말하고 있습니다. "이야기는 흔히들 만들어진 것이라고 할지라도 그중에는 그럴듯한 것이 있다고 여겨지는바, 꾸며 만들어낸 것임을 알면서도 정취[아와레]로써 생각되어 마음을 움직이는 것이 있다. ……그렇다면 이야기란 거짓이면서도 거짓이 아님을 알아야 하는 것이다. ……이야기에서 말할 수 있는 좋고 나쁨이란 유교·불교의 책에서 말하는 선악·시비와는 같을 수 없는 것이기에 그 취지에 의거하게 되는 것이리라."[6] 말 그대로, 이야기에서 말하는 '좋고 나쁨'은 유교·불교의 책에서 말하는 '선악·시비'와는 다르죠. 이야기는 만들어낸 것, 그러므로 거짓이지만 그것에 의해 표현되는 '모노노아와레[物の哀れ]'야말로 '진실'이라는 것입니다. 여기서 라캉이 말한 것을 떠올려 주십시오 "일본어를 사용하는 사람들에게 있어 거짓말을 매개로 이야기한다는 것은 거짓말쟁이라는 의식 없이 진실을 이야기하는 일이며, 그것은 일상적 다반사로 행해집니다."

노리나가는 그러한 관점·사고방식을 '야마토고코로[大和心]'라고 불렀습니다. 이를 야마토다마시[大和魂]라고 해도 마찬가지입니다. 제가 '일본정신분석'이라고 말할 때의 '일본정신'이란 그런

6. 『源氏物語玉の小櫛[겐지 모노가타리 다마노오구시]』[2권, 1793].

야마토다마시입니다. 이는 흔히들 말하는 군국주의나 체육회 계열의 일본정신과는 다른 것이며, 오히려 다오야메手弱女[우아 · 연약 · 아름다운 여성]의 모습(페미니티)를 가리킵니다. 실제로 야마토다마시는 무라사키 시키부가 『겐지 모노가타리』속에서 사용한 말입니다. 말할 것도 없이 그것은 한어로는 표현할 수 없는 것이었습니다.

야마토고코로의 반대 개념이 '가라고코로漢意'입니다. 그것은 구체적으로는 유교와 불교의 사고방식을 가리키지만, 더 일반적으로는 지적 · 도덕적 · 이론체계적 사고라고 해도 될 것입니다. 그것은 말하자면 한자로 표현되는 개념을 가리킵니다. 군국주의적 일본정신이란 물론 가라고코로입니다. 그것에 맞서 노리나가는 '모노노아와레'라는 감정을 내세운 것이죠. 그러나 그것은 단순한 감정이 아닙니다. 그것은 지적이거나 이론적이지는 않을지라도 인식적이며, 도덕적이지는 않을지라도 깊은 의미에서 윤리적인 것입니다. 그리고 그것이 야마토고코로인 겁니다.

또 노리나가는 다음과 같이 말합니다. 불교에서는 깨달음을 얻으면 죽어도 좋다고 하지만 그것은 거짓말이며, 설령 극락에 가는 것이 정해져 있을지라도 죽는 것은 슬픈 것이라고 말입니다. 신에 관해서도 이렇게 말합니다. 선한 신만이 아니라 악한 신도 있으며, 악한 일을 했음에도 행복해지는 경우, 선한 일을 했음에도 불운과 만나는 경우가 있다는 것. 따라서 신을 도리에 맞는가 아닌가라는 것으로 판단해서는 안 된다는 것입니다. 그런 점을 보면, '일본인은 언제나 진실을 이야기하고 있다'는 라캉의 말에 수긍하게 됩니다.

노리나가가 말하는 것은 유교를 비판한 노장老莊의 사상과 비슷하다고들 말하는데, 그는 노장까지도 가라고코로라고 비판합니다. 노장이 설파하는 자연이란 인공적인 유교사상에 맞서 인공적으로 사고된 자연에 불과한 것이라고 말입니다. 야마토고코로라면 배외주의적으로 들리지만, 노리나가는 일본의 신토 또한 가라고코로라고 말합니다. 신토라는 것은 불교나 유교에 대항하여 인공적으로 만들어진 체계라는 것이죠. 이에 맞서 노리나가가 말하는 자연은 역사적 사실입니다. 그것이 '이니시에古의 길[고도]'이며 그것을 탐구하는 것이 '고학古學[고가쿠]'인 겁니다.

노리나가는 자신의 학문을 '고학'이라고 불렀지 한 번도 '국학國學[고쿠가쿠]'이라고 부르지 않았습니다. 또 그는 '이니시에의 길'을 당대의 세상에 실현하려는 따위는 생각도 하지 않았습니다. 그가 실제로 취했던 것은 오히려 온건한 점진적 개혁파의 입장이었습니다. 예컨대 그는 정토종의 문하생이었고, 그것을 부정하지 않았습니다. 한편 '국학'을 만들었던 이는 노리나가 사후의 히라타 아쓰타네였습니다. 그것은 이념으로서 상정된 고대의 사회를 당대의 세상에 실현한다는 정치사상이 됩니다. 그리고 그것은 메이지유신, 왕정복고의 사상으로 이어져 있었죠. 그러나 노리나가가 살아 있었다면 틀림없이 아쓰타네 같은 사고방식을 가라고코로라고 비판했을 것입니다.

노리나가가 말하는 야마토다마시라는 것은 작위성이나 억압성을 물리친 것입니다. 그렇게 본다면 야마토다마시는 꽤나 괜찮은 것이라고 하겠습니다. 그런 것을 말하는 이들에겐 분명 정신분석이라는 게 필요 없겠지요. 그러나 그것이 고대의 일본인에게 실제로 있었다고는 할 수 없습니다. 게다가 일본인이라고 해서 가질 수 있는 것도 아닙니다. '이니시에의 길'이란 노리나가가 일종의 정신분석을 통해 얻었던 것입니다. 그것을 이념으로서 적극적으로 내세우면 반드시 히라타 아쓰타네 같은 신토적 이념이 됩니다. 야마토다마시는 금세 일본정신이 되는 것이죠. 즉 야마토고코로라는 것은 실제로는 얻기 어려운 것입니다. 그것을 얻는 일, 그리고 그것을 유지하는 일에는 대단한 지성과 의지가 필요해집니다. 노리나가는 그 방법을 제시했습니다. 그것이 '고학'인 겁니다. 게다가 고학이라고 해서 『고지키』만 읽으면 된다고 말하는 것도 아닙니다. 그는 그 전에 『겐지 모노가타리』를 읽도록 권하고 있습니다. 그것을 통해 가라고코로를 씻겨낼 필요가 있다는 것이죠. 그 과정은 정신분석과 같은 것입니다. 따라서 일본인에겐 정신분석이 불필요하다는 라캉에 맞서 저는 야마토고코로를 갖기 위해서는 역시 정신분석이 필요하다고 말하고 싶은 겁니다.

시간이 없으므로 이쯤에서 마치겠습니다만, 저는 2002년 '일본 정신분석'에 대해 쓴 이래로 그러한 문자의 문제, 혹은 일본의 문제, 문학의 문제에 관해 쓰는 일을 그만두었습니다. 그 사이 줄곧 생각해왔던 것은 '세계사의 구조'입니다. 그 속에 특별나게 일본의 사정이 나오는 것은 아닙니다. 그러나 제가 생각하고 있는 것은 근본적으론 일본인으로서의 경험에서 나온 것들입니다. 다만 그것을 일본의 것으로서 이야기하고 싶지는 않은 겁니다. 오늘 그런 사정에 관해 이야기했던 것은 여기가 '일본 라캉협회'라는 장소이기 때문입니다. 이런 기회를 주신 것에 감사의 말씀을 드립니다.

도시 플래닝과 유토피아주의를 재고한다

1

이 회의는 건축교육을 둘러싸고 행해지는 것입니다. 강연을 의뢰받았을 때 처음엔 이렇게 말하면서 거절했습니다. 저는 건축가도 아니고 건축비평가도 아니며, 하물며 건축교육과는 아무런 인연도 없다고 말입니다. 그런데 다음과 같이 말을 돌려받았습니다. 우리는 건축과에 있고 당신이 쓴 『은유로서의 건축』(터키어 번역본)을 교재로 사용하고 있는바, 당신은 이미 건축교육에 관여하고 있는 게 아닌가라고 말이죠. 그렇게 들으니 그러하다고 생각할 수밖에요. 그래서 강연 의뢰를 받아들이게 됐던 겁니다. 무엇보다도, 다른 이유로 터키에 가보고 싶다는 생각을 하고 있었지만 말입니다.

우선 제가 건축에 관여하게 된 경위에 대해 조금 이야기해 보겠습니다. 저는 1983년에 『은유로서의 건축』을 출판했습니다.

그것은 영어판(1995)과는 꽤나 다른 것인데, 어쨌든 그 책을 썼던 당시 저는 실제의 건축에 대해서는 알지 못했습니다. 제가 거기서 논한 것은 다름 아닌 은유로서의 건축이었으므로 전문적 건축과는 관계가 없는 것이었습니다. 따라서 저는 건축가가 그 책을 읽을 것이라고는 전혀 예상하지 못했죠. 그런데 놀랍게도 그 책을 건축가 이소자키 아라타가 읽고 높이 평가해줬습니다. 나아가 그는 미국의 건축가 피터 아이젠만에게 제 책을 추천했습니다. 그 결과 『은유로서의 건축』은 MIT프레스에서 건축론 시리즈의 첫 책으로 출판되었습니다. 그 때문에 저는 책을 전면적으로 고쳐 쓰게 됐습니다.

또 아이젠만 등은 저를 1990년대부터 10년 동안 매해 세계 각지에서 열렸던 ANY라는 이름의 건축가 국제회의에 단골 멤버로 참가하길 권했습니다. 이 회의에 참가함으로써 저는 안팎의 많은 건축가와 알게 되었죠. 거기서 현대건축에 관한 얼마간의 지식을 얻었지만, 동시에 그때까지 품고 있던 환상을 잃어버리고 말았습니다. 공감할 수 있는 사람과 마주칠 수 없었던 겁니다.

『은유로서의 건축』에서 저는 현실에서의 건축 문제를 거의 다루지 않았습니다. 거론했던 것은 두 건축가·이론가의 저작뿐이었습니다. 그것은 크리스토퍼 알렉산더의 「도시는 나무가 아니다」[1965]와 제인 제이콥스의 『도시의 경제학』[원제는 『도시와 국부國富』, 1961]입니다. 둘 모두 도시 플래닝[계획·기획·입안·배치]에 관계된 것이죠. 그러면 도시 플래닝이라는 것을 은유로서의 건축을 통해 사고했던 이유는 무엇이었을까요.

그것은 플라톤에게서 시작하는 문제와 관계되어 있습니다.

플라톤은 철학자를 모든 지식을 근본적으로 정초하는 자로서 건축가에 빗대었습니다. 건축architecture이란 테크네[technē](기술·앎知)의 아르케[arche](기원 혹은 우두머리頭領)라는 겁니다. 그런 뜻에서 은유로서의 건축은 플라톤에게서 시작한다고 해도 좋겠습니다. 이후로 서양의 철학은 은유로서의 건축에 지배되었죠. 근대에도 건축이 은유로서 사용되고 있습니다. 데카르트는 엄밀한 '앎의 건축'에 관해 생각했었고, 칸트는 초월론적인 철학체계를 설명하기 위해 건축술architectonic이라는 단어를 썼습니다.

그것에 대한 비판은 있습니다. 예컨대 데리다가 형이상학의 디컨스트럭션이라고 할 때, 그것은 건축이라는 은유에서 보이는 앎의 체계성을 무너뜨리는 걸 뜻합니다. 실제로 1970년대에는 은유로서의 건축을 대신해 은유로서의 텍스트 혹은 텍스쳐(직물)가 주요한 것이 됐습니다. 이렇게 은유로서의 '건축에서 텍스트로'의 쉬프트[전환·변경]가 문학비평이나 철학에서 일어났었는데, 유사한 일이 건축계에서도 일어나고 있었습니다. 그것은 포스트모더니즘이라고 불렸습니다. 오늘날 사람들은 포스트모더니즘이라는 개념이 건축계에서 시작하여 다른 영역으로 퍼져갔다는 것을 잊고 있습니다. 원래 건축에서 포스트모더니즘은 '은유로서의 건축'이라는 지배적인 관념에 대한 비판을 뜻했던 겁니다.

거기에는 다음과 같은 사정이 있습니다. 포스트모더니즘에 앞서 미스 반 데어 로에 및 르 코르뷔지에로 대표되는 건축의 모더니스트들이 건축의 건축성을 추구했었습니다. 예컨대 르 코르뷔지에는 모든 장식을 제거함으로써 거주를 위한 기계와 같은 것을 구상했습니다. 그들은 플라톤적인 은유로서의 건축을 극한

화했던 셈입니다. 그들과는 달리 건축에 장식을 재도입하는 것, 바꿔 말하자면 건축물(컨스트럭션)이라기보다는 역사적인 작품으로부터의 인용으로 편성된 텍스트로서 간주된 것이 포스트모더니스트라는 이름을 내건 사람들이었습니다. 그리고 그 단어가 다른 영역에도 퍼져갔던 것입니다.

그러나 저는 그것을 조금 다른 관점에서 생각하고자 했습니다. 예컨대 플라톤이 건축가를 은유로서 앎의 도편수棟梁[동량(용마루·대들보)]라고 봤을 때, 그가 생각한 것은 어떤 건축가였을까요. 그는 아테네의 시민답게 실제의 건축 혹은 건축가를 틈틈이 손재주를 부리는 일로 낮추어 보았습니다. 따라서 그 가운데 그가 존경에 값한다고 보고 있던 것은 도시설계자뿐이었습니다. 도시의 설계는 개별 건축의 설계와는 달리 사회 총체의 설계와 이어져 있는 것입니다. 따라서 플라톤이 이상국가를 철학자=왕이 통치하는 국가로 봤을 때, 그것을 가리키는 은유로서 도시설계자를 거론했던 것은 당연한 일이었다고 하겠습니다.

철학자=왕의 이념은 현대에 다른 형태로 살아남아 있습니다. 예컨대 마르크스·레닌주의에서 말하는 자각한 지식인으로 구성된 전위당이 권력을 쥐고 사회를 계획적으로 뜯어고친다는 관념으로 남아 있죠. 거꾸로 말하자면 마르크스주의적 정치의 문제를 생각해보면, 이 철학자=왕이라는 문제로 거슬러 올라가게 됩니다. 그것에 대한 비판은 다양하지만, 플라톤으로 거슬러 올라가 생각하면 그것을 도시 플래닝의 문제로서 재검토할 수 있는 것입니다. '은유로서의 건축'이라고 할 때, 저는 다름 아닌 그런 사정에 대해 생각하고 있었던 겁니다.

제가 알렉산더와 제이콥스에 관심을 가졌던 것은 그들이 설계
·플래닝 그 자체를 근본적으로 비판하고 있었기 때문입니다.
그 이전에도 저는 계획경제에 대한 비판, 설계주의에 대한 비판에
관해서는 잘 알고 있었습니다. 그러나 1970년대 제이콥스와 알렉
산더의 작업을 읽고 매우 신선하게 느꼈던 것은 그들이 도시설계
의 문제에 논점을 한정하면서도 설계의 의도와는 반대되는 결과
로 끝나지 않을 수 없게 되는 짜임새를 훌륭하게 해명했었기
때문입니다. 그것은 도시설계만이 아니라 일반적으로 사회의 설
계, 경제의 설계가 실패하지 않을 수 없는 까닭을 밝히는 것이었습
니다. 따라서 그들의 작업이 저의 『은유로서의 건축』에서 가장
적절하고도 중요한 사례가 되었던 겁니다.

우선 그들의 작업을 개관해 보겠습니다. 제인 제이콥스는 1950
년대 뉴욕에서 추진된 도시 재개발에 정면으로 반대하면서 시민
운동을 조직하고 저항했던 건축저널리스트입니다. 이후로 그녀
는 베트남 전쟁에 반대했고 캐나다의 토론토로 이주했습니다.

당시의 도시 신개발은 조닝zoning이라고 불리는 생각에 기초해
있던 것입니다. 그것은 다음과 같은 것입니다. 오피스 거리를
중심으로 다양한 존[zone]으로 거리를 나누고 교외에 주거지를
만든다는 겁니다. 그것은 자동차 중심화(모터리제이션)에 의해
중앙으로 연결되죠. 현재 세계의 어디에나 도시는 제이콥스가
비판했던 조닝과 모터리제이션에 의해 개발·재개발되고 있습니
다. 1950년대에 그녀는 그것을 비판했던 겁니다. 그녀의 생각엔
새로운 건물과 낡은 건물의 혼재, 주거와 오피스의 혼재, 다양한
계층과 민족의 공존이야말로 도시의 매력이고 활력인 겁니다.

즉, 한마디로 말하면 도시의 생명은 다양성에 있다는 거죠. 이와 대조적으로 모던 도시설계는 자연도시의 그러한 자생적 다양성과 복잡함을 폐기해버리는 경향이 있다는 것입니다.

한편, 알렉산더는 제이콥스가 도시의 다양성에 관해 구체적으로 이야기한 것을 좀 더 추상적이고 수학적으로 명확히 밝히고자 했다고 해도 좋겠습니다. 「도시는 나무가 아니다」라는 유명한 에세이에서 알렉산더는 디자이너나 플래너에 의해 신중하게 계획된 인공적인 도시와 대조적으로 오랜 세월 동안 생성된 도시를 '자연도시'라고 불렀습니다. 인공도시에는 자연도시에 있는 본질적인 여러 요소들이 결여되어 있다고 그는 말합니다. 많은 도시디자이너들은 자연도시의 요소들을 도입함으로써 근대적인 스타일의 인공도시를 살아 있는 것으로 만들고자 했습니다. 그러나 알렉산더는 말합니다. 이제까지 그런 시도가 실패했던 것은 자연도시의 내적 구조를 인식하지 못하고 단지 자연도시의 외양이나 이미지만을 흉내 냈기 때문이라고 말입니다.

제이콥스에 따르면 도시가 다양해지기 위한 조건 중 하나는 어떤 장소가 한 가지 이상의 기능을 담당하는 것입니다. 이와 달리 인공적인 도시 속의 한 장소는 한 가지 기능밖에 담당하지 않죠. 주택지역은 거주를 위해 있고, 거리는 단지 지나가기 위해 있습니다. 이를 알렉산더의 관점에서 말하면 '나무구조'라고 할 수 있겠습니다. 이와 대조적으로 자연도시는 좀 더 복잡한 구조를 갖죠. 예컨대 아이들은 때로 공원보다는 거리에서 놀고 싶어합니다. 거리가 놀이장소로도 기능할 때 그것은 여러 복수의 기능들을 맡게 되는 것이죠.

알렉산더는 인공도시는 나무구조이고 자연도시는 세미라티스
[그물망 교차도식]구조라고 말합니다. 그것은 수학적인 구조의 파악
이기 때문에 다른 경우에도 응용될 수 있습니다. 예컨대 그것은
조직기구에 관해서도 해당됩니다. 군대나 관료기구는 나무이며
상위조직이 개입하지 않는 횡단적 교통은 허용하지 않죠. 그러나
엄밀하게 나무적인 것이란 스파이조직이나 지하조직에 해당될
뿐입니다. 실제로 나무구조는 변용되는 것입니다. 관료조직도
현실에서 기능하고 있을 때는 종종 상위조직을 거치지 않고 횡단
적으로 연결되는 것이므로 세미라티스구조에 가까워집니다.

알렉산더에 따르면, 혹여 나무가 엄밀하게 지켜지게 되면 조직
도 도시도 황폐화하지 않을 수 없으며 인공도시 플래닝을 전형으
로 한 현대의 도시설계란 본질적으로 그런 방향을 더듬어 가고
있습니다. "그 어떤 조직에서도 극도의 세분화와 내적 요소의
이해는 붕괴가 가까이 왔음을 보여주는 것이다. 사회에서 해리^{解離}
[화학적 결합의 분해·해체상태]는 아나키이며, 개인에게서 해리는 분
열병과 닥쳐온 자살의 징후이다."

이후 저는 오랜 기간 그런 사정에 대해 생각하지 않았습니다.
다시금 그것에 대해 생각하게 됐던 것은 1990년 이후 ANY 회의에
참가하게 된 때입니다. 하지만 그런 사정이 회의에서의 화제가
됐기 때문인 것은 아닙니다. 그 반대입니다. 건축가들은 제이콥스
나 알렉산더가 행한 도시 플래닝 비판에 더 이상 흥미를 갖지
않는 것처럼 보였습니다.

분명 사람들은 도시 플래닝에 흥미를 잃었습니다. 소비에트
연방의 붕괴 이후 사회적인 플래닝 일반에 대한 관심이 소멸한

것입니다. 예컨대 소련이 행해왔던 계획경제의 사고방식은 완전히 부정됐습니다. 나아가 자본주의국가에서도 복지정책 같은 국가에 의한 개입을 극력 부정하고 시장에 맡겨야 한다는 풍조가 강해졌죠. 요컨대 신자유주의, 자본주의 글로벌화의 승리가 플래닝이라는 관념을 과거의 것으로 치부해버린 것입니다.

2

그러나 저는 이 문제를 다시 생각해보고 싶습니다. 왜냐하면 제이콥스나 알렉산더가 제기한 도시 플래닝의 문제는 아무것도 정리되지 않고 있기 때문입니다. 그것을 다시 생각하는 데에 있어 주의해두고 싶은 것은, 그들이 비판한 도시 플래닝이라는 것이 현대 도시의 자본주의적인 개발과는 별도의 사안이라는 점입니다. 분명 제이콥스는 도시의 자본주의적인 개발에 반대했습니다. 그리고 도시의 재개발이나 고속도로 건설 따위는 자동차산업이나 토건업자를 위해 추진되고 있을 뿐이라고 비판했습니다. 그러하되 그녀가 의심했던 것은 오히려 그것과 반대로 보이는 이상주의적인 도시 플래닝이었습니다. 즉 자본주의적인 도시개발을 억제하고 더욱 인간적인 도시를 만들려는 의도에 의해 생겨난 도시설계 쪽을 그녀는 더 의심했던 겁니다.

제이콥스에 따르면, 그런 이상주의적 플래닝은 우선 영국의 에버니저 하워드(1850~1928)에 의한 전원도시의 구상에서 시작됐습니다. 이는 교외에 인구 3만~5만 정도의 한정된 규모로 자율적인 직장·주거지 근접형 도시를 건설하려는 것입니다. 거기서 주택은 공원이나 숲으로 둘러싸여 있으며 농작農作을 하는 공간도 있죠. 풍요로운 자나 가난한 자 모두를 위한 임대주택이 있습니다. 그러나 그것은 사람들의 다양한 요소가 혼재하는 도시가 아니라 말하자면 '타운'입니다. 그런 뜻에서 전원도시는 주택지와 상업지를 구분하는 조닝이라는 사고방식에 이어져 있습니다.

다음으로, 르 코르뷔지에의 '찬란한 도시La Ville Radieuse'[1930]는 전원도시를 비판하고 고층건축과 녹지공원을 통한 현대 도시를 지향했습니다. 그러나 제이콥스는 그것이 전원도시를 부정함에도 실제로는 그것과 유사한 사고에 기초해 있다고 말합니다. 찬란한 도시란 말하자면 수직적인 전원도시인 거죠. 다양한 요소들이 혼재하고 그것들이 서로를 자극함으로써 활기를 가져오는 자연도시는 찬란한 도시에선 소멸되고 만다는 겁니다.

중요한 것은 그런 인공도시 혹은 도시설계가 자본주의적인 도시개발에 비판적이며, 그것을 좀 더 인간적인 것으로 만들고자 하는 의지에 기초해 있다는 점입니다. 제이콥스가 가리켜 보였던 것은 그런 유토피아적인 도시가 디스토피아적인 것으로 귀결한다는 점이었습니다. 그렇다고 해서 제이콥스 등에 의한 도시 플래닝 비판이 플래닝 일반을 모조리 부정하는 것은 아닙니다. 그들도 어떤 의미에서는 플래닝을 제기하고 있는 겁니다. 혹시 하워드나 르 코르뷔지에에게 유토피아주의가 있다고 한다면 그것들을 비판하는 제이콥스나 알렉산더에게도 다른 유형의 유토피아주의 혹은 설계주의가 있습니다.

그것은 이후에 알렉산더가 제기한 '패턴 랭귀지'[알렉산더 외공저서 제목, 1977)라는 개념에도 보입니다. '패턴 랭귀지'란 누구든지 자신의 집을 설계하고 건축할 수 있도록 건축물을 구성하는 부속품들을 분류해 놓은 것입니다. 이 책이 있으면 클라이언트는 자신의 희망을 스스로 표현할 수 있으며 발전시킬 수 있다는 거죠. 그러나 그것은 건축가가 필요 없게 됨을 뜻하는 게 아닐까요 그렇지 않습니다. 애초에 부속품을 준비하는 것은 건축가이기 때문이죠. 알렉산더가 말하고 싶은 것은 단지 건축가를 건축의 유일한 원천으로 간주하는 사고를 부정하는 것이었습니다. 살아가는 사람들 모두가 건축을 창출해낼 수 있다는 것이죠.

도시설계에 관해서도 마찬가지로 말할 수 있을 겁니다. 자연도시라고 해도 아무런 계획 없이 만들어지는 것은 아닙니다. 일정한 설계가 필요하죠. 그것이 없으면 도시란 그저 카오스적으로 될 뿐이기 때문입니다. 그러하되 제이콥스가 제안하는 것은 도시 전체를 계획하는 것이 아닙니다. 오히려 그러한 계획을 제한하는 것입니다.

예컨대 그녀는 그런 제한을 위해 필요한 최소한의 조건으로 4가지를 듭니다. 그중에 두 가지를 들자면, 하나는 거리의 블록을 짧게 하여 길모퉁이를 더 많이 늘리는 것입니다. 사람들이 구불구불 거리를 빈번히 돎으로써 더 많이 만나게 되고 활기와 다양성이 생겨난다는 것이죠. 이러한 설계조건은 사람들이 다양한 구조를 자연스레 만들어낼 수 있도록 하기 위해 행해지는 것입니다. 낡은 건물과 새로운 건물을 병존시키는 것이죠. 이는 도시의 재개발을 제한하는 것입니다. 낡은 건물이 보존되기 때문이죠. 이러한 조건이 부여됨으로써 도시는 '인공적인 도시'와는 달리 다양성과 활력을 갖게 됩니다.

반복하자면 제이콥스나 알렉산더는 유토피아 지향이나 플래닝 일반을 배척한 것이 아닙니다. 그들이 모더니스트의 유토피아적 도시 플래닝을 비판했던 것은 자신들이 유토피아를 지향했기 때문입니다.

3

앞서 저는 1990년 소련의 붕괴 이후 사람들이 도시설계에 흥미를 잃었다고 말했습니다. 그리고 신자유주의, 자본주의 글로벌화의 승리가 플래닝이라는 관념을 과거의 것으로 치부해버렸다고 말이죠. 그러나 그럴 때, 낡은 유형의 유토피아주의(설계주의)가 몰락한 것만은 아닙니다. 그것에 대항하는 유토피아주의 또한 사라져버리고 만 것이죠. 남은 것은 자본주의적인 관념으로부터 사고된 도시계획뿐입니다. 이에 대해 포스트모더니즘이 대항한 일은 없었습니다. 그저 그것을 아이러니컬하게 긍정했을 뿐이죠. 제가 1990년대에 건축가들의 회의에서 서서히 불쾌감을 느끼게 됐던 것은 그 때문입니다.

제가 말하고 싶은 것은 우리가 다시금 유토피아주의를 필요로 한다는 점입니다. 그것은 물론 모더니스트적인 혹은 국가적인 사회설계 같은 것이 아닙니다. 제이콥스나 알렉산더가 도시 플래닝 비판으로서 개시했던 식의 유토피아주의가 그것입니다. 예컨대 제이콥스는 특별하게 플랜을 제시하지는 않았지만, 저는 그녀의 비판이 현실에 플랜을 가져다줬다고 생각합니다.

그 한 가지 사례를 들겠습니다. 저는 2008년 가을, 캐나다의 토론토대학에 강연을 하기 위해 갔습니다. 그때 저는 제이콥스를 전혀 의식하지 못했습니다. 왜냐하면 저의 강연은 건축이나 도시론과는 아무 관계가 없었기 때문입니다. 저는 그녀가 1960년대 말에 베트남전쟁에 반대하고 캐나다로 이주했던 것, 2006년에 89세로 사망하기까지 토론토의 도시개발에 관해 비평가=활동가로서 중요한 역할을 맡고 있었다는 것을 잘 알고 있었습니다. 그러나 토론토에 있는 동안 저는 왠지 제이콥스에 대해선 생각하지 않았습니다. 그녀를 떠올린 것은 그 이후 뉴욕대학 버펄로 분교에 강연을 위해 갔을 때입니다. 다른 나라였지만 차로 불과 2시간 거리였죠.

토론토는 나이아가라 폭포 근처에 있는 캐나다의 도시며, 버펄로는 그 폭포 건너편에 있는 미국 도시죠. 양쪽 모두 온타리오 호수 연안의 공업도시로서 발전해왔던 마을입니다. 아마도 그녀가 이민을 갔던 1970년까지 그 두 도시에는 그다지 차이가 없었을 겁니다. 그러나 제가 알아차리게 됐던 것은 현재 캐나다 쪽의 토론토가 활기로 넘치고 산업적으로도 발전하고 있음에 비해 미국 쪽 버펄로는 쇠퇴하고 황폐화되고 있다는 점이었습니다.

물론 그것은 토론토라는 도시가, 미국으로 보자면 뉴욕에 대응하는 중심적인 도시인데 비해 버펄로는 미국의 지방도시이기 때문일 뿐이라고 할 수도 있을 겁니다. 그러나 저는 그 원인 중 하나가 도시 플래닝의 차이에 있다고 생각합니다.

토론토의 중심부는 시청 건물이나 온타리오주 의회의사당 이외에 공적인 건물들이 있는 곳입니다. 그 옆에는 대학이 있습니다. 더 인접한 곳에는 중국인 거리가 있고 바로 그 근처에 다운타운이 있죠. 다운타운에는 지하도가 퍼져 있어서 지상으로 나올 필요가 없습니다. 한겨울은 거기서 보낼 수 있습니다. 지하철이 있을 뿐만 아니라 노면 전차도 달리고 있습니다. 그런 사실들은 토론토에서 조닝과 모터리제이션이라는 사고방식이 배척되고 있음을 보여줍니다.

한편 버펄로에서는 조닝이 완전히 실행되고 있습니다. 예컨대 지하철이 없죠. 지하철을 만들면 차를 갖지 못한 빈민들이 도래할 것을 우려한 부유·중산계급 사람들이 지하철 도입을 반대했기 때문입니다. 대학은 교외에 있습니다. 다운타운에는 위험한 슬럼이 있죠. 이는 미국 도시의 전형입니다. 조닝에 의해 도시개발을 행한 곳은 어디나 그런 현상이 나타난다고 할 수 있습니다.

과거의 할리우드 영화를 보면 알 수 있듯이 1930년대에 로스엔젤리스에는 노면 전차가 종횡으로 달리고 있었습니다. 그러나 지금은 차가 없으면 안 되죠. 한편 제이콥스가 활동했던 뉴욕에서는 지금도 지하철이 보급되어 있어 차가 없어도 됩니다. 물론 그것은 제이콥스 한 사람 덕분이 아니라 주민들의 사회적인 활동의 결과입니다. 그러나 도시개발에 대한 명확한 이론적 인식과 실천적인 행동력을 가진 그녀가 없었다면 뉴욕은 로스엔젤리스처럼 되었을 겁니다. 그녀가 토론토에 이주하여 운동을 행하지 않았다면 토론토는 버펄로처럼 되었겠죠.

제가 제이콥스를 버펄로에서 떠올리게 됐던 것은 그런 까닭에섭니다. 반복하자면 제이콥스는 뉴욕에서도 토론토에서도 당국이나 기업의 설계에 반대했을 뿐 자신은 아무것도 설계하지 않았습니다. 그녀가 요구했던 것은 앞서 말했던 미니멀한 4가지 조건을 충족시키는 것뿐이었습니다. 하지만 그렇게 함으로써 토론토라는 도시가 자연도시로서 생성될 수 있었다고 하겠습니다.

저는 한 사람의 이론가 혹은 비평가가 있는 것만으로 그러한 차이가 생겨난다는 점에 감명을 받았습니다. 바로 그 점에 건축이 있죠. 그리고 그 지점에야말로 건축을 향한 의지가 있다고 생각했습니다. 저는 그것을 건축가와 건축가 지망자에게 전하고 싶습니다. 물론 그것은 건축가가 아닌 저에게도 희망을 주는 것이었습니다. 그런 뜻에서의 '건축을 향한 의지'를 우리들은 결코 버려선 안 된다고 생각합니다.

일본인은 왜 데모를 하지 않는가

1

오늘 이야기하고 싶은 것은 '일본인은 왜 데모를 하지 않는가' 라는 문제입니다. 또 그것을 통해 현재의 일본 사회가 어떤 것인지를 생각해보고 싶습니다.

2003년에 이라크전쟁이 시작됐을 때 저는 미국 로스엔젤리스에 있었습니다. 일본의 지인으로부터 '지금 미국은 너무 심한데 괜찮습니까'라는 이메일이 왔었습니다. 실제로 반전을 말하던 사람이 살해되는 사건이 있었고, 그것이 일본에 보도됐던 듯합니다. 그러나 가르치고 있던 대학에서도, 또 그 바깥에서도 매일 데모가 있었듯이 미국 전역에 걸쳐 데모가 행해졌습니다. 그 당시 일본에서는 미국엔 전쟁반대운동이 전혀 없는 것처럼 보도하고 있었지만 그것은 틀린 것이었습니다. 다음 대통령 선거에서는 그게 누구든 이라크전쟁을 지지한 후보자는 이길 수 없을 것이라고 여겨졌습니다. 실제로 오바마가 대통령 선거에서 압도적으로 승리했던 겁니다.

따라서 '괜찮습니까'라는 말을 들으면서 저는 오히려 일본이야말로 괜찮은지 걱정이었습니다. 당시 부시를 지지했던 블레어 수상의 영국을 비롯해 유럽 각국에서 거대한 항의 데모가 있었으며, 그것은 일본에 보도되고 있었습니다. 아시아 여러 나라들, 한국이나 인도에서도 데모가 있었죠. 그런데 일본에서는 그런 데모가 거의 없었던 것처럼 보였습니다. 일본이 전후의 헌법, 그것에 기초해온 방침을 거슬러 처음으로 해외에 파병했다는 사실이 주목을 모으던 시기였으므로, 가두에서의 반대운동이 거의 없었다는 것은 바깥에서 볼 땐 까닭 모르게 무서운 일이었습니다. 실제로는 일본에서도 오키나와를 시작으로 데모가 있었지만, 그것은 바깥에서 보기엔 전혀 눈에 띄지 않을 정도였다고 말할 수밖엔 없겠습니다.

특정 시기부터 일본에서는 선거로 결정하는 것이므로 데모에 의해 정책을 바꾸는 일은 민주주의가 아니라는 구실이 통용되었습니다. 의회제 민주주의가 확립되지 않은 나라에서나 데모 같은 행동으로 사안을 결정한다는 것이죠. 선진국에서는 그런 일이 없다는 것입니다. 이는 1960년 안보투쟁 무렵에 나온 논의입니다. 그러나 예전에 구노 오사무는 의회제 민주주의가 의회 바깥에서의 활동 없이는 기능하지 않는다는 것을 강조했었습니다. 유럽의 여러 나라들처럼 의회제 민주주의를 유지하는 나라에서도 데모는 왕성합니다. 그런데 일본에서는 데모가 거의 없는 것과 다를 바 없죠. 왜 그럴까요.

가두에서의 데모(시위행진)는 낡았기 때문이라고 말하는 사람들이 있습니다. 또 인터넷 등의 보급으로 항의 수단들이 다양하게 증가했다는 사람들도 있습니다. 분명 시가전이나 무장 데모는 더 이상 없지만 고전적인 데모는 지금도 서양에 존재합니다. 아무리 비능률적으로 보일지라도 역시 그것은 효과가 있죠. 미국에서 이라크전쟁 반대를 위한 대규모의 데모가 있었던 것이 오늘날의 이라크전쟁 비판으로 결실됐던 겁니다. 그러나 일본에서는 데모가 거의 없었죠. 그리고 지금도 미국의 이라크전쟁을 맨 먼저 지원하겠다고 말하는 고이즈미 정권에 대한 비판은 일본의 미디어 속엔 전혀 존재하지 않습니다. 그런 주제에 오바마의 승리를 환영하고 미국의 민주주의를 칭송하고 있습니다.

따라서 일본에 데모가 없는 것은 인터넷이 발달했기 때문이 아닙니다. 예컨대 한국에서는 일본보다도 훨씬 더 널리 인터넷이 보급되어 있고, 노무현이 당선된 때의 대통령 선거에서는 인터넷 덕분으로 이겼다는 말도 들었습니다. 즉 한국에서 인터넷은 데모의 선전이나 연락수단으로서 도움이 되고 있지만 일본에서는 오히려 그 반대입니다. 사람들은 웹상에 의견을 써넣는 것만으로 이미 뭔가 행동했다는 느낌을 받고는 데모에는 가지 않는 거죠. 따라서 인터넷이나 미디어의 변화 탓으로 이렇게 되었다고는 말할 수 없습니다.

화제를 2003년 시점으로 되돌리면, 바깥에서 볼 때 일본의 그런 고요함 혹은 정치적 무활동성은 이상한 것입니다. 일본은 전제국가가 아니지만 전제국가와 비슷한 억압이 있는 것처럼 보이는 겁니다. 그것은 일본이 감시사회가 되어 있다는 것과는 또 다른 이야기입니다. 예컨대 프랑스의 사상가 질 들뢰즈는 프랑스나 미국에 관하여 감시사회의 도래를 예측했었습니다. 실제로 그렇게 되고 있는데, 프랑스나 미국에는 데모가 있습니다. 일본에는 없죠. 그렇기 때문에 일본의 상황은 감시사회 혹은 관리사회 같은 것으로 설명될 수 없는 것입니다. 그러면 어째서 그런 걸까요. 저는 그 원인을 사고하지 않으면 안 된다고 생각했습니다.

　그때 저는 예전에 읽고서 마음에 걸려 있던 것을 떠올리게 됐습니다. 예컨대 와쓰지 데쓰로는『풍토』(1935)에서 1920년대 전반부 독일에서의 유학 시절 경험을 다음과 같이 회상하고 있습니다. 독일에서는 공산당과 국수[주의]당의 데모가 번성했는데, 이에 대한 독일인의 반응이 일본과는 전혀 달랐다는 겁니다.

> 공산당의 시위운동일에는 어떤 창문 하나에 적기가 내걸렸고 국수당의 시위운동일에는 바로 옆 창문에 제국 국기가 걸리는 식의 명백한 태도결정의 표시, 혹은 시위운동을 맞아 언제나 기쁘게 한 사람의 병졸로서 참여하는 일을 공공인으로서의 의무로 삼고자 하는 각오, 그것들은 데모크라시에 결여될 수 없는 것이다. 그런데 일본의 민중 사이에는 그러한 관심이 없다. 그리하여 정치는 단지 지배욕을 따라 움직이는 사람의 전문 직업으로 변한다. 특히나 현저한 것은 무산대중의 운동으로 불리는 것이 그저 '지도자' 무리들만의 운동으로서, 지도받는 이들을 거의 포함하지 않거나 아주 드물게만 포함할 뿐이라는 희귀한 현상이었다. 원래 그것은 무산대중의 운동이 그 자체로 공허하다는 것을

가리키는 게 아니라, 일본의 민중이 예컨대 공원을 황폐하
게 할 때의 태도에서 보이는 것처럼 공공적인 것을 '자기와
는 상관없는 것'으로 감지하고 있다는 것, 따라서 경제제도
의 변혁 같은 공공적인 문제에 애심衷心에서 우러나는 관심
을 갖지 않고 있다는 것, 그저 자기 '집家이에' 내부의 생활을
좀 더 풍부하게 할 수 있는 것에만 관심을 기울이고 있다는
것을 명확히 드러내고 있는 지점이라고 하겠다.[1]

　제가 이러한 발언을 기억하고 있는 것은 예전에 읽고 뜻밖이라
고 생각했었기 때문입니다. 그것은 와쓰지가 보수적인 사상가이
자 반서양적인 사상가라고 생각하고 있었기 때문입니다. 그리고
그 발언을 떠올렸던 것은 그가 지적한 현상이 그 이후에도 그리
변하지 않은 것이라고 생각하게 됐기 때문입니다. 와쓰지가 쓰고
있는 것은 1920년대 전반기의 독일에서 나치도 공산당도 마찬가
지로 소수파였던 시대입니다. 그러나 제가 놀란 것은 그가 그
시대의 독일과 일본에 대해 말했던 것이 현재에도 어느 정도
타당하다는 점입니다.
　저는 1960년대에 대학에 입학했으므로 60년 안보투쟁[2]에 참가

··
1. 『風土』[, 岩波書店. 부제는 '인간학적 고찰'].
2. [한국전쟁 이후 냉전체제의 심화 속에서 기한이 만료되어 가던
　 '미일 안보조약'을 대신하기 위해 1960년 1월 이후 기시 노부스케
　 내각이 미국과 체결하고자 했던 새로운 안보조약, 곧 '미일 상호
　 방위 및 안전보장 조약'에 반대하여 일어난 <안보개정 저지 국민
　 회의>의 범시민적 데모.]

했었습니다. 안보투쟁이라고 하면 전학련[전 일본 학생자치회 총연합] 같은 학생운동이 중심이었던 것처럼 보이지만, 실제로는 백만 이상의 사람들이 데모에 참가하고 있었습니다. 모든 계층 및 그룹의 사람들이 참가하고 있었던 거죠. 그 당시 저는 데모에 나가는 일이 당연한 것이라고 여기고 있었는데, 일본의 역사에서 그 정도로 많은 사람이 데모에 나갔던 예는 없었습니다. 그것에 감명을 받은 마루야마 마사오나 구노 오사무 같은 사람들은 간신히 일본에 시민사회가 성립했다는 것을 쓰고 있었습니다. 한편 저와 같은 학생은 시시한 걸 써대고 있다는 느낌으로 그것을 보고 있었습니다. 학생들에겐 그러한 사고방식을 진보주의 및 근대주의로 업신여기는 감각이 있었습니다. 그리고 마루야마 마사오 같은 지식인을 업신여기는 그런 경향은 이후로도 이어졌고, 그것은 전공투라고 불리는 1960년대 말엽의 운동 시기에 정점에 도달했습니다.

그러나 이미 60년대 말엽의 시점에서는 1960년에 있었던 팽대한 일반 시민의 데모는 없었던 겁니다. 학생이나 신좌익의 활동가가 주를 이뤘고, 나아가 운동이 감퇴됨과 더불어 데모의 참가자는 한정되어 갔습니다. 그것과 동시에 데모가 폭력적으로 되었죠. 일반 사람들이 갈 수 있는 데모가 아니게 되었습니다. 와쓰지의 말을 빌리자면 '지도자 무리들의 운동' 외에는 모두 사라지고 말았던 겁니다. 그런 뜻에서는 신좌익의 과격한 데모가 수두룩했던 시민의 데모를 억압해버렸다고 할 수 있을 것입니다. 그러나 그런 시민의 데모가 존재하지 않기 때문에야말로 과격화되었다고도 할 수 있죠. 이 두 가지는 상관적·상보적이라고 생각합니다.

어쨌든 와쓰지가 70년쯤 전에 썼던 것은 지금도 적중합니다. 쇼와 초기로부터 그다지 변한 게 없는 것처럼 보입니다. 따라서 그것을 자본주의의 발전에 의한 변화, 대중사회나 정보사회의 변화 탓으로 돌리는 것은 불가능합니다. 가령 그렇다고 할지라도 시민의 데모가 존재하지 않는 양상을 다른 어디보다도 현저하게 드러내는 곳은 일본인 겁니다. 왜 그럴까요.

2

와쓰지 데쓰로가 데모를 사례로 들었던 것은 일본에서의 '공공성을 향한 무관심'에 대해 말하고 싶었기 때문이지요. 그는 그 원인을 다음과 같은 점에서 구하고 있습니다. 간단히 말하면, 서양에선 개인이 성벽에 의해 외부세계로부터 구획된 도시공동체 속에서 길러지는 것임에 비해, 일본에서 개인은 '집' 안에 있으므로 공공성에 대해 무관심하다는 것입니다. 서양에서는 집 안에서도 사람은 사적이지 않으며, 사적인 것은 방 안에서일 뿐이고 복도 또한 공적이라는 겁니다. 따라서 방에 자물쇠가 채워져 있죠. 이에 비해 일본인은 울타리로 둘러싸인 집 안에 산다는 겁니다.

성벽 내부에서 사람들은 공동의 적에 대해 단결하고 공동의 힘을 갖고서 스스로 생명을 지켰다. 공동성을 위태롭게

하는 것은 이웃만이 아니라 자신의 생존까지도 위태롭게
하는 것이었다. 그 지점에서 공동성은 생활의 기조로서
생활의 모든 방식을 규정했다. 의무에 대한 의식은 모든
도덕적 의식의 가장 앞쪽 전면에 서게 되었다. 이와 동시에,
개인을 매몰시킬 수 있는 공동성이 개인성을 강하게 각성시
킴으로써 개인의 권리는 그런 의무의 다른 절반으로서 마찬
가지로 의식의 전면에 서게 되었다. 따라서 '성벽'과 '열쇠'
란 그런 생활양식의 상징인 것이다.(같은 책)

'집'을 지키는 일본인에겐 영주가 누구로 바뀌든지 간에
그것은 단지 자신의 집을 위협하지 않는 한 아무렇지도
않은 문제였다. 설령 그렇게 위협받을지라도 그 위협은
인내·복종에 의해 막을 수 있는 것이었다. 즉 아무리 노예
적인 노동을 강요받을지라도 그것은 '집' 내부에서의 칸막
이 없는 생활마저 박탈해가는 것은 아니었다. 이와 달리
성벽 내부에서의 생활은 위협에 대한 인내·복종이 사람들
로부터 모든 것을 박탈해가는 것을 뜻했으므로 오직 공동성
에 의해 투쟁적으로 막는 것 이외에 다른 길은 없었다.
따라서 집 내부의 생활에서는 공공적인 것에 대한 무관심을
동반한 인내·복종이 발달하고 성벽 내부의 생활에서는 공
공적인 것에 대한 강한 관심·관여와 더불어 자기주장의
존중이 발달했다. 데모크라시는 거기서 진정으로 가능해지
는 것이다. 거기서 의원의 선거가 비로소 의의를 가질 수
있게 될 뿐만 아니라, 거기서 모든 민중의 '여론'이라는

것이 비로소 존립할 수 있게 된다.(같은 책)

와쓰지는 일본인이 공공적인 것에 무관심하며, 그런 뜻에서 '사적'이라고 말하는 것입니다. 사적인 것과 개인적인 것은 다릅니다. 서양의 경우엔 공공적인 것에 대한 관심은 거꾸로 개인성을 강화합니다. 일본의 경우엔 개인이 허약합니다. 일본에서는 자주 개성을 존중하라고들 말하지만 그것은 사적인 것을 중시한다는 뜻입니다. 따라서 개인으로서는 허약하죠.

자유도시라거나 시민사회라고 하면 개인으로부터 사고하는 것이 되기 쉽습니다. 그러나 유럽의 도시는 길드나 동업조합 같은 집단으로부터 성립되고 있습니다. 요컨대 도시라는 것은 수많은 개인이 모인 것이 아니라 동업조합 같은 집단의 연합체로서 있었던 겁니다. 그러한 연합체, 네트워크의 총체가 도시입니다. 개인은 그 속에서 자랍니다. 따라서 공공성에 대해 무관심한 개인 따위란 있을 수 없는 겁니다.

내친김에 더 말하자면, 와쓰지는 일본을 서양과 비교하고 있을 뿐만 아니라 중국과도 비교하고 있습니다. 그의 생각에 중국의 사회는 같은 고향 출신인 민간의 동향단체의 연합으로 존재합니다. 국가는 그 표층에 있는 관료조직에 불과합니다. "지나의 민중은 국가의 힘을 빌리는 일 없이 동향단체를 활용함으로써 이 광범위한 교역을 솜씨 좋게 처리하고 있었다. 따라서 무정부적인 성격은 그 경제적 통일의 방해물이 되지는 않았던 것이다. 지나의 국가라고 불리는 것은 그러한 민중 위에 얹혀 있는 관료조직이지 국민의 국가적 조직은 아니었다."(같은 책)

물론 지금의 중국은 상당히 바뀌었습니다만, 어떤 점에서는 아직 기본적으로 바뀌지 않고 있다고도 하겠습니다. 예컨대 현재의 중국은 공산당에 의한 강력한 국가적 통제에 기초해 있는 것처럼 보이지만, 그 경제적인 강력함은 오히려 커자客家족·화교 등 국가의 힘에 기대지 않는 세계적 네트워크에 의한 것입니다. 중국을 볼 때는 그런 양의성에 주의할 필요가 있습니다. 일본과는 다릅니다.

3

실은 최근에 방금 말한 것과 동일한 것을 지적하고 있는 사람이 있습니다. 미야자키 마나부의 『법과 법도掟[관습·습속·규범·규정]』[3]라는 책입니다. 미야자키는 거기서 '개별사회'라는 것을 말합니다. 사회학에서는 부분사회와 전체사회라는 구별이 있지만, 미야자키는 부분사회 쪽을 특히 개별사회라고 부르고 있습니다. 부분사회라고 하더라도 전체를 구성하는 일부가 아니라 오히려 전체사회로부터 독립하여 저항하는 부분사회를 특별히 개별사회

● ●

3. [2009년 출간. 부제는 '이 나라를 버리는 방법'. 1945년생 저자는 야쿠자 중간보스의 아들로, 와세다대학 법학부 시절 전공투의 폭력투쟁, 이른바 '게발트' 대장(隊長)이었으며, 대학 중퇴 이후에는 기자, 30억 빚쟁이였고 이어 논픽션 작가로 활약 중이다. 이 책의 해설을 가라타니가 썼다. 전문은 다음 웹주소에서 읽을 수 있다. http://www.kojinkaratani.com/jp/essay.]

라고 부른 것입니다.

예컨대 정치학 등에서는 습속이나 촌락, 국가와 개인 사이에 실재하는 다양한 집단을 두고 중간단체 혹은 중간세력이라고 말합니다. 이 중간단체, 중간세력이라는 것은 몽테스키외의 생각 인데 미야자키가 말하는 개별사회는 그것과 거의 같은 의미입니다. 단, 미야자키 마나부의 독자적인 인식은 전체사회와 개별사회를 법과 법도라는 관점에서 구별한 점에 있습니다.

예컨대 마을의 공동체도 되고 미야자키가 예로 드는 야쿠자 조직도 되겠는데, 개별사회라는 것에는 그 속에 공유되고 있는 규범이 있습니다. 그것을 법도라고 부릅니다. 법도는 법처럼 명문화되어 있지 않으며 벌칙도 아니지만, 사람들은 그것을 좀처럼 깨트리지 않습니다. 법도에서 금지되어 있는 것을 하면 말하자면 조리돌림村八分 당하기 때문입니다. 한편 법이라는 것은 개별사회 바깥에서 더 이상 법도가 통용되지 않을 것 같은 곳에서 성립합니다. 예컨대 국민국가 같은 추상적인 '전체사회' 속에서 공유되고 있는 규범은 법도가 아니라 법이죠. 예컨대 집 안에서 아무리 심한 폭력 사태가 일어날지라도 경찰을 부르는 일은 좀처럼 생기지 않지요. 어찌하든 가정 안에서, 혹은 친척이나 지인 사이에서 해결을 보려고 하죠. 그랬는데도 해결이 되지 않으면 경찰이, 즉 법이 불려옵니다. 어느 것도 공동의 규범이지만, 그 점에서 개별사회의 법도와 전체사회의 법은 다릅니다.

그런데 미야자키에 따르면 일본의 사회에서는 그러한 구별이 성립하지 않습니다. 법도를 가진 자치적인 개별사회가 희박하기 때문이라고 그는 말합니다. 그 원인은 일본이 메이지 이래로 봉건시대의 자치적 개별사회를 전면적으로 해체시키고 사람들을 전부 전체사회로 흡수함으로써 급속한 근대화를 이뤘던 점에 있습니다. 이에 반해 유럽에서 근대화란 자치도시, 협동조합, 길드, 그 이외의 어소시에이션이 강화되는 형태로 서서히 일어났죠. '사회'라는 것은 그러한 개별사회의 네트워크를 가리키는 것입니다. 그것이 국가와 구별되는 것은 당연한 일이죠.

그런데 일본에서는 개별사회가 허약하기 때문에 사회가 그 자체로 국가입니다. 나아가 일본을 지배하고 있는 것은 국가도 법도 아닌 정체불명의 '세간'이라고 미야자키는 말하는 겁니다. 일본은 자율성을 가진 개별사회를 해체했기 때문에 국민국가와 산업자본주의의 급격한 형성에는 성공했을지라도, 그것은 지금 글로벌리제이션 아래에서는 통하지 않게 되고 있습니다. 이에 반해 중국에서는 개별사회 —— 팡幫[4]이나 친족조직 —— 가 강했고 그것이 국민(네이션)의 형성을 방해해왔죠. 그 때문에 중국의 근대화는 늦어졌습니다. 그러나 중국에는 국경을 넘어선 개별사회의 네트워크가 있죠. 거꾸로 오늘날의 글로벌 자본주의경제 아래서는 그것이 강점이 되고 있습니다. 한편 일본에는 그런 것이 없다는 점이 약점이 되고 있다고 미야자키는 고찰하고 있습니다.

4. [성외(省外)·해외 등으로 고향을 떠난 사람들이 동향·동업·동족 등을 근거로 조직한 상부상조의 모임.]

4

　이미 명확하겠지만, 지금 말한 미야자키 마나부의 생각은 다름 아닌 와쓰지가 서술한 것과 겹쳐집니다. 미야자키는 일본의 특징을 메이지 이후 봉건시대의 자치적 개별사회가 전체적으로 해체되었던 점에서 유래하는 것이라 말했는데, 이것은 실은 마루야마 마사오가 생각하고 있던 것과 같은 것이라고 하겠습니다. 마루야마는 개별사회라는 말을 사용하진 않습니다만, 그것과 같은 것을 '자주적 집단'이라고 부르거나, 몽테스키외로부터 빌려 '중간세력'이라고 부르고 있습니다. 이에 관해서는 조금 뒤에 설명하겠습니다만, 여기서 말해두고 싶은 것은 다음과 같은 것입니다. 마루야마 마사오는 근대주의자, 시민주의자, 그리고 진보적 지식인의 전형으로 간주되어 타도되어왔습니다. 그러나 그가 말하는 것이 반드시 '진보주의적'인 것은 아닙니다. 예컨대 그는 서양에서 '학문의 자유'라는 전통을 만든 것은 진보파가 아니라 낡은 세력, 중간세력이었다고 말합니다.

　국가권력 앞에서 평등하게 부복하는 신민의 창출이 저항다운 저항과 거의 마주치지 않고 성공했던 배경에는 물론 교육권을 국가가 일찍이 독점했던 것이 큰 의미를 갖습니다. 국가가 국민의 의무교육을 행한다는 것은 오늘날 근대국가의 상식이 되어 있는 것입니다만, 그 제도가 일본만큼 대수롭지 않고 부드럽게 행해진 나라는 드뭅니다. 왜냐하면 유럽에서는 교회라는 대단히 큰 역사적 존재가 국가와 개인 사이에 있었고 그것이 자주적 집단이라고 말해지는 것, 즉 국가에 의해 만들어진 집단이 아니라 권력으로부터 독립한 집단의 이른바 규범이 되고 있었습니다. 그 교회가 교육을 전통적으로 관리했던 것이죠. 그래서 교회와 국가 간의 교육권을 둘러싼 대단히 큰 싸움은 어느 나라에서든 경험하고 있습니다. 그런데 일본에서는 이미 도쿠가와시대로부터, 예컨대 불교의 사찰은 완전히 행정기구의 말단이 되어 있었죠. 즉 일본에서 사원은 이미 자주적인 집단이 아니었습니다. 따라서 서당식 교육을 국가교육으로 대체하는 일은 지극히 손쉬운 것이었습니다. 이외에도 서양에서는 자치도시나 지방의 코뮌이 마찬가지로 국가권력의 만능화에 맞서는 요새가 되어 자주적 낙원유토피아의 전통을 만들려는 움직임을 보였는데, 이 점에서도 일본의 도시는 거의 대부분 행정도시가 되어 있었으며 그나마 도쿠가와시대의 마을에 약간 남아 있던 자치조차 조손町村[행정구역 단위]제도에 의해 완전히 관치官治행정의 말단으로 집어삼켜졌습니다. 그렇기 때문에 중앙집권국가가 완성될 때엔 이미 국가에 대항하는 자주적 집단은 거의 대부분 없어진 것이었던바, 이 점에서도 자유 없는 평등화, 제국신민적인 획일화가 대단히 일찍 진행되고 있었다고 하겠습니다.[5]

일본에서는 개별사회 및 중간세력이 취약했으며 그것이 중앙

5. 「思想と政治[사상과 정치]」, 『丸山眞男集 第七巻』, 128-129頁.

집권화를 가능하게 했다는 것으로, 이는 동시에 개인을 취약하게 만든 것이었습니다. 물론 그것은 개인주의가 전혀 없다는 것을 뜻하는 게 아닙니다. 예컨대 와쓰지가 말했던 것은 다음과 같은 것입니다. 근대 일본에는 개인이 없는 게 아닌바, 다만 그 개인이 집 안에만 관심을 가질 따름이라는 겁니다. 공공적 관심을 갖지 않는다는 것이죠. 즉 그러한 개인은 '사적'인 겁니다.

그러나 그 점에 관해서도 마루야마 마사오는 깊은 통찰을 보여주고 있습니다.[6] 그는 전통적인 사회(공동체)로부터 개인이 석출될individualization 때의 패턴을 다음과 같은 매트릭스로 고찰했습니다.

② 자립화 individualization	① 민주화 democratization
③ 사[사]회私化 privatization	④ 원자화 atomization

그것은 근대화와 더불어 생긴 사회에 대한 개인의 태도를, 사회형태적인associative 것과 비非결사형성적인dissociative 것이라는 세로축에다가 정치적 권위에 대한 구심적centripetal 태도와 원심적centrifugal[중심에서 멀어지려는] 태도라는 가로축을 놓아 좌표화하여 살펴본 것입니다. 그 결과로 4가지 타입이 사고됩니다.

••
6. 「個人析出のさまざまなパターン[개인 석출의 다양한 패턴]」, 『丸山眞男集 第九卷』.

간단히 말하면 ①의 민주화된 개인의 유형은 집단적인 정치활동에 참가하는 타입입니다. 그리고 ②의 자립화된 개인의 유형은 집단적인 정치활동으로부터는 자립해 있습니다. 그러나 동시에 결사형성적이죠. 즉 정치를 거부하고 있는 게 아니라 여차하면 정치에 참가하되 평소에는 특별히 정치적 활동을 하지 않는 타입이지요. 따라서 ①의 유형은 대개 중앙집권을 통한 개혁을 지향하지만, ②의 유형은 시민적 자유의 제도적인 보장에 관심을 갖고 지방자치에 열중합니다.

즉 ③은 새[私]화된 타입으로, 이는 ①의 민주화 타입에 대한 반대이되 ②와도 다릅니다. ③은 말하자면 정치활동을 일절 거부하며 사적인 세계에 틀어박혀 있는 타입입니다. 즉 와쓰지의 말로 하자면 울타리 안쪽 말고는 관심이 없죠. 문학으로 말하자면 그건 '사私소설'이지요.

다음으로 ④의 원자화된 개인은 ③과 마찬가지로 정치적·집단적인 것으로부터 떨어져 나온 것이지만 ③과는 달리 사적인 핵조차 없이 대중사회의 흐름 그대로 부유浮動하는 개인입니다. 마루야마 마사오는 이렇게 쓰고 있습니다. 새[私]화된 개인은 원자화된 개인과 비슷하지만(정치적으로 무관심함) 그 관심이 사적인 형편에 국한됨에 비해 원자화된 개인은 부유적이라는 것, 새[私]화된 개인은 사회적 실천으로부터 은둔하지만 원자화된 개인은 도주적이라는 것이라고요. 그런 운둔성향은 사회제도의 관료제화가 발전한 것에 대응하는 것이었습니다. "원자화된 개인은 흔히 공공의 문제에 무관심하지만, 때로 다름 아닌 그 무관심이 돌연 퍼내틱 [광신적인·열광적인]한 정치참여로 전화되는 일이 있다. 고독과 불안으로부터 벗어나려는 초조함, 바로 그것으로 인해 이 유형은 권위주의 리더십 속으로 전면적으로 귀의하며, 또 국민공동체·인종문화의 영원불멸성 같은 관념에서 표현되는 신비적 '전체' 속으로 몰입하는 경향을 갖는 것이다."(같은 글, 385쪽)

즉 사사화된 개인 유형은 정치에 참가하지 않지만, 원자화된 개인 유형은 '과잉 정치화와 완전한 무관심' 사이를 왕복합니다. 이는 대중사회 속에서의 개인의 존재방식입니다. 마루야마 마사오가 염두에 두고 있는 것은 파시즘에 흡수됐던 대중인 것이죠.

여기서 앞의 와쓰지가 고찰한 것을 마루야마의 도식에 기초하여 다시 살펴보면 다음과 같이 됩니다. 와쓰지가 말하는 '성벽' 안에서 공공성을 위한 공동적 투쟁과 더불어 생겨나는 개인이란 ②의 자립화된 개인 유형이고, '집' 안에서 있을 뿐 그 바깥에 무관심한 개인은 사사화된 개인 유형인 ③입니다. 그러나 서양의 시민사회에서도 19세기가 되면 ③의 유형이 나오게 되며, 20세기에 들어와 대중사회화하게 되면 ④의 유형이 나옵니다. 실제로 와쓰지가 독일에서 귀국한 이후에 나치가 정권을 잡았던 겁니다.

물론 마루야마 마사오는 그런 4가지 유형의 인간이 있다고 말하는 것은 아닙니다. 어떤 인간이 전면적으로 하나의 유형에 속하는 일은 없습니다. 생애 전체를 통해 변하지 않는다는 것도 아닙니다. 여러 요소들을 동시에 지니고 있는 것이죠. 사회 또한 하나의 유형에 속하는 것은 아닙니다. 어느 사회일지라도 복수의 유형이 있죠. 다만 어떤 요소가 지배적인가에 따라 차이가 생겨나는 것입니다.

마루야마에 따르면 일반적으로 근대화가 내발적으로 서서히 발생하는 경우에는 ②와 ③의 분포가 커지게 되며, 다른 한편에서 그렇지 않은 후진국의 근대화에서는 ①과 ④의 분포가 커지게 됩니다. 또 일반적으로 자본주의 경제가 침투하고 대중사회화와 더불어 ④가 강해집니다. 일본을 포함한 '후진국'의 근대화 과정에서는 ①의 경향이 강함을 알 수 있죠. 한국 등도 그렇지요. 현재의 한국에서는 ②와 ③, 나아가 ④의 경향이 강하게 드러나고 있습니다. 그러나 아직은 ②가 강하다고 할 수 있겠습니다.

한편, 일본에 특징적인 것은 ②의 요소가 약하고 ③과 ④의 경향이 강하다는 점입니다. 즉 자립화된 개인 유형이 적으며, 새[私]화된 개인 유형이 많죠. 일본에서는 개인주의적인 경우, 그것은 새[私]화됩니다. 즉 ③의 유형이 되므로 공공적인 정치참여로는 향하지 않죠. 일본에서는 자본주의적 발전이 그다지 진행되지 않은 단계부터 일찍이 '대중사회' 현상이 보였습니다. 즉 ④의 요소가 강했다고 할 수 있습니다.

5

그러면 왜 그런 걸까요. 마루야마 마사오는 다른 논문에서 다음과 같이 지적하고 있습니다.

일본에서의 통일국가의 형성과 자본의 본원적 축적의 강행은 국제적 압력에 신속히 대처하여 '외국 못지않은 나라'가 되기 위해 놀랄 만한 급속도로 행해졌고, 그것이 그대로 숨 돌릴 틈 없는 근대화 —— 말단의 행정단위인 촌에 이르기까지의 관료제 지배의 관철, 경공업 및 거대 군수공업을 기축으로 한 산업혁명의 수행 —— 쪽으로 이끌려갔음은 말할 것도 없는바, 그 사회적 비밀 중 하나는 자주적 특권에 의거한 봉건적=신분적 중간세력에 의한 저항의 취약함이었다. 메이지 정부가 제국의회 개설에 앞서 화족華族 [신분·훈공에 따른 귀족] 제도를 다시금 창설(만들어진 귀족제라는 것은 본래부터 형용모순이다)해야만 했던 아이러니로부터도 사회적 영예를 짊어진 유럽의 강인한 귀족적 전통이나 자치도시, 특권 길드, 불입권不入權[7]을 갖는 사원 등과 같은 국가권력에 대한 사회적 바리케이드가 본래부터 얼마나 취약했던 것인지를 알 수 있다. 앞서 말한 '입신출세'의 사회적 유동성이 지극히 일찍 성립한 것은 그런 까닭에서다. 정치·경제·문화의 모든 면에서 근대일본은 벼락출세한 사회였고(지배층 자신이 숱한 벼락출세자들로 구성되어 있었다), 민주화를 수반하지 않은 '대중화' 현상 또한 테크놀로지의 보급과 더불어 비교적 일찍 현저해졌다.[8]

일본의 근대화가 보이는 속도의 비밀은 봉건적=신분적 중간세

7. [장원(莊園)의 특권 중 하나로, 정부 관리의 출입을 불허할 수 있는 권한.]
8. 『日本の思想[일본의 사상]』, 岩波新書.

력의 저항이 취약한 데에 있다고 말하고 있습니다. 이는 앞서 말했던 것처럼 메이지 일본에서 국가가 교육의 권리를 손쉽게 쥐었다는 것과 이어져 있습니다. 그것이 가능했던 이유는 도쿠가와 체제 아래에서 불교단체가 단순한 행정기관이 되어 있었기 때문이죠. 그들은 16세기 말에 전향하여 국가에 굴복했던 겁니다. 그것은 동시에 자유도시(사카이堺는 일향종, 교토는 법화종)가 붕괴한 것과 동일한 일입니다. 바로 그때 일본에도 존재했던 도시(시민사회)가 해체되고 말았다고 해도 좋겠습니다. 단, 교토나 오사카에는 그 당시 시민사회의 전통이 다소간 남아 있다고 할 수 있겠습니다.

유럽만이 아니라 아라비아나 인도에서도 어디든 중간세력이 존재하며 근대국가의 집권화에 저항하고 있습니다. 현재라면 아프가니스탄이나 이라크를 보면 될 것입니다. 이슬람교의 여러 종파들이 국가로부터 자립하고, 또 그것을 통해 여러 부족들이 자립해 있죠. 이를 국민국가로서 통합하는 것은 그리 쉬운 일이 아닙니다.

진보적 계몽파로 불리는 마루야마 마사오가 봉건적이라고 할 구세력의 저항을 불가결한 것으로 중시하고 있는 점은 불가사의하게 보일지 모르는데, 몽테스키외의 생각을 알고 있다면 놀랄 만한 일이 아니라고 하겠습니다. 몽테스키외는 프랑스혁명 이전의 사람으로, 루소와 곧잘 견주어집니다. 루소는 다름 아닌 부르주아(시민)혁명의 사람이지만 몽테스키외는 말하자면 귀족(봉건영주)계급을 대표하는 사람입니다. 단, 루소에게는 없는 중요한 인식을 몽테스키외는 갖고 있었습니다.

혼히들 공화정치·군주정치·전제정치로 정치체를 구별하지만, 몽테스키외의 생각에 그런 구별은 중요하지 않습니다. 군주제는 권력을 구속할 수 있는 중간세력(귀족, 성직자 등)이 존재하지 않을 때 전제정치가 됩니다. 그 점에서는 공화제도 마찬가지죠. 실제로 프랑스혁명에서 나온 '공포정치'가 그것을 증명하고 있습니다. 한편 전제정체를 저지하는 것이 중간단체·중간세력일 때, 몽테스키외는 그런 세력을 귀족이나 교회에서 찾았습니다. 바꿔 말하자면, 그 당시 계몽파에 의해 과거의 유물로 비난당하고 있던 것에서 다름 아닌 전제정치를 막을 수 있는 열쇠를 발견했던 겁니다.

지금까지 말했던 것을 정리하자면 다음과 같이 됩니다. 일본에서는 개별사회·중간세력이 없었기 때문에, 즉 사회적 차원의 저항이 없었기 때문에 통일국가의 형성이 빨랐고 산업화 또한 빠르게 이룰 수 있었습니다. 그러나 우리는 그에 따른 외상 빚을 다른 형태로 지불하지 않으면 안 되게 됐다는 것입니다.

6

마루야마 마사오는 메이지 이후에 일어난 일본의 현상을 위와 같은 좌표로 고찰하였습니다. 개인화가 사(私)화된다는 것은, 앞서 언급했듯 소설로 말하자면 사소설입니다. 일본의 비평가는 사소설을 비판하면서 말해왔습니다. 그것은 서양의 사소설을 오해하고 왜소화시킨 것이라고요. 그러나 그것은 단순한 오해가 아닙니다. 위의 좌표로 말하자면 서양의 근대소설이 ②에 기초해 있음에 비해, 일본에서는 ②의 베이스가 없이 즉각 ③이 되고 말았던 것입니다.

사소설의 기반인 '새[사]화'를 물리쳤던 것은 쇼와 초기에 풍미했던 마르크스주의(문학)입니다. 고바야시 히데오는 다음과 같이 썼습니다. "마르크시즘 문학이 유입되기에 이르러 일상생활에 대한 작가들의 반항은 비로소 결정적인 것이 되었다. 유입된 것이 문학적 기법이 아니라 사회적 사상이었다는 것은, 말해보자면 당연한 일일 것인데, 즉 그런 사회적 사상이란 작가의 개인적 기법 속에서는 해소되기 어려운 절대적이고 보편적인 모습을 취한 것이었던바, 그렇게 사상이라는 것이 문단에 유입된 일은 우리나라 근대소설이 조우한 새로운 사건이었고, 그 사건의 새로움이라는 것을 빼고서는 연이어 일어난 문학계의 혼란을 설명하기란 어려운 일이었다."[9]

즉 마르크스주의가 ③으로부터 ①로의 전회를 가져왔던 겁니다. 그러나 이는 일시적인 것이었습니다. 얼마 지나지 않아 마르크스주의는 탄압받고 거의 대부분 전향했던 것인데, 그때 절반 이상은 ②보다는 오히려 ③이나 ④로 향했습니다. 즉 사소설이나 대중소설로 향했던 것이죠. 2차 대전 이후에 ①이 부활했습니다. 지식인들 사이에 공산당이 지배적인 것으로 되었기 때문입니다. 그것은 ③만이 아니라 ②도 부정하는 것이었습니다. 그것에 대해

9. 「私小説論」, 1935[「사소설론」, 『고바야시 히데오 평론집』, 유은경 옮김, 소화, 2003].

서는 전후문학자들이 저항했다고 생각합니다. 전쟁 시기 그들은
①에서 ②로 향했던 사람들입니다. 전후에 그들은 한편으로는
①과 같은 공산당의 운동에 저항하는 동시에, 다른 한편으로는
사소설, 즉 ③에 틀어박히는 것에 대해서도 저항했죠. 이러한
양의성이 1960년대까지 존재했던 겁니다. 그것이 일본 '전후문학'
의 특징입니다.

왜 1960년인가라고 묻는다면, 그때까지 지배적이었던 공산당
의 권위가 소멸했기 때문입니다. 바꿔 말하자면 ①이 부정되었던
것이죠. 1960년대 이후의 신좌익은 개인의 계기들을 중시했습니
다. 즉 ②와 같은 형태가 주류가 됐던 겁니다. 그런데 1970년
이후, 운동이 ①로 과격화하는 동시에 그것의 좌절로부터 ③으로
향해가는 경향이 강해졌습니다. 이후 거기서 ②로 향하기보다는
④로 향하게끔 됩니다. 즉 대중사회·소비사회의 개인과 그것을
대표하는 문화 쪽으로 향했던 것입니다.

그 이후로 현재에 이르기까지 ③과 ④가 지배적입니다. 즉
사적이면서 원자적이죠. 그러나 그것을 대중사회·소비사회에
일반적인 현상으로 볼 수는 없습니다. 그것은 어디서나 선진자본
주의 국가에서는 보이는 현상이지만, 몇 번이나 말했듯이 그것으
로 환원되어버릴 수는 없는 것입니다.

그 원인은 역시 일본의 근대 역사가 갖는 특이성, 즉 중간집단,
개별사회를 소멸시킴으로써 성립한 근대국가의 역사에서 찾지
않으면 안 된다고 하겠습니다. 그리고 그것은 메이지만이 아니라
1990년대로까지 이어지고 있습니다. 그 기간 동안 다양한 개별사
회들은 낡은 세력으로 혹은 국가·국익을 위협하는 요소로 차례로

비난당하고 억압받아 왔습니다. 예컨대 노동조합(국철[国鉄]노동조합国労이나 일본교직원조합日教祖), 소카創価학회,[10] 부락해방동맹, 조선총련, 대학(교수회)의 자치 등등. 그러한 비난은 글로벌리제이션이라는 슬로건 아래에서 행해졌던 것입니다. 2000년의 시점에서 그러한 개별사회, 중간세력은 거의 괴멸되고 있습니다. 그런 상황에서 고이즈미가 등장했고, 그에 대한 모든 저항을 '수구파'라고 부정했던 겁니다.

거기에 이르기까지의 과정을 조금 뒤돌아보겠습니다. 좀 전에 말했던 것처럼 마루야마 마사오는 1960년의 안보투쟁에서 광범위한 대중이 참가한 데모를 보고는 일본에 시민사회가 정착했다고 느꼈습니다. 그러나 실은 바로 그 시점에 그것과는 반대되는 사건이 일어나고 있었습니다. 안보투쟁과 동일한 시기에 거대한 노동쟁의(미이케투쟁)[11]가 그것이죠. 여기서 패배한 결과, 노동조합운동만이 아니라 사회주의운동 일반이 후퇴하고 약체화됐던 겁니다.

저 자신도 그랬었는데, 신좌익은 안보투쟁을 학생운동의 관점에서 보는 경향이 있습니다. 왜냐하면 신좌익에는 거의 학생운동밖에는 없었기 때문입니다. 그러나 안보투쟁에서의 데모를 대규모로 만들었던 것은 학생운동이 아닙니다. 노동조합, 즉 일본노동

• •
10. [종교법인. 법화경 계열 니치렌(日蓮)의 불법에 기초해 '평화·문화·교육'을 중심으로 활동하는 재가(在家)불교 단체. 이를 모체로 중도정치를 목표로 1964년 창당된 것이 공명당.]
11. [미쓰이·미이케 탄광투쟁(三井三池炭鑛闘爭). 1953년 후쿠오카현에서 벌어진, '총자본과 총노동의 대결'로 불린 노동자 대투쟁.]

조합총평의회總評입니다. 특히 국철노동조합이죠. 실제로 국철의 정치적 파업이 정부에 심각한 타격을 주었습니다. 따라서 국철을 부수는 일이 국가와 자본의 과제가 됐던 겁니다.

물론 국철노동조합만이 그런 것은 아닙니다. 일본교직원조합도 그렇습니다. 이러한 '중간세력'이 각지·각계에 존재했었으나, 안보투쟁 이후 일본의 국가와 자본은 그것을 '당근과 채찍'의 정책으로 억누르고자 했습니다. 실제로 그것은 성공했습니다. 1970년 무렵의 학생운동, 즉 '전공투'의 시기에는 학생의 활동이 있었지만 그것이 노동운동과 연결되는 일은 거의 없었죠. 농민운동과도 연결되지 않았습니다. 산리츠카 투쟁[12]을 예외로 하면 말입니다.

그 점에서 프랑스 등지에서의 1968년 혁명은 다릅니다. 오히려 그것은 1960년 일본에서의 안보투쟁 상황과 비슷합니다. 노동조합이 있고 공산당이 있고 사회당이 있었죠. 그리고 그것들에 뒤섞여 학생의 첨단적인 운동이 있었습니다. 학생들만이 고립되어 운동하고 있었던 게 아닙니다. 페미니스트나 마이너리티, 다양하게 대립하는 여러 세력들이 폭주輻輳[바큇살이 모여들듯 모임]함으로써 68년 혁명이 가능했다고 하겠습니다. 물론 그것은 도시 코뮌의 운동이라는 전통 위에 존재했습니다. 그것이 일본에서는 없었던

··
12. [산리츠카(三里塚) 투쟁, 혹은 나리타(成田) 투쟁으로도 불림. 현재의 나리타 국제공항 건설에 반대해 일어난 투쟁. 1966년 7월부터 시작해 현재까지 이어지고 있으며, 그 정점·변곡점·하강점을 담은 다큐멘터리 영화로 오가와 신스케 감독의 <산리츠카 7부작>이 유명함.]

것이죠.

단, 1960년 일본에서는 68혁명의 그러한 분위기가 상당했었다고 생각합니다. 따라서 마루야마 마사오 등이 감명을 받았던 겁니다. 그러나 1968년에는 1960년에 있었던 것, 즉 '중간세력'이 빠져 있었습니다. 안보투쟁에 넌더리가 난 일본의 국가와 자본이 그 사이 목숨을 걸고 그것을 무너뜨리고자 했기 때문입니다. 그럼에도 1980년대 이후에 일어난 것을 보면 아직 여전히 '중간세력'이 일본에 남아 있다고 할 수 있겠습니다. 예컨대 1990년 이후 신자유주의라는 말이 보급되었습니다. 그러나 그것은 이미 1980년대에 레이건주의, 대처주의로 존재했던 것입니다. 일본에서는 나카소네 수상이 그것을 대표했습니다.

그는 국철의 민영화를 추진했습니다. 이는 실제로는 국철노동조합의 해체를 말합니다. 국철노동조합은 노동총평의회(총평)의 중핵이었으므로 그것의 해체는 총평의 해체였습니다. 1990년의 시점에서 총평은 소멸하고 있었죠. 따라서 그것에 의해 지탱되어 온 사회당도 소멸하고 있었던 겁니다.

다음으로 일본교직원조합의 탄압, 교육의 통제가 추진되었습니다. 대학의 민영화라는 것은 실제로는 국영화입니다. 그때까지의 대학은 국립이었어도 자치적이었죠. 즉 일종의 봉건적 중간세력이었습니다. 민영화에 의해 그러한 자치적 집단이 해체됐습니다. 사립대학도 마찬가지입니다. 국가의 재정적 원조가 증대됨과 동시에 국가에 의한 컨트롤이 강화됐던 겁니다.

나아가 특별히 강조해야 할 것은 공명당을 연립정권에 참가시킨 것에 뒤따른 소카학회의 혼잡입니다. 여당에 속했기 때문에 소카학회는 연래의 과제였던 대중복지와 반전 주장을 유보했던 겁니다. 이리하여 중간세력이었던 종교적 세력이 억제되었습니다. 또 다른 하나는 부락해방동맹의 제압입니다. 부락해방동맹은 부락만이 아니라 차별받는 모든 소수파의 운동을 지탱하고 있었습니다. 또 그것은 우익을 억제하는 힘이었죠 해방동맹이 무력화된 뒤부터 차별주의적 운동이 생겨났다고 할 수 있겠습니다.

여기까지 말한 중간세력은 1990년대에 미디어의 캠페인으로 차례차례 공격받게 됩니다. 봉건적이고 불합리하며 비효율적인 것이라고, 그것들로는 해외와의 경쟁에서 이길 수 없다고 말이죠 이러한 비난에 저항하는 일은 쉽지 않았습니다. 실제로 대학교수회는 케케묵었고, 국철은 서비스가 나쁘며, 해방동맹은 규탄투쟁으로 악명 높았죠 분명 비판받을 면이 많았죠 옹호하기가 어려운 겁니다.

그러나 '중간세력'이란 일반적으로 다음과 같은 것이라고 말해야 합니다. 예컨대 몽테스키외는 민주주의를 보증하는 중간세력을 귀족과 교회에서 발견했던 것인데, 양쪽 모두 심각한 것이었습니다. 프랑스혁명에서 그러한 세력이 박살난 것도 당연한 겁니다. 따라서 그런 중간세력을 옹호하는 것은 어렵죠 일제히 비난하면 박살나고 말 수밖에 없죠. 그러나 그 결과, 전제정에 저항하는 집단이 사라지고 말았던 겁니다.

일본에서 중간세력이 대부분 소멸했던 것이 2000년입니다. 거기서 고이즈미 정권이 나온 것입니다. 그는 중간세력의 잔당을 '수구파'로 규정하고 일소하고자 했습니다. 방금 전에 몽테스키외가 중간세력이 없는 사회는 전제국가가 된다고 했던 것에 대해 언급했는데, 그런 뜻에서 일본은 금세기에 들어와 전제적인 사회가 됐다고 할 수 있겠습니다. 어떤 뜻에서 그런 걸까요. 그 한 가지 사례가 일본에는 데모가 없다는 점입니다.

7

현재의 전제적 사회는 특별히 전제군주나 군사적인 독재자가 지배하는 사회를 말하는 게 아닙니다. 그러한 전제국가에 비하면 일본은 국민주권의 체제이며 대의제민주주의의 나라입니다. 그러면 왜 전제국가인 걸까요. 그것을 살피기 위해서는 대의제민주주의에 관해 생각할 필요가 있습니다. 거기서는 국민이 총선거를 통해 입법이나 행정의 권력을 결정할 수 있게 되어 있습니다. 하지만 실제로는 어떨까요.

대의제에서는 개개인이 투표를 합니다. 그러나 그때 개개인은 구체적인 개별사회를 버린 추상적 개인으로서만 존재할 수 있습니다. 각자는 밀실과도 같이 격리된 곳에서 투표용지에 이름을 써넣죠. 그 개인이 타인과 조우하는 일은 없습니다. 앞서 마루야마 마사오와 관련해 말한 좌표로 보자면 각자는 ④의 원자화 상태에 있는 것이죠.

그러면 주권자인 국민은 어디에 있는지 물을 수 있습니다. 대의제에서 국민은 말하자면 '지지율'이라는 형태로밖에는 존재하지 않습니다. 그것은 통계학적으로 처리된 '유령'적 존재죠. 예컨대 텔레비전 업계에서는 시청률이 지배합니다. 누가 텔레비전을 보고 있는지는 모릅니다. 오직 통계학적인 수치가 지배하는 것이죠.

국민이 주권자라고 할지라도 명확한 개인은 어디에도 존재하지 않습니다. 시청률과 마찬가지로 정체불명의 지지율이 존재할 뿐입니다. 각각의 사람들은 주어진 후보자나 정당에서 선택을 합니다. 그러나 그것이 과연 정치적인 참여일까요 각각의 사람들에게 가능한 것은 대표자를 뽑는 것일 뿐입니다. 몽테스키외는 대의제를 귀족정 혹은 과두정이라고 했으며, 이에 반해 민주주의의 본질은 제비뽑기에 있다고 했습니다. 행정에 있어 실제상의 권리의 평등이라는 것이 민주제인 겁니다.

대의제가 과두정 내지는 귀족정이라는 것은 오늘날 오히려 더 노골적으로 드러나고 있습니다. 예컨대 일본의 유력 정치가는 가업을 이은 2세·3세 혹은 4세들입니다. 그들은 각 지방의 도노사마殿様[영주·귀인의 존칭]와 같은 것입니다. 그 점에서는 도쿠가와시대와 변한 게 없습니다. 오히려 그 시대가 좀 더 나을 것입니다. 왜냐하면 그때는 세습이라고 해도 실질적으로는 양자제도에 근거해 있던 것이기 때문입니다. 또 바쿠후의 로츄[13]는 한藩의 규모·랭크[순위·등급]보다는 다이묘의 개인적 능력에 근거하여 선발되고 있었죠. 이에 비해 현재의 대의제는 어떨까요. 미증유라는 문자를 읽지 못하는 수상이 있죠. 미증유의 사태입니다. 물론 문자를 읽을 수 있어도 마찬가지입니다. 관료가 생각한 것을

. .

13. [老中. 쇼군(将軍) 직속의 직책. 정무를 총괄하고 다이묘(大名)를 감독하던 4~5명.]

그저 읽을 따름이니까요. 관료를 공격하여 갈채를 받는 자가 있는데, 결국엔 다른 관청이나 관료가 결정한 것을 추수하고 있는 것에 불과합니다. 그렇기 때문에 현재의 일본은 국가관료와 자본에 의해 완전히 컨트롤되고 있죠. 따라서 전제국가라고 말하는 겁니다.

그러면 전제국가로부터 벗어나기 위해서는 어떻게 하면 좋을까요. 한마디로 하면 대의제 이외의 정치적 행위를 추구하는 것입니다. 반복하게 되지만, 대의제란 대표자를 뽑는 과두정입니다. 그것은 민중이 참여하는 데모크라시가 아닙니다. 데모크라시는 의회가 아니라 의회 바깥의 정치활동, 예컨대 데모와 같은 형태로서만 실현된다고 하겠습니다. 의회선거가 있기 때문에 데모로 정국을 바꾸는 것은 민주주의적이지 않다고 말하는 사람들이 있습니다. 그러나 대의제뿐이라면 민주주의란 있을 수 없습니다. 실제로 미국에서도 데모가 많죠. 선거운동 그 자체가 데모와 같은 것입니다. 데모와 같은 행위가 민주주의를 지탱하는 겁니다.

1960년 6월, 대규모의 데모에 연일 포위되고 있던 수상 기시 노부스케는 이렇게 말했습니다. 고라쿠엔後樂園 야구장에는 몇만이나 되는 관중이 있고 그런 '목소리 없는 목소리'는 나를 지지하고 있다고 말이죠. 실제로, 데모에 오는 사람은 소수입니다. 아무리 많아도 텔레비전을 보고 있는 시청자에 비하면 얼마 되지 않죠. 그러나 그러한 데모가 있는 한, 주권자로서의 국민이 존재한다고 할 수 있는 겁니다. 다른 나라에서는 사람들이 선거와는 따로 데모를 행합니다. 그런데 일본에서는 그렇지 않죠. 그것은 이미 말했듯 중간세력·개별사회가 박살났기 때문입니다. 그 때문에 데모를 하는 것은 유치하다거나 촌스럽고 좋지 않은 것이라는 풍조가 있는 것이죠.

한편으론, 데모를 하고자 해도 할 수가 없습니다. 어떻게 해야 좋을지 모르는 사람들이 있습니다. 예컨대 1960년의 시점에서 일본에 데모가 많았던 것은 노동조합이 강했기 때문입니다. 그것이 중핵이 되어 많은 단체나 개인이 모였죠. 새[사]화된 개인(위의 ③유형)에게는 단순한 데모라도 대단한 도약을 의미합니다. ④의 원자화된 유형은 데모에 나가지 않습니다. 공공적인 관심이 없기 때문이죠. 그들이 그런 관심을 갖게 되는 것은 외국에 맞서 내셔널리즘이 북돋워질 때입니다. 그러나 일본에서는 그것도 데모로서 표면화하지 않죠. 네트에서 소란을 피울 따름입니다.

그렇다면 일본인은 개인으로서 허약한 걸까요. 그러한 허약한 멘탈리티를 가졌는가 묻자면, 그렇지 않다고 하겠습니다. 다른 어느 나라에서도 집단으로부터 분절된 개인은 허약합니다. 이와 반대로 '개인과 국가 사이에 있는 자주적 집단', 즉 협동조합·노동조합이나 그 이외 다른 종류의 어소시에이션에 속한 개인은 강합니다. 예컨대 해외에 있는 일본인은 일본인끼리 모인다고들 하죠. 그러나 그렇지 않지요. 오히려 일본인은 연대하는 일을 꺼려하고 외국에 동화되고자 합니다. 그렇기 때문에 개인으로서도 허약한 겁니다. 어떤 일을 당해 불만을 품어도 쉽게 단념하죠. 다른 나라에서 온 이민자는 그렇지 않습니다. 단단히 결속하여 동화되기를 거부합니다. 따라서 개인으로서도 강한 겁니다.

②의 자립화 유형, 즉 결사형성적인 개인은 처음부터 있는 게 아닙니다. 오히려 결사 속에서 형성되는 것입니다. 즉 ②의

유형은 단순한 시민이 아니라 모종의 어소시에이션에 속해 있는
상태입니다. 한편 사[사]화된 개인은 상호 고립되어 있으므로
정치적으로는 취약할 수밖에 없습니다.

8

다시 한 번 말하는 것이지만, 일본인이 데모에 나가지 않는
것은 대중사회나 소비사회 탓이라고 말하는 사람들이 있고, 또
네트와 같이 다양한 정치활동·발언을 가능케 하는 수단이 있기
때문이라고 말하는 사람들이 있습니다. 그러나 그것은 선진국
일반에 해당되는 것이지 일본의 상황을 특별히 설명하는 것이
아닙니다. 예컨대 애초에 ②의 유형(결사형성적인 개인)이 많은
곳에서는 인터넷이 결사형성을 조장하는 것으로 기능할 가능성
이 있습니다. 그러나 일본 같은 곳에서 인터넷은 '원자화된 개인'
의 유형을 증대시킬 뿐입니다.

익명으로 의견을 말하는 사람은 현실에서 타인과 접촉하지
않습니다. 일반적으로 말해, 익명상태에서 해방된 욕망이 정치와
결부될 때 배타적·차별적 운동으로 기울게 되는 것을 주의해야
합니다. 다름 아닌 그 지점에서 나오는 것이 정치적으로는 파시즘
입니다. 그러나 그것은 당연한 일이므로 내버려둘 수밖에 없습니
다. '2채널[일본 최대의 인터넷 게시판 사이트]'에서 사람들을 설득하려
고 해서는 안 됩니다. 장소 혹은 구조가 주체를 만드는 겁니다.
익명이 아닌 상태에 놓일 때 사람들이 의견을 바꾸는 것을 그

증거로 들 수 있습니다.

그렇기 때문에 현대 일본의 상태를 사회학적인 관점에서 설명하는 것은 잘못입니다. 그것은 정치적인 패배가 초래한 전제국가의 상태라고 봐야만 합니다. 그리고 그런 한에서, 그것을 바꿀수가 있는 겁니다. 중요한 것은 그 점입니다. 그렇게 하기 위해서우리는 개별사회, 결사(어소시에이션)를 만들 필요가 있죠. 물론그것이 어떤 형태이든 상관없습니다. 작은 모임[회합·집회]이나연락회의 같은 것도 좋죠. 그런 것이 없는 한, 개인은 허약할뿐입니다. 그럴 때 ③이나 ④의 유형이 되는 것은 정해진 일입니다.

끝으로, 위의 사정과 관련하여 일본에서는 한 가지 예외라고할 오키나와에 대해 이야기하고 싶습니다. 이라크전쟁 때에도오키나와에서는 큰 데모가 있었습니다. 오키나와에는 미군기지가 있기 때문에 그것은 당연합니다. 오키나와는 일본국가로부터끊임없이 부당한 취급을 받아왔습니다. 그러나 그들이 데모를하는 것은 단지 그런 이유 때문만은 아니지요.

류큐가 일본의 지배 아래 들어갔던 것은 메이지 이후입니다.오키나와에는 말하자면 '도쿠가와시대'가 없었던 겁니다. 오키나와에는 자립적인 공동체가 아직 농밀하게 남아 있습니다. 현재에도 모아이(다노모시코)[14] 같은 신용제도가 여전히 살아 있죠. 한편,

⋯⋯
14. [모아이(模合)는 오키나와 지역에 고유한 금전적 상호부조 관습.
    그것은 '다노모시코(賴母子講)'의 한 가지 사례임. 다노모시코는
    일종의 '계(契)'에 해당되는 것으로, 10~20명 정도가 일정 기간

오키나와는 숱한 섬들로 되어 있고 각각의 섬은 서로를 싫어합니다. 일본 본토 혹은 미국에 맞서서는 서로 결속하지만 평상시에는 다릅니다. 그러나 그렇게 사람들이 '법도를 가진 자율적인 사회'인 개별사회에 속해 있는 것이 거꾸로 개개인으로서의 강함을 가져오고 있는 게 아닐까 합니다.

예전의 교토에 관해서도 비슷하게 말할 수 있습니다. 예컨대 도쿄에서는 1970년대 전반기에 학생운동도 데모도 끝났는데 교토에서는 80년대까지 계속되고 있었습니다. 교토가 그럴 수 있었던 것은 도시공동체의 전통이 남아 있기 때문이라고 생각합니다. 그것이 반드시 '진보주의'적인 것은 아닙니다. 교토에는 사찰, 피차별부락을 포함해 다양한 중간세력이 선명히 남아 있었다는 것입니다. 1990년 이후에 그것들이 몰락했기 때문에 현재와 같이 된 것입니다.

제가 데모에 관해 이야기하는 것은 물론 데모로 혁명을 일으키라거나 데모로 사회를 바꾸자는 말을 하기 위해서가 아닙니다. 데모 그 자체에 의미가 있는 겁니다. 데모의 존재는 그 나라가 전제국가가 아니라 민주적이라는 것을 단적으로 증명하는 것입니다. 끝으로 다시 한 번, 데모란 무엇인가에 대해 생각해보고 싶습니다.

예컨대 일본의 헌법 11조에는 '집회·결사·표현의 자유'라고

• •
동안 금전을 모아 한 사람 씩 목돈을 받아가는 민간 상호 금융조직. 가마쿠라시대(1185~1333)에 생겨났으며 에도시대(1603~1867) 화폐경제의 발달 속에서 유행했음.]

138

되어 있지만 데모라는 단어는 찾을 수 없습니다. 그것은 데모가 집회(어셈블리) 속에 포함되어 있기 때문입니다. 그런데 일본에서는 데모과 집회를 구별하는 관습이 있기 때문에 쓸데없는 혼란이 생기고 있습니다. 집회는 허용되지만 데모는 제한된다는 식이죠. 그런 혼란을 파하기 위해서 저는 데모나 집회라는 단어를 대신해 '어셈블리'라고 부르고자 합니다. 실은 의회 또한 어셈블리인 겁니다.

어셈블리란 '모임'이고, 일본어로 하자면 '요리아이寄り合い[모임·회합·집회]'입니다. 그것은 근대 이전부터 있었던 것입니다. 일본만이 아닙니다. 어떤 사회에도 옛적부터 요리아이와 같은 것이 있어왔습니다. 그것이 의회(어셈블리)로 발전한 것입니다. 따라서 데모·집회와 의회는 뿌리가 같습니다. 루소는 말합니다. "인민은 어셈블리에서만 주권자로서 행동할 수 있을 것이다."[15] 여기서 어셈블리는 대의제의 의회가 아닙니다. 의회에서는 '요리아이'에 있던 직접민주주의적인 요소가 소실되고 말기 때문입니다. 대의제에서 인민이 주권자가 되는 것은 투표를 하고 있을 때뿐이며 그 뒤로는 노예가 되고 만다고 루소는 말합니다. "대표라는 생각은 근대의 산물이다. 고대의 공화국에서는, 아니 군주제에서조차 인민은 결코 대표자를 갖지 않았다."(같은 책)

앞에서 말한 것처럼 대의제는 귀족정적인 것입니다. 그러면 루소가 말하는, 인민이 주권자로서 등장하는 어셈블리, 직접민주주의는 어디에 있는 걸까요. 그것을 고대 아테네의 민회와 같은

15. 『社會契約論』.[『사회계약론』, 김영욱 옮김, 후마니타스, 2018.]

것이라고 생각하는 것은 잘못입니다. 그 민회라는 것은 소수의 시민만이 참가하는 것입니다. 다수를 점하는 여성이나 노예, 아이들에게는 문을 열어주지 않는 것이죠. 말하는 김에 덧붙이자면, 소크라테스는 다이몬(정령)의 말을 듣고서는 민회에 가지 않고 광장(아고라)에서 강론을 했습니다. 오히려 그 광장에 진정한 직접민주주의가 있었던 겁니다.

루소는 이렇게 말합니다. "인민의 어셈블리는 어느 시대에도 지배자들이 두려워하는 것이었다. 따라서 그들 지배자들은 모여 있는 시민을 괴롭히기 위해 언제나 배려, 반대, 방해를 아끼지 않았다."(같은 책) 루소가 말한 것은 아니지만, 그러한 인민의 어셈블리는 가두에서의 데모·집회 말고는 생각될 수 없는 것입니다. 실제로 일본에서 데모는 끊임없이 방해받고 괴롭힘을 당하고 있죠. 왜 그런가. 거기에 진정한 어셈블리가 있기 때문이며, 그것이야말로 '지배자들이 두려워하는 것'이기 때문입니다.

요컨대 일본에서의 민주주의란 데모를 행하는 것 이외엔 실현될 수 없는 것입니다. 데모 따위로 사회가 변하겠는가라고 말해서는 안 됩니다. 데모를 하는 것 이외엔 일본의 사회는 바뀌지 않는 것입니다.

아키유키 또는 고토쿠 슈스이

1

저는 오랫동안 문학에 관해 생각하지 않았었는데, 오늘은 나카 가미 겐지[1946~1992] 사후 20주년 기념에 즈음해 겐지의 문학에 관해, 그리고 제 자신이 작업해왔던 문학비평에 대해 돌아보고 싶습니다.

저는 1970년대 후반에 『일본근대문학의 기원』을 썼습니다. 그것은 문자 그대로 일본에서의 근대문학의 기원을 찾아내려는 것이었는데, 저는 그것을 메이지 20년대에 일어난 어떤 인식론적 '전회'에서 찾고자 했었습니다. 그 하나가 '풍경의 발견'입니다. 그것은 어떤 뜻인가. 풍경은 옛날부터 있었습니다. 특히 중국이나 일본에서는 예부터 문학이나 미술 속에서 자연 풍경을 그려왔죠. 따라서 풍경이란 일부러 발견할 것까지도 없는 게 아닌가라는 의문이 들지도 모릅니다.

분명 풍경은 예전부터 회화에서 그려지고 있었습니다. 그러나 서양의 경우, 그것은 풍경으로서 그려졌던 게 아니라 그리스도 탄생 등의 이야기 배경으로서 그려졌던 겁니다. 단순히 풍경만을, 혹은 꽃이나 기물 같은 정물만을 그리는 것은 서양미술사에서는 최근의 일입니다. 그러면 동양은 어땠을까요. 중국에서는 오래전부터 자연 풍경이 그려져 왔습니다. 그러나 산수화에서의 산과 물은 단순한 자연대상과는 다릅니다. 그것은 일종의 종교적 대상입니다. 산수화에서는 말하자면 이데아로서의 산수가 그려져 왔던 것이죠. 따라서 유럽의 미술관에 가면 예수와 천사가 나오는 회화가 질릴 정도로 있고, 그것과 마찬가지로 동아시아에는 산수를 그린 그림이 지겹도록 있는 겁니다.

그러나 제가 말하는 '풍경'은 거기에 없습니다. 제가 말하는 '풍경'이란 그때까지 풍경을 스스로의 배경으로만 삼고 있던 종교적인 틀을 배척함으로써 발견되는 것입니다. 예컨대 천사를 제거하고 그 배경에 있던 풍경을 볼 때처럼 말입니다. 바꿔 말하자면, 그때까지 제1차적으로 중요했던 것과 부차적이고 사소하게 간주됐던 것의 서열을 전도시키는 것입니다.

오늘날의 미술을 사례로 들어 말했는데, 제가 『일본근대문학의 기원』에서 썼던 것은 문학에서 그러한 전도가 일어났던 사례입니다. 그 전형은 구니기타 돗포의 「잊을 수 없는 사람들」[1898]에 있습니다. '잊을 수 없는 사람들'이란 잊어서는 안 되는 중요한 사람들이 아니라 무의미하고 또 어찌돼도 좋지만 잊혀지지 않는 사람들입니다. 그것은 사람들이라기보다는 '풍경'으로서의 사람들입니다.

돗포의 그 작품 속에서는, 주인공이 여관에서 처음 만난 아키야마라는 인물에게 '잊을 수 없는 사람들'이라는 제목을 단 원고를 보여주고는 이야기를 나눕니다. 2년 뒤에 그는 그 원고에 덧붙여 씁니다. 그렇게 '잊을 수 없는 사람은 그 여관 주인이었지 아키야마는 아니었다'라는, 오치落ち[1]가 붙게 됩니다. 거기에는 중요한 것과 중요하지 않은 것의 가치서열을 전도시키려는 아이러니컬한 악의가 있습니다. 풍경이란 그러한 전도에서 발견됐던 겁니다. 즉 풍경이 발견됐던 것은 외적인 대상에 대한 관심에 의해서가 아니라 오히려 대상에 등을 돌린 내적인 인간에 의해서입니다.

그러면 어째서 그런 내적 인간이 나왔던 것일까요. 왜 그것이 메이지 20년대인 걸까요. 이에 대해 생각하고자 하면 문학이나 예술이라는 범위에 머물 수 없습니다. 그러나 『일본근대문학의 기원』을 썼던 시점에서 저는 그 역사적 배경을 충분하게 고찰하지 못했습니다. 물론 그것을 알고는 있었습니다. 한마디로 하면, 내적인 인간은 정치적인 좌절로부터 생겨났던 겁니다. 단, 메이지 20년대에 그런 일이 있었던 이유는 단지 그것만으로는 설명될 수 없습니다.

예컨대 최초로 근대문학의 내면성을 가졌던 문학자는 기타무라 도코쿠였습니다. 그는 메이지 10년대 중반에 자유민권운동이 후퇴하고 자유당 좌파에 의해 폭탄투쟁이 시작된 시점에서 거기서 탈락한 사람입니다. 그러나 그는 현실의 정치적 세계에 대해 문학적 상상력으로 대항하고자 했습니다. 그의 말을 빌리자면

1. [만담 형식으로 된 이야기의 끝을 익살스럽게 마무리하는 부분.]

'상[想]세계'를 통해 실제의 세계에 대항하고자 했던 것이죠. 그에게 그것이 문학입니다. 1960년대에는 도코쿠에게서 근대문학의 기원을 보는 관점이 유행하고 있었습니다. 저는 특별히 그런 생각에 반대하지는 않습니다. 그러나 1970년대 중반이 되어 알아차리게 됐던 것은 일본의 근대문학이 도코쿠적인 전도 위에서 성립한 게 아니라 구니기타 돗포와 같은 전도에 의해 성립됐다는 점입니다.

기타무라 도코쿠는 상[想]세계 혹은 관념세계에 의해 현실세계를 전도시키고자 했습니다. 그러나 그러한 전도와 구니기타 돗포의 아이러니적인 전도는 다릅니다. 예컨대 도코쿠는 내면적이기 때문에 현실에 관여하지 않았던 게 아닙니다. 그렇기는커녕 그는 청일전쟁 이전에 이미 평화운동을 시작하고 있습니다. 그것은 칸트의 '영구평화' 구상에 기초한 일본 최초의 운동입니다.

한편 구니기타 돗포의 내면성은 어떤 것일까요. 그는 청일전쟁에서 종군기자로서 활약하고 내셔널리즘의 앙양 속에서 인기를 얻었습니다. 그러나 전쟁이 끝나고는 할 일이 없어졌으므로 '신세계'를 찾아 홋카이도로 갔습니다. 그리고 거기서 풍경을 발견합니다. 그는 이렇게 말합니다. "사회가 어디 있나, 인간의 자랑스런 얼굴에 전해져 노래불리는 '역사'가 어디 있나."[2] 그러나 이는 기만입니다. 돗포가 갔던 곳은 소라치空知라는 지명이 가리키듯이 아이누가 거주하고 있던 역사적 장소였습니다. 홋카이도 개척은

2. 「空知川岸辺」[「소라치 강가」, 『구니키다 돗포 단편집』, 인현진 옮김, 지만지, 2015].

단순히 그저 '허허벌판'을 개척하는 게 아니라 주민인 아이누를 살육하고 동화시킴으로써 행해졌던 것입니다. 하지만 잊어서는 안 될 그런 중요한 일을 무시함으로써 '잊을 수 없는' 풍경이 발견됐던 겁니다.

돗포는 오래 거주할 생각으로 홋카이도에 갔었지만 금방 생각이 바뀌어 도쿄로 돌아왔습니다. 그리고 교외의 무사시노에서, 교외라고 해도 지금의 시부야 도겐자카 부근을 가리키는 것인데, 거기에서 또 '풍경'을 발견했습니다. 아무 색다를 것 없는 잡목림에서 '풍경'을 봤던 겁니다. 이 작품 덕에 이후 무사시노는 유명해졌기 때문에 그가 그것을 썼을 때의 아이러니나 악의는 더 이상 알 수 없게 되었습니다.

이러한 풍경의 발견에는 '전도'가 있습니다. 그러나 그것은 도코쿠처럼 사회와 격돌함으로써 생기는 전도가 아닙니다. 구니기타 돗포가 가져온 전도는 제1차적으로 중요했던 것과 부차적이고 사소하게 보였던 것의 서열의 전도입니다. 그것은 언문일치라는 문제와 관련해서도 해당됩니다. 메이지 20년대까지 중요했던 것은 '문文(문어)'이었으며 '언言(구어)'은 하위에 놓여 있었습니다. 현재, 언문일치는 이야기하는 말[회화체·구어체]을 이용하여 쓰는 것으로 이해되고 있습니다. 그러나 그런 이해가 들어맞는 사례는 기껏해야 예전의 에도에 거주하던 주민들 정도입니다. 다른 지역의 사람들에게 언문일치의 문[장]은 '언[말]'과 거리가 먼 '문'이었습니다.

즉 언문일치의 문[장]이란 새로운 '문'이었으되, 사람들로 하여금 '언'에 기초해 있는 것이라는 생각이 들게끔 하는 '문'이었습니다. 따라서 언문일치는 풍경의 발견과 마찬가지로 전도이면서도 그것이 전도라는 것을 사람들이 알아차리지 못하도록 하는 전도입니다. 메이지 20년대에 성립된 그런 근대문학의 장치는 그것이 애초부터 자명하게 있었던 것이라는 착각이 들게 하는 것이었습니다.

참고로 도코쿠의 문장은 모두 언문일치 이전의 문어체입니다. 그런 뜻에서 그는 '일본근대문학'의 기원에 서 있을 수 있는 사람이 아닙니다. 마찬가지로 메이지 20년대에는 주요한 문학자들, 곧 히구치 이치요, 모리 오가이, 나쓰메 소세키 등은 모두 언문일치를 거부했습니다. 그것은 그들이 '근대'를 부정하고 있었기 때문이 아니라 '일본근대문학'에 위화감을 갖고 있었기 때문입니다. 그런 와중에 후타바테이 시메이는 메이지 20년대 초기에 재빠르게 언문일치 소설 『뜬구름』을 썼던 것인데, 이후에는 붓을 꺾습니다. 그가 다시 소설(「그 모습其面影」)을 쓰게 되는 것은 메이지 39년[1906]입니다.

2

반복하자면, 저는 일본근대문학의 기원을 '메이지 20년대'에서 발견했었습니다. 그러나 이후에 생각을 바꾸었습니다. 물론 그 시기 무렵이 아니라고 생각했던 것은 아닙니다. 다만 그것을 '메이지 20년대'로 바라보는 견해로는 안 되겠다는 생각을 하게 됐던 겁니다. '메이지 20년대'라는 관점은 그 시대를 세계사의 문맥으로부터 분절시키고는 일본의 문맥에서만 바라본다는 것이었습니다.

'메이지 20년대'는 서력으로 말하자면 1890년대에 해당됩니다. 즉 그것은 이른바 '세기말'인 겁니다. 나아가 그것은 제국주의가 전면적으로 된 시대입니다. 실제로 청일전쟁(1894)이 일어나고, 이어서 러일전쟁(1904)이 일어납니다. 그런데 '메이지'라는 틀에서 보면, 그러한 과정은 일본이 서양열강의 지배 아래서 산업적ㆍ군사적으로 발전을 이룩하여 러일전쟁에서 승리하고 도쿠가와 시대에 체결된 불평등 조약의 개정을 완수하기에 이르렀다는 감동적인 이야기가 됩니다. 즉 시바 료타로의 『언덕 위의 구름』[1968~1972]으로 대표되는 견해가 되는 것이죠. 무엇보다 시바 료타로 자신은 그것에 부정적이었지만 말입니다. 또 문장의 영역에서 메이지 20년대에 근대문학이 성립했다고 말하게 되면, 그것은 메이지유신 이래로 일본의 문학이 근대화를 이룩했다는 이야기가 되고 맙니다.

그러나 1890년대는 세계적인 제국주의의 상황 아래서 일본이 제국주의로 전환된 시기입니다. 바꿔 말하면 제가 『일본근대문학의 기원』에서 썼던 사정은 제국주의의 시대에 일어났던 일인 겁니다. 그런 관점에서 다시 살펴보면 메이지 20년대의 '근대문학'이 어떻게 성립한 것인지가 보입니다. 이 시기의 대표적인 이론가는 『소설신수小說神髓』[1885]를 쓴 쓰보우치 쇼요입니다. 그가 『소설신수』에서 교쿠테이 바킨의 권선징악을 비판하고 리얼리즘을 주장했던 것은 유명한데, 왜 그 시기에 도쿠가와시대의 작가 바킨을 비판했던 것일까요. 고풍스런 유교도덕을 비판할 필요가 있었던 것일까요. 물론 그렇지 않습니다.

그것을 생각하기 위해서는 정치적인 문맥을 볼 필요가 있습니다. 메이지 10년대에는 자유민권운동이 있었습니다. 그것은 메이지 14년, 정부가 10년 뒤에 의회를 개시한다고 약속함과 동시에 수습되고 말았죠. 그 후로 과격파의 저항이 이어졌을지라도 자유민권의 활동가 다수는 '민권'파로부터 '국권国権'파로 전향했었습니다. 이 시기의 과격파로부터 나왔던 것이 앞서 말한 기타무라 도코쿠입니다. 그에게 내면성은 이로니Ironie[아이러니 · 역설 · 비꼼 · 빗댐]라거나 도피가 아니라 자유민권운동을 형태를 바꿔 계속했던 것입니다.

그러나 '일본근대문학'은 도코쿠와는 다른 방향에서 형성됐던 것입니다. 예컨대 쓰보우치 쇼요가 말하는 리얼리즘은 자유민권운동의 이상(이념)을 가상으로 간주하는 것이었습니다. 구체적으로 말하자면, 권선징악의 소설이란 바킨의 소설이 아니라 자유민권운동 시기에 자주 읽혔던 정치소설을 뜻합니다. 쇼요가 배척했던 것은 그런 정치적 '이상'이었던 거죠. 따라서 그가 말하는 '사실주의(리얼리즘)'란 그러한 이상주의적 정치에 대한 비판을 의미합니다.

쓰보우치 쇼요가 말하는 '몰沒이상'이 자유민권운동의 종언에서 보이는 한 가지 태도라는 것은 분명합니다. 실제로 쇼요는 오쿠마 시게노부와 깊은 관계가 있었습니다. 애초에 그는 오쿠마가 창립한 도쿄전문학교(이후 와세다대학)에 강사로 초빙되어 있었죠. 물론 쇼요는 제국주의를 주장하거나 하지는 않았습니다. 그것 또한 하나의 '이상'이기 때문이죠. 그러나 제국주의는 약육

강식이라는 현실을 긍정하는 것이며, 그런 현실 속에서 '몰이상'적 태도를 취하는 것은 제국주의를 방관자적으로 지지하는 것이 됩니다.

나아가 앞서 말했듯이 구니기타 돗포는 제국주의적 현실 속에서 이로니적인 태도를 취했습니다. 그것은 제국주의에 영합하는 것이 아닙니다. 그러나 제국주의에 저항하는 것도 아닙니다. 이는 돗포를 선조로 하는 일본의 자연주의문학에 일반적으로 들어맞습니다. 자연주의문학은 프랑스에서도 미국에서도 사실상 사회주의와 결부되어 있었습니다. 그러나 일본에서는 그렇지 않았죠.

이시카와 다쿠보쿠는 대역大逆사건³ 이후에 「시대폐색의 현상(강권強權, 순수자연주의의 최후 및 내일의 고찰)」이라는 평론을 썼습니다. 자연주의문학은 국가에 대립하는 것으로 보여도 실제로는 그렇지 않다는 겁니다. "일본의 청년은 일찍이 저 강권에 맞서 아무런 불화確執[반목]도 일으키지 않았던 것이다. 따라서 우리들에게 국가가 원한이 담긴 적일 수 있는 기회 또한 일찍이 없었던 것이다."(위의 글)

따라서 실제로 메이지 10년대에는 '강권에 맞서 불화를 일으키는' 운동이 있었으며, 또 기타무라 도코쿠같이 그것을 문학을 통해 실현하려는 의지도 있었던 겁니다. 일본의 자연주의는 그것

• •

3. ['대역사건'은 1910년 메이지 정부에 의해 날조된 대역죄(大逆罪) 처분, 곧 메이지천황 암살계획의 주범으로 고토쿠 슈스이를 포함 26명이 비밀리에 체포되고 24명이 사형판결을 받은 사건(12명은 사형 집행, 12명은 특사에 의해 무기징역으로 감형). 뒤이어 전국의 사회주의자 및 아나키스트 그룹이 탄압을 받고 침체됨.]

들의 연속이 아니라 그것들을 부정함으로써 성립한 것입니다. 그것들이 모던이라고 한다면 일본의 자연주의 쪽은 포스트모던 인 겁니다. 그런 것이 제국주의의 진전에 맞서 '불화를 일으키는' 일 따위란 있을 수 없는 것이죠. 한편, 그런 '시대폐색의 현상'에 맞서 '맹목적 반항'을 행하는 것 또한 불모적인 것이라고 하겠습니다. 그 지점에서 다쿠보쿠는 다음과 같이 썼던 것입니다. 그가 말하는 '적'이란 제국주의입니다.

> 이리하여 바야흐로 우리들 청년은 이 자멸의 상태로부터
> 탈출하기 위해 마침내 '적'의 존재를 의식하지 않으면 안
> 되는 시기에 도달하고 있는 것이다. 그것은 우리들의 희망
> 이나 그 이외의 다른 이유에 의한 것이 아니라 실로 불가피
> 한 필연이다. 우리는 일제히 일어나 우선적으로 이 시대폐
> 색의 현상에 선전을 포고하지 않으면 안 된다. 자연주의를
> 버리고 또 맹목적 반항과 겐로쿠 시절의 회고를 멈추고서
> 정신 전체를 내일의 고찰에 —— 우리들 자신의 시대에 대한
> 조직적 고찰에 쏟아 붓지 않으면 안 될 것이다.(같은 글)

3

저는 메이지 20년대에 일본이 제국주의로 전화됐던 것, 그 시기에 일본근대문학의 주류가 형성됐다고 말했습니다. 예컨대

메이지유신으로부터 수 년 뒤, 유신에 큰 공을 세운 원훈元勳(오쿠보 도시미치, 이토 히로부미)들은 유럽에 갔었는데, 때마침 그때 보불전쟁에서 프러시아[프로이센]가 승리했고 프랑스에서는 파리 코뮌이 일어나는 사건이 있었습니다. 이 일로 그들은 프랑스나 영국을 대신하여 프러시아를 모델로 삼게 됐던 겁니다.

메이지 일본의 정치과정은 유럽의 동향과 관계가 없지 않습니다. 자유민권운동은 크게 잡아 말하면 프랑스와 영국의 이론에 기초한 것이었습니다. 프랑스파는 나카에 초민과 사이온지 긴모치, 영국파는 후쿠자와 유키치와 오쿠마 시게노부로 대표됩니다. 그리고 그 두 갈래는 결국 프러시아파(이토 히로부미, 야마가타 아리토모)에 의해 맞아들여졌습니다. 그러나 프러시아파가 이겼던 것은 현실적으로 독일이 프랑스에 승리함으로써 영국에 대항하는 국가가 됐기 때문입니다. 이에 대해 영국도 1882년에 이집트를 점령했습니다. '제국주의'가 현저해졌던 것은 이 시기입니다.

앞서 저는 일본의 자유민권운동이 1881년(메이지 14년) 국회 개설의 칙유勅諭[천황이 직접 내린 명령·포고]와 동시에 수습되고 말았다고 말했습니다. 그것 또한 글로벌한 문맥에서 다시 볼 필요가 있습니다. 이후 1889년에 제국헌법이 발포되고, 다음 해 제국의회가 개최되었죠. 그러나 이 시기는 일본이 근대국가로서의 체제를 만들었다기보다는 곧이어 '제국'의 동료로 들어가기 위한 준비를 했었던 시기라고 하겠습니다. '일본근대문학'이 그런 시기에 확립됐다는 것에 주의해주시길 바랍니다.

그런데 제가 그 점에 대해 말하는 것은 그것이 그저 낡은 이야기가 아니라고 생각하기 때문입니다. 일반적으로 제국주의라고 하면 19세기 말에 출현한 자본주의의 한 단계라고 생각되고 있습니다. 그런 관점에서 보면 그 시기의 제국주의는 낡은 이야기가 되고 맙니다. 마찬가지로 그 시기에 성립한 일본근대문학도 낡은 이야기가 되고 말죠.

그러나 저는 제국주의를 19세기 후반 자유주의 이후에 생겨난 한 단계라고는 생각하지 않습니다. 그런 게 아니라 '자유주의적' 단계와 '제국주의적' 단계는 순환적으로 반복하는 것이라고 생각합니다. 이는 월러스틴의 생각을 따른 것입니다. 그는 자유주의를 헤게모니국가가 취하는 정책이라고 생각했죠. 그리고 제국주의를 헤게모니국가가 몰락하고 새로운 헤게모니국가가 아직 확립되지 않은 상태, 그런 새로운 헤게모니를 목표로 각국이 싸우는 상태로 간주했던 겁니다.

월러스틴의 생각으로는 근대의 세계경제 속에서 헤게모니를 쥔 국가는 셋밖에 없었습니다. 네덜란드, 영국, 그리고 미국(합중국)입니다. 예컨대 16세기 후반부터 17세기 중반까지 네덜란드는 자유주의적이었습니다. 정치적으로도 절대왕정이 아니라 공화제였죠. 그런 네덜란드의 몰락 이후에 헤게모니국가가 됐던 것이 영국입니다. 그것은 19세기 전반기였습니다.

월러스틴에 따르면 헤게모니국가가 성립하는 것은 우선 제조 부문에서의 우월함에 의해서이며, 거기로부터 상업 부문이나 금융 부문에서의 우위에 이를 때입니다. 이 세 가지 분야 모두에서 우위에 서는 일은 쉬운 게 아니죠. 짧은 시기 동안일 따름입니다. 이는 헤게모니가 제조 부문에서는 사라져도 상업이나 금융에서는 유지될 수 있음을 의미하고 있습니다. 예컨대 네덜란드도 영국도 생산의 차원에서는 몰락한 뒤에도 상업이나 금융에서는 오래도록 헤게모니를 유지했죠. 실은 1990년대 이래의 미국도 그렇습니다.

'자유주의적'이라는 것을 압도적인 헤게모니국가의 경제정책이라고 생각해보면, 미국이 자유주의였던 것은 오히려 1970년 이전이었다는 게 명확합니다. 달러의 금 태환제도 정지가 보여주듯이 경제적으로는 1970년대부터 몰락되려고 했었던 겁니다. 그것은 예전의 네덜란드나 영국이 더듬어갔던 것과 같은 코스를 더듬어가고 있습니다. 즉 제조 부문에서는 몰락했지만 금융이나 상업(석유·곡물·에너지자원 등)에 관해서는 여전히 헤게모니를 쥐고 있는 것이죠.

한편 '제국주의적'이라는 것은 19세기 말의 상태인 것만은 아닙니다. 네덜란드가 몰락한 이후의 시대도 제국주의적이었습니다. 또 19세기 말의 제국주의도, 레닌적인 정의가 아니라, 영국의 헤게모니가 없어져 미국과 독일 및 일본 등이 그 후임을 노리고 싸우기 시작한 단계로 봐야만 합니다. 이러한 관점에 따르면, 미국이 헤게모니를 쥔 1930년 이후는 '자유주의적'인 단계이고 1990년 이후 미국이 몰락하기 시작한 단계는 '제국주의적'인 단계입니다.

이리하여 '자유주의적'인 단계와 '제국주의적'인 단계는 그렇게 번갈아가며 이어지는 형태를 취합니다. 제가 보기에 그것들은 각기 약 60년의 주기로 그렇게 됩니다. 그렇기 때문에 근대의 세계사는 120년마다 유사하게 된다고 할 수 있는 셈입니다. 금후에도 그렇게 될지는 알 수 없습니다. 단, 그것은 발전적인 가설로서 유효한 것이라고 생각합니다.

4

그러한 반복성이라는 관점에서 보면 메이지 20년대, 즉 1890년대와 현재의 유사성이 보이게 됩니다. 첫째로 중요한 것은 1990년 이후로 강화된 신자유주의가 자유주의와는 질적으로 다른 것이며 다름 아닌 제국주의적이라는 것입니다. 따라서 그것은 오히려 신제국주의라고 불러야 할 것입니다.

영국이 제국주의로 전환됐던 것은 헤게모니를 잃기 시작한 시기부터입니다. 그 시기에 그때까지의 '자유주의'를 대신해 새로운 이데올로기가 지배적인 것이 됐습니다. 그것이 사회진화론(스펜서)입니다. 이는 다윈의 자연도태론(적자생존)을 사회에 적용한 것입니다. 이것이 '제국주의'의 이데올로기입니다. 그러면 1990년대의 '신자유주의'는 어떨까요 이는 '자유주의'와는 다르며 오히려 예전의 제국주의와 비슷한 것입니다. 예컨대 자기책임이라거나 승자그룹과 패자그룹이라는 말이 횡행했었죠. 신자유주의의 이데올로기는 제국주의의 이데올로기, 즉 사회진화론에 불과합니다.

고토쿠 슈스이는 [존 A.] 홉슨이나 레닌에 앞서 『20세기의 괴물 제국주의』(1901)를 썼습니다. 그 시기 제국주의는 오히려 긍정적으로 보이던 관념이었습니다. 영국에서는 키플링 같은 시인이 제국주의를 칭송하는 시를 썼습니다. 그런데 고토쿠 슈스이는 그것을 '괴물'이라고 불렀던 겁니다. 그러나 슈스이가 비판했던 것은 영국보다는 비스마르크로 대표되는 프러시아의 제국주의였습니다. 영국이 진정으로 헤게모니를 갖고 있던 시기는 제국주의적이지 않았고 자유주의적이었습니다. 그것을 슈스이는 이해하고 있었습니다. 그는 예컨대 유럽이나 미국에는 무정부당이 만연해 있는데, "이에 따른 해로움이 사회제도의 개혁에 크게 마음을 쓰고 있는 영국에서 심하게 창궐하지 않을 수 없었다"[4]고 씁니다.

즉 '자유주의적'이었던 시대의 영국에서는 다양한 사회정책이 채택되어 노동귀족이라는 말이 있었을 정도로 노동조합이 강하고 협동조합운동 또한 번성했습니다. 그러나 제국주의 시대에 들어오면 그러한 사회정책이 부정되고 빈부의 격차가 격화되어갑니다. 그런데 후쿠자와 유키치를 위시해 영국을 모델로 삼았던 일본의 사상가들은 영국의 그러한 변화를 알아차리지 못했거나 일부러 무시했던 겁니다.

고토쿠 슈스이는 후쿠자와 유키치의 『수신 요령修身要領』[1900]을 평론하고 있습니다. 후쿠자와가 말하는 '수신 요령'이란 개인의 독립자존을 의미하는 것인데, 고토쿠 슈스이는 그런 개인자유주의를 주창한 후쿠자와를 칭송하면서도 이제는 그것이 통하지 않는 상황에 있다고 말합니다. 독립자존은 이기주의가 되었고 자유경쟁은 약육강식이 되었다는 겁니다.

4. 「無政府党の製造」[「무정부당 제조」, 『나는 사회주의자다: 동아시아 사회주의의 기원, 고토쿠 슈스이 선집』, 임경화 엮고 옮김, 교양인, 2011].

최근에 미야자키 마나부는 『'자기계발병' 사회』[2012]라는 책을 썼습니다. 미야자키에 따르면 1990년대 이후 일본에서는 '자기계발'을 위한 책이 붐을 이뤄왔습니다. 그런 책은 예전부터 있었던 것처럼 보이지만 그 내용은 다릅니다. 1980년대에 유행한 것은 '자기개발'을 위한 책입니다. 이 또한 자기개조를 설파하는 것이지만, 그런 '자기개발'서가 집단적 확대를 위한 자기개조를 설파하는 것과는 달리 '자기계발'서는 자기중심적으로 포지티브한 사고를 주창하고 자격증 취득이나 스킬 업 등을 권하는 것입니다. 이로부터 미야자키는 '자기개발'은 버블 시대의 이데올로기이고 '자기계발'은 버블 붕괴 이후, 특히 고이즈미 준이치로로 대표되는 신자유주의와 연결된 이데올로기라고 말합니다.

　　나아가 미야자키 마나부는 '자기계발'서의 저자들이 자조自助의 정신을 설파하고, 빠짐없이 스마일즈의 『자조론』[1859]을 추천하고 있음을 지적합니다. 실은 그 『자조론』은 메이지 4년 나카무라 마사나오에 의해 『서국입지편西國立志編』[1871]이라는 제목으로 출판되어 대단한 베스트셀러가 되었습니다. 그러나 미야자키에 따르면 스마일즈는 노동운동이나 협동조합운동의 지지자였습니다. 즉 스마일즈에게 자조의 정신은 상호부조와 분절될 수 없다는 것입니다. '자조'는 국가에 의존함 없이 노동자가 상호부조적으로 해나가자는 생각을 뜻했던 겁니다. 즉 스마일즈는 영국이 '자유주의'의 시대였을 때 그 책을 썼습니다. 그런데도 현재 사람들은 그것을 '신자유주의'의 바이블로 읽으려고 하는 것이죠. 그러나 생각해보면, 그 책은 일본에선 메이지 20년대에 이미 '제국주의'의 바이블로 읽혔던 것은 아닐는지요. 예컨대 '자조' 불가능한 아시아의 여러 나라들은 타국에 의해 영유되어도 어쩔 수 없다는 식으로 말입니다.

메이지 20년대, 즉 1890년대는 예전의 이야기가 아닙니다. 현재 동아시아의 지정학적 구조는 그 시기에 형성됐던 것입니다. 예컨대 동아시아에는 중국, 북조선, 한국, 대만, 일본, 그리고 미국과 러시아가 존재합니다만, 그것들은 청일전쟁을 앞뒤로 이뤄진 상태입니다.

첫째로 청일전쟁 무렵의 중국은 애초에 대국이었음에 더하여 아편전쟁 이후의 군사 근대화를 거침으로써 일본에는 대단한 위협이 되고 있었습니다. 다음으로, 청일전쟁의 직접적 원인은 조선왕조 내부의 대립, 곧 일본 측에 서서 개국하려는 파벌과 청조 측에 서서 쇄국을 유지하려는 파벌의 대립이었습니다. 대만은 청일전쟁 이후 청조가 배상으로서 일본에 주었던 것입니다. 이에 더하여 그 시기 하와이왕국을 멸망시키고 태평양을 넘어 동아시아에 등장한 미국을 놓쳐서는 안 됩니다. 미국은 일본과 손을 잡고 있었습니다. 예컨대 러일전쟁 이후에 일본이 조선을 영유하고 미국이 필리핀을 영유한다는 비밀협정이 행해지고 있었죠.

그렇게 현재 동아시아의 지정학적 구조가 반복적이라는 것은 명확합니다. 우리는 지금 동아시아에서의 청일전쟁 전야에 가까운 상황에 있습니다. 일본에서는 중국, 북조선, 한국과의 대립을 부추기는 미디어의 풍조가 강한데, 현재의 상황이 메이지 20년대와 유사하다는 것을 알아둬야만 합니다. 그것은 일본과 미국이 대립하고 중국이 식민지화되어 분열하고 있던 2차 대전 이전의 상황과는 전혀 다릅니다. 2차 대전 이전과 비교하는 것으로는 현상을 이해할 수 없습니다. 물론 과거도 이해할 수 없죠.

5

일본에서는 메이지 20년대에 제국주의가 새로운 사조로서 퍼져갔습니다. 메이지 10년대까지 자유민권운동의 이론적 기둥이었던 나카에 초민은 이후에 이렇게 쓰고 있습니다. "우리가 이렇게 말하면 세상 물정에 통달한 정치가는 반드시 득의양양하게 이렇게들 말한다. 그것은 15년 이전의 진부한 민권론이라거나, 구미 열강에서는 한창 제국주의가 행해지는 오늘날 여전히 민권론을 받들어 모시는 것은 세계의 풍조에 통하지 않는다거나 유행에 뒤처진 이론이라고 그렇다, 이 민권론이란 그러하다. 그럼에도 이 민권론은 이론으로서는 진부할지라도 실행으로서는 신선하다."[5] 초민이 말하는 것은 다음과 같습니다. 자유민권은 낡은 이론일지도 모르지만 아직 실행되고 있지 않은 이상 여전히 신선한 것인바, 실행되어 낡게 된 것이 아니라는 것이며, 그것이 낡게 보이는 것은 그 실행을 방해했던 패거리들에게 책임이 있다는 겁니다.

그 점에 대해서는 뒤에서 말하겠습니다만, 어쨌든 자유민권 따위는 낡고 진부한 관념이라는 견해가 퍼져갔습니다. 그렇다면,

<hr>

5. 『一年有半』 附錄[, 1901].

예전 이야기만 하고 있지만, 여기서 제국주의라고 말하는 대신에 신자유주의로 바꿔 봐주십시오. 즉, 사회주의 따위는 낡은 관념에 불과하다고, 그것은 이야기에 불과한 거라고, 모든 역사의 이념은 환상이라고요. 그런 것들을 사람들이 일제히 말한 시기가 있습니다. 그것이 포스트모더니즘입니다.

그러나 그것은 특별히 새로운 것이 아닙니다. 메이지 20년대에도 그런 것을 말했던 사람이 있습니다. 앞서 말했듯이, '몰(沒)이상'을 주창한 쓰보우치 쇼요입니다. 또, 그때까지 중요시되던 것에 맞서 부차적이었던 것을 우위에 놓은, 아이러니컬한 전도를 행했던 인물이 있죠. 구니기타 돗포입니다. 그들은 제국주의자가 아닙니다. 그러나 제국주의에 저항한 사람도 아닙니다. 이시카와 다쿠보쿠의 말로 하자면, 그들에게 '강권에 맞서 불화를 일으키는' 일은 없었습니다.

나카가미 겐지가 죽은 것은 1992년입니다. 그때는 소련이 붕괴하고 1년이 지난 뒤입니다. 이후로 이른바 자본주의의 글로벌리제이션이 일어났죠. 다른 방식으로 말하자면, 신자유주의가 퍼져갔죠. '나카가미 사후 20년'이란 그런 확장이 심화되어온 과정에 다름 아닙니다. 그 동안에 나카가미 겐지로 대표되는 문학은 사라져버렸고, 무라카미 하루키로 대표되는 문학의 방향이 진행됐습니다. 그 점은 이 20년으로 선명해져 있습니다.

뒤돌아보면, 그것은 기타무라 도코쿠가 죽은 뒤에 일본근대문학이 형성됐던 과정과 비슷합니다. 앞서 저는 구니기타 돗포의 「잊을 수 없는 사람들」을 예로 들어, '잊어서는 안 되는 중요한 것'에 대해 '어찌돼도 좋지만 잊혀지지 않는 것'을 우선시키는 이로니적 전도가 거기에 있다고 지적했습니다. 이는 옛날이야기가 아닙니다. 예컨대 그것은 무라카미 하루키에 의해 반복되고 있는 것입니다.

> "넌 스무 살 때 뭘 하고 있었지?"
> "여자아이에게 푹 빠져 있었지."
> "그녀하곤 어떻게 됐는데?"
> "헤어졌지."[6]

무라카미는 '1969년'이 어떤 해였는지를 별달리 숨기고 있지 않습니다. 단, 그것이 잊어서는 안 될 중요한 것이 되는 순간에 그것을 위와 같이 전도시키고 있는 겁니다. 예컨대 '1960년'은 안보투쟁의 해였고, 오에 겐자부로는 1960년에서 100년 전으로 거슬러 올라가 『만엔 원년의 풋볼』[1967]을 썼습니다. 이에 대해 무라카미는 『1973년의 핀볼』을 쓴 것이죠. 이는 분명 패러디입니다. 그리고 무라카미는 다음과 같이 씁니다.

> 1960년, 보비 비가 <러버 볼>을 불렀던 해야.(같은 책)

이러한 이로니에 의해 무라카미 하루키는 '풍경'을 만들어냈던 겁니다. 거기서는 중요하게 여겨지는 것과 어찌돼도 좋은 것의

6. 『1973年のピンボール』[, 1980. 『1973년의 핀볼』, 김난주 옮김, 열림원, 1997].

순위가 역전되죠. 그렇다고 해서 어찌돼도 좋은 것이 중요하다고 말하는 게 아닙니다. 중요하다거나 중요하지 않다는 구별, 혹은 그 구별의 근저에 놓인 이념 자체가 부정되는 겁니다.

구니기타 돗포의 경우, 그러한 이로니가 나온 이유에는 정치적인 배경이 있었는데, 무라카미 하루키 또한 마찬가지로 60년대 신좌익 학생운동이 그 배후에 있습니다. 그것을 이로니에 의해 부정함으로써 '풍경'이 발견됐던 거죠. 메이지 20년대에서의 '풍경의 발견'은 그러므로 낡은 이야기가 아닌 겁니다.

6

무라카미 하루키가 모르고서 메이지 20년대 구니기타 돗포의 연장선 위에 있다고 한다면, 나카가미 겐지는 메이지 20년대에 그런 주류로부터 벗어난 것의 연장선 위에 있습니다. 그는 그런 주류를 '이야기物語[모노가타리]'라고 불렀는데, 그것은 좁은 의미에서의 이야기가 아닙니다. 그가 '이야기'라고 불렀던 것은, 한마디로 하자면 구니기타 돗포에서 시작되는 '근대문학'의 장치입니다. 게다가 나카가미는 처음부터 그런 장치에 대립하면서 그것을 디컨스트럭트하고자 했습니다. 어떤 의미에선, 그는 그렇게 하도록 정해진 운명을 지니고 있었다고 하겠습니다.

이에 대해 생각하기 위해 먼저 대역사건에 관해 이야기하고 싶습니다. 그것은 메이지 43년(1910년)에 일어난 사건입니다. 그러나 그 중심인물인 고토쿠 슈스이는 나카에 초민의 제자이며,

그의 사회주의는 메이지 10년대에 좌절한 자유민권운동을 계승하는 형태로 성립된 것입니다. 즉, 그것은 메이지 20년대에 성립한 제도에 맞서 대항하는 것이 됩니다. 따라서 대역사건에 집착하는 일은 근대일본문학의 기원에 관계하는 것이 됩니다.

나카가미에게 대역사건은 단지 주제들 중 하나였던 것이 아닙니다. 그는 이렇게 쓰고 있습니다. "전후에 기슈 신구紀州新宮에서 태어난 제게 2차 세계대전이나 태평양전쟁은 존재하지 않은 것처럼 여겨지기까지 했습니다. 왜냐하면 구마노 지방, 기슈 신구가 경험한 전쟁이란 저 대역사건밖에 없었기 때문이죠."[7]

이는 과장이 아니라고 생각합니다. 대역사건에 연좌된 기슈 그룹은 의사 오이시 세노스케大石誠之助, 승려 미오네 세쓰도峯尾節堂(임제종 묘심사파派), 다카기 겐묘高木顯明(진종眞宗 대곡파), 잡화상 나리이시 헤시로成石平四郎, 약품잡화상 나리이시 간자부로成石勘三郎, 농업인 사키쿠보 세이이치崎久保誓一입니다. 이 가운데 오이시와 나리이시 헤시로가 사형. 다른 4명은 감형되어 무기형이 되었습니다. 특필해야 하는 것은 이 사람들이 신구 지역의 피차별민 해방운동에 많든 적든 이어져 있었다는 점입니다.

이 사건 이후, 기슈 전체가 차별받게 됩니다. 신구는 말할 것도 없습니다. 나아가 더 중요한 것은 신구의 피차별민이 이전보다 더욱 차별받게 되었다는 점입니다. 실은 제가 그 사정의 심각함을 알아차리게 됐던 것은 나카가미가 죽은 뒤입니다. 저는 그에게

••
7. 『物語の系譜[―― 八人の作家 1][모노가타리의 계보] 佐藤春夫』[, 1979].

몇 번이나 신구에 오라는 말을 들었지만 그러지 못했습니다. 나카가미가 죽기 3일 전에 처음으로 갔었죠. 그 땅을 밟고 나서야 저는 비로소 신구, 구마노, 대역사건에 대한 나카가미의 집착에 관해 이해할 수 있었습니다.

꽤 예전 일인데, 저는 이 '구마노대학'의 심포지움에서 애청자 한 사람이 지적했던 것에 감탄했던 기억이 있습니다. 그것은 나카가미 겐지의 소설『고목탄枯木灘』[1976] 등에 나오는 주인공의 이름, 곧 "아키유키秋幸"가 고토쿠 슈스이幸德秋水를 비튼 것이 아닐까라는 지적입니다. 그 말 그대로라고 생각합니다. 나카가미는 처음부터 고토쿠 슈스이를 의식하고 있었던 겁니다.

그 심포지움에서는 나카가미와 대역사건의 문제에 관해 몇 번의 논의가 있었습니다. 작년의 심포지움에서도 그랬다고 들었습니다. 아니나 다를까 작년은 대역사건으로부터 100년이 지난 해였기 때문이죠. 또 이제까지 나카가미의 연보를 만들고 평전을 써왔던 다카가와 슈지가 다시금 나카가미와 대역사건의 문제를 논한 저작『문학자들의 대역사건과 한국병합』(헤이본샤 신서 [2010])을 출판하기도 했죠.

실은 저 자신도 작년에 고토쿠 슈스이 혹은 대역사건에 대해 생각하게 됐었습니다. 하지만 사건 이후 100년이었기 때문에 그런 것은 아닙니다. 앞서 말했던 것처럼 저는 근대세계시스템의 역사를 120년 주기를 갖는 것이라고 생각하고 있습니다. 물론 그런 지점에서 고토쿠 슈스이를 생각했던 것은 아닙니다.

계기가 됐던 것은 작년에 일어난 사건, 즉 3·11 대지진 재해에 의한 원전 사고입니다. 저는 사고 이후 곧바로 아시오동산足尾銅山

사건을 생각하게 됐습니다. 첫째로 아시오동산은 1973년에 폐쇄
됐지만 그 이전[메이지 시기]에는 광산에서 생긴 유독폐기물이 유치
되어 있었고, 지진이 있던 3·11에 유치장이 무너져 광독鑛毒 오염
물질이 다시 와타라세강으로 흘러들었다는 뉴스를 들었기 때문
입니다. 이런 것과 방사성 폐기물의 심각함은 비교될 수 없죠.
그러나 120년 전의 폐기물이 지금도 피해를 준다는 사실을 통절하
게 느꼈습니다.

두 번째 이유는 이 사건이 후쿠시마현에 인접한 도치기현과
군마현의 한 지역에서 일어났다는 것입니다. 셋째로는 대량의
광독물질이 와타라세강으로 흘러든 결과, 상류 및 하류의 마을이
폐촌될 위기에 몰리고 있다는 것이었습니다. 마을사람들은 홋카
이도 등 각지로 이주했습니다. 넷째로는 아시오동산은 민영기업
이라고는 해도 사실상 국책민영기업이었던바, 따라서 역대 정부
는 광독문제를 언제나 은폐하고 감언이설과 강권에 의해 농민의
저항을 억눌러왔다는 것입니다.

그런 점들로부터 후쿠시마 원전 사고는 아시오동산 광독사건
에 극히 유사한 것이라고 생각했습니다. 아시오동산의 광독사건
은 어떤 뜻에선 일본의 근대문학에 깊이 관계되어 있습니다.
예컨대 나쓰메 소세키는 아시오동산을 무대로 『갱부』[1908]를
쓰고 있습니다. 소세키는 그 작품을 듣고 썼을 뿐입니다. 따라서
광산의 실태는 충분히 씌어 있지 않죠 하지만 그가 아시오동산에
관심을 갖고 있던 것은 분명합니다.

나아가 아시오동산과 깊은 관계를 맺고 있는 작가로서 시가
나오야를 들 수 있습니다. 그의 소설은 주로 아버지와의 절교와

화해를 주제로 삼고 있다고 해도 좋지만, 부자의 대립은 아시오동산 광독사건에 관련되어 있습니다. 가쿠슈인学習院의 학생이던 시가는 광독사건을 시찰하고자 했는데 아버지가 반대했습니다. 그의 조부 시가 나오미치가 소마한藩[현재의 후쿠시마현에 속함]의 가신으로, 후루카와 이치베이와 아시오동산을 공동으로 경영했다는 사실이 있었기 때문입니다. 아버지와의 대립 이후, 시가 나오야는 1910년에 잡지『시라카와白樺』를 창간하게 됩니다. 대역사건이 일어나기 직전입니다.

그러나 제가 오늘 이야기하고 싶은 것은 그러한 측면이 아닙니다. 좀 더 직접적으로 아시오동산 사건에 관한 이야기입니다. 이 사건에 관해 조사했었을 때, 저는 흥미로운 사정을 알아차렸습니다. 그 하나는 광독사건에 반대하여 활동한 리더 다나카 쇼조(1841~1913)가 사회주의자와 밀접한 관계를 맺고 있었다는 점입니다.

1890년 이래로 광독의 피해로 폐촌되어 홋카이도로 강제 이주당한 농민의 결사적인 투쟁이 이어졌습니다. 그 선두에 섰던 이가 중의원 의원이던 다나카 쇼조입니다. 1900년 2월, 농민들은 군마에서 도쿄까지 청원 데모(밀어내기押し出し[스모 등에서의 기술]라고 불렸던)를 기획했지만 도중에 농민의 지도자가 다수 체포되는 사건(가와마타 사건[흉도취집(兇徒聚集)죄로 전원 기소])이 일어났습니다. 그 다음해 다나카 쇼조는 의원을 사직하고 메이지 천황의 마차에 광업 정지를 호소하는 직소直訴장을 붙이고자 했습니다. 다나카는 직소에 나서기 전에 죽음을 각오하고는 아내와 절연하려고 했다고들 하죠. 그는 미친 사람 취급을 받고는 죄를 문책당하

지 않았습니다. 이 사건 및 가와마타 사건에 의해 아시오동산 광독사건은 일대 사회문제가 됩니다.

제가 주목한 것은 그때 직소문을 썼던 이가 <요로즈쵸호萬朝報>의 기자 고토쿠 슈스이(1871~1911)였다는 점입니다. 여기서 하나의 의문이 생깁니다. '천황을 향한 직소'란 아나키스트에겐 어울리는 일이 아니지 않느냐는 것입니다. 이에 관해서는 뒤에 말하겠습니다. 다른 한 사람의 사회주의자 아라하타 간손(1887~ 1981)을 언급해둡시다.

다나카 쇼조는 간손에게 아시오동산의 광독으로 폐촌 위기에 몰린 다니나카 마을의 역사에 대해 써줄 것을 의뢰했습니다. 간손이 20세에 쓴 『다니나카 마을 쇠망사』(1907)는 명저로, 지금도 이와나미 문고에 들어가 있습니다. 간손은 그 다음 해인 1908년에 '적기赤旗사건'으로 검거됩니다. 그는 고토쿠 슈스이의 영향으로 사회주의자가 됐지만, 그가 형무소에 있는 동안 그의 연인 간노 스가코管野須賀子가 고토구 슈스이와 연애를 하게 됩니다. 그러나 그런 일련의 사정은 결과적으로 간손에겐 다행스런 일이 되죠. 간노가 천황 암살을 계획했다는 것에 연좌되어 대역사건으로 처형됐을 때, 간손은, 오스기 사카에 또한 그러한데 옥중에 있었기 때문에 그것을 모면할 수 있었던 겁니다.

7

다나카 쇼조와 고토쿠 슈스이 등의 관계를 생각하면 필연적으

로 메이지 10년대의 자유민권운동과 그 이론적 리더였던 나카에
초민을 생각하게 됩니다. 고토쿠 슈스이(덴지로)는 나카에 초민과
같은 토사土佐 출신으로 오사카에서 초민의 제자가 되고 비서로
활동했죠. '슈스이'라는 이름은 초민의 아호를 물려받은 것입니
다. 이러한 사례로서 나쓰메 긴노스케가 친구인 마사오카 시키의
숱한 아호들 중 하나인 '소세키'를 물려받은 이야기를 들 수 있겠
습니다. 그러나 고토쿠 덴지로의 경우, 단순히 아호만이 아니라
초민의 사상을 가장 깊게 계승했다고 하겠습니다. 이에 관해서는
조금 뒤에 말하겠습니다.

　나카에 초민에 관해 조사했을 때 저는 다음과 같은 것을 알고
놀랐습니다. 그는 자유민권운동으로 체포되고 도쿄로부터의 추
방명령을 받았지만, 1889년 제국헌법 발포와 동시에 은사에 의해
처분을 해제 받고는 다음해 제1회 중의원 의원 총선거에서 오사카
4구의 후보로 출마했습니다. 그는 그 즈음 본적을 오사카의 피차
별부락으로 옮기고 다음과 같이 썼습니다. "나는 사회의 최하층
중에서도 가장 낮은 층에 사는 종족이자, 인도의 '파리아[Pariah]'와
그리스의 '힐롯[Helot]'과 서로 동료인 신新평민이자, 예전에 당신
들이 에타穢多라고 불렀던 사람이 되리라."[8]

· ·

8. 「新民世界[신민세계]」, 1888년 <새벽신문東雲新聞[시노노메 신
　　붐]>에 발표된 논설. [파리아, 인도의 불가촉(不可觸, Untouchable)
　　천민. 달리트(Dalit) 또는 하리잔(Harijan) 등으로 불림. 달리트는
　　'억압받는 자', '파괴된 자', '억눌린 자'를 뜻함. 힐롯은 고전
　　그리스시대의 노예, 에타는 일본 봉건제 하의 신분 중 하나. '죄지
　　은 자가 행하는 생업', '비인(非人)'을 뜻함.]

초민에 관해 이노우에 기요시는 『부락의 역사와 해방운동』 속에서 "초민의 아내는 나가노현의 부락 출신으로 추정된다"고 썼습니다. 그것이 사실인지 아닌지는 어쨌든 위와 같은 일화는 초민의 '자유민권' 사상이 얼마나 철저한 것이었는지를 보여주고 있습니다. 고토쿠 슈스이나 신구의 의사 오이시 세노스케가 피차별부락민의 문제를 중시했던 것은 무엇보다 그런 초민의 행동에서 발원하는 것이라고 해도 좋겠습니다.

초민은 피차별부락민들의 지지를 얻어 1위로 당선되고 국회의원이 되었습니다. 한편 다나가 쇼조는 같은 시기에 도치기현 3구에 입후보하여 당선됐습니다. 다나카 또한 자유민권운동에 일찍부터 관여했습니다. 그는 자유당이 해산된 이후 입헌개진당에 가입했지만 제국주의 노선을 취한 당에 동조하는 일은 없었습니다. 한편 나카에 초민은 입헌자유당이었지만 그 배반에 분개하여 3개월 만에 의원을 사직합니다. 그런 까닭에 다나카 쇼조와 나카에 초민은 서로를 잘 알고 있었던 거죠. 그 지점에서 보면 다나카와 초민의 제자 고토쿠 슈스이 혹은 문하생 아라하타 간손이 깊은 인연으로 묶여져 있었다는 것이 분명해집니다.

따라서 고토쿠가 다나카 쇼조에게 협력을 아끼지 않았던 것도 이상한 일이 아닌 것이죠. 단, 그것이 아나키즘에 모순되지는 않았을까요 물론 모순되지 않습니다. 왜냐하면 그 시기 고토쿠는 아나키스트가 아니었기 때문입니다. 그는 천황을 긍정했고 의회를 긍정하고 있었습니다. 그것은 나카에 초민의 생각에 따른 것입니다.

초민은 루소의 『사회계약론』을 번역하고 소개한 사람으로,

자주 동양의 루소라고 불렸습니다. 그것에는 두 가지 이유가 있죠. 하나는 루소의 사회계약론의 근저에 유교적 윤리를 접목했기 때문입니다. 즉 자유민권운동의 근저에는 유교가 있었던 거죠. 초민은 자유민권운동의 패배 이후에 사회주의로 향합니다. 고토쿠 슈스이도 그렇죠. 일본의 사회주의자가 거의 그리스도교도이거나 그것을 경유한 사람들이었음에 비해, 초민이나 슈스이의 자유민권주의나 사회주의는 이른바 '공맹孔孟의 도'에 뿌리박은 것이었다는 건 주목에 값합니다.

초민이 '동양의 루소'로 불린 다른 하나의 이유는 루소의 『사회계약론』을 한문으로 번역했던 점에 있습니다. 그 번역이 중국·조선에서 널리 읽혔죠. 이는 진귀한 사례입니다. 그러나 그것 또한 초민이 읽은 루소가 이미 '동양의 루소'였기 때문이었다고 하겠습니다.

그러하되 초민은 루소와 똑같지 않습니다. 그것은 '동양의 루소'였기 때문이 아니라 오히려 영국적이었기 때문입니다. 제네바 공화국을 모델로 삼아 사고된 루소의 이론이 공화주의적인 것이었고 대표의회제를 부정하는 것이었음에 비해, 초민은 입헌군주제와 의회주의를 지지하는 입장에 있었습니다. 그것은 그가 국회 개설을 주창하고 또 「군민공치君民共治의 [논]설」(1881)을 주창한 것으로부터 명확한 것이라고 하겠습니다.

초민은 '공화제'에 대해 어원[레스푸블리카(공공의 사물)]에 근거하여 말하면서 그것은 군주의 유무와는 아무 관계가 없다고 주장했습니다. 예컨대 군주가 없는 국가에서도 권력의 독점, 전제정치가 있다는 것이죠. 이와는 달리 입헌군주제와 같이 '정권을 전국

인민의 공유물로 함으로써 관리들에게 사유화시키지 않을 때'에 다름 아닌 공화제의 취지에 들어맞는다는 것입니다. 이는 특별히 루소에 반대되는 생각이 아닙니다. 루소 또한 동일한 것을 말하고 있기 때문입니다. 그러나 대의제에 관해선 초민은 루소의 생각에 반하여 영국의 정[치]체를 모델로 삼고 있습니다.

고토쿠 슈스이도 스승의 생각을 계승하고 있습니다. 『20세기의 괴물 제국주의』(1901) 속에서도 천황에 관해 다음과 같이 썼습니다.

> 일본의 황제는 독일의 소년 황제와는 다르다. 전쟁을 좋아하지 않고 평화를 존중하시며, 압제를 좋아하지 않고 자유를 존중하시고, 일국을 위해 야만스런 허영에 기뻐하지 않고 세계를 위해 문명의 복리를 희망하신다. 결코 오늘날의 소위 애국주의자, 제국주의자로는 있으실 수 없는 것이다. 그렇게 우리 일본국민에게는 소위 애국자이지 않은 사람, 그가 곧 적요하게 빛나는 새벽별이다.[9]

슈스이는 『사회주의 신수神髓』를 쓰는 등 이미 사회주의자였습니다만, 1905년 무렵까지는 독일 '사회민주주의'의 노선에서 생각하고 있었습니다. 즉 의회주의를 긍정하고 있었던 것이죠. 예컨대 그는 사카이 도시히코와 함께 마르크스·엥겔스의 『공산당 선

9. 『近代日本思想大系[근대일본문학 대계] 13 幸德秋水集』, 筑摩書房, 46頁.

언』을 번역하고 <평민신문>에 실었는데, 이는 볼셰비즘과는 아무 관계가 없는 것이었습니다. 만년의 엥겔스는 의회에 의한 사회주의혁명이 가능하다고 생각하고 있었습니다. 이와 같은 시기에 슈스이는 「사회민주당의 건설자 라살」이라는 논문을 쓰고 있습니다. 라살은 재상 비스마르크와 정치적으로 제휴한 국가사회주의자이죠.

따라서 슈스이는 테러리즘으로 달려가는 '무정부주의'를 배척하고 있습니다. 그것을 '오늘날의 국가사회에 대한 절망'의 산물로서 동정적으로 보고 있기는 했지만 말입니다. 「무정부당의 제조」의 한 대목입니다. "그렇다, 무정부당의 해독은 두려운 것이다. 그렇지만 그들이 그렇게 되도록 만든 국가사회의 해독은 더욱 두려운 것이다. 한 벌의 치안경찰법은 능히 그런 해독을 막아내는 근거는 되지 못한다."

1904년의 시점까지 슈스이에게 대역사건과 결부될 만한 것은 존재하지 않습니다. 실은 이후에도 존재하지 않지만, 슈스이가 1905년 무렵에 반군주제 및 반의회주의로 바뀐 것은 분명합니다. 왜 그랬던 걸까요. 그 원인은 러일전쟁에 있다고 하겠습니다. 일반적으로 말해 전쟁상태 속에서 국가는 혁명운동을 과격하게 대하게 됩니다. 실제로 일본군이 러시아에 혁명이 일어나길 기대하면서 혁명운동을 지원하기 위한 공작을 폈던 일은 유명합니다. 그러나 그것은 거꾸로 말하면, 일본 안에서 혁명운동이 일어나는 것을 극도로 두려워한다는 게 됩니다. 예컨대 고토쿠 슈스이처럼 전쟁 중에 비전非戰론을 주장하는 것은 국가에 대한 위험한 이적행위가 되는 겁니다.

이리하여 러일전쟁 중에 고토쿠 슈스이 등 사회주의자에 대한 탄압이 노골화됩니다. 예컨대 고토쿠 슈스이와 사카이 도시히코가 번역한『공산당 선언』이 <평민신문>에 실린 이후 그 신문은 곧바로 발매금지되고, 나아가 사회주의협회의 해산 및 <평민신문>의 폐간으로까지 내몰렸죠. 그런 가운데 슈스이는 5개월의 금고형을 받고 스가모 형무소에 투옥됐습니다. 제국주의 전쟁 아래에서 일본의 정부는 메이지 헌법에 기초한 입헌군주제로부터 러시아 제정帝政과 같은 전제체제로 변용된 것입니다.

이러한 탄압의 경험이 슈스이에게 '오늘날의 국가사회에 대한 절망'을 초래했다고 할 수 있겠습니다. 그러나 다른 한편, 그에게 희망을 주는 것이 러시아 쪽에서 등장했습니다. 그것은 러일전쟁의 결과로 일어난 1905년의 혁명(제1차 러시아혁명)입니다. 그 배경에 러시아의 사회혁명당이 있었죠. 출옥한 고토쿠 슈스이는 미국으로 향하며, 거기서 러시아의 사회혁명당 당원들과 친교를 맺었습니다. 총파업[동맹파업][10] 및 직접행동이라는 사고방식에서 희망을 발견했던 겁니다.

슈스이가 알았던 것은 아나르코 생디칼리즘[11]입니다. 말이 나온 김에 덧붙이자면 19세기의 고전적인 아나키즘 운동은 파리 코뮌

• •

10. [원문은 "ゼネスト", 제네스토 제너럴 스트라이크를 축약해 만든 일본어 조어.]
11. [아나키즘적 (노동)조합주의. 그 한 시작의 사례 혹은 거점으로는 1855년 섬유업 노동자의 조합 결성을 통해 총파업을 수행한 스페인 카탈루냐를 들 수 있음. 그 이론 중 하나로서는 조르주 소렐의 폭력론/총파업론을 들 수 있음.]

에서 붕괴되었습니다. 그 이후 아나키스트는 프랑스에서는 1890년대 전반부에 테러리즘에 호소했었지만 오히려 고립되어 쇠퇴하고 말았죠. 아나키즘이 생디칼리즘(노동조합주의)의 입장을 취함으로써 재활성화됩니다. 생디칼리스트로는 『폭력에 대한 성찰』의 소렐이 대표적인데, 노동자계급이 총파업에 의해 권력을 잡을 수 있다고 주장했습니다. 소렐이 말하는 폭력violence이란 총파업입니다. 이와 마찬가지라고 할 수 있는 것이 고토쿠 슈스이가 주장한 '직접행동'입니다. 그것은 간접적인 대표제(의회선거)와는 다른, 총파업에 의한 혁명을 의미합니다. 이는 테러리즘과는 관계가 없습니다.

한편 러시아에서는 나로드니키[12]의 '인민의 의지'파에 의한 1881년 알렉상드르 2세의 암살이 아나키즘 운동을 괴멸시키는 결과를 초래했습니다. 그 이후로 크로포트킨처럼 마르크스주의적 인식을 절반 이상 받아들이는 '무정부 공산주의자', 즉 아나르코 생디칼리스트가 유력하게 되었습니다. 그러나 러시아의 아나키즘에서는 나로드니키 이래의 테러리즘이 전면적으로 부정되는 일은 없었죠. 그것은 사회혁명파에게도 뿌리 깊게 남아 있었던 겁니다.

따라서 러시아 사회혁명파의 영향을 받은 사람들 속에서 테러리즘을 지향하는 자가 나오는 것은 이상한 일이 아닙니다. 그 결과, 미야시타 다이키치나 슈스이의 아내 간노 스가코 등 4명이

· ·
12. ['인민주의(자)'라는 뜻. 19세기 후반 러시아 청년 귀족 및 지식인들에 의해 일어난 농본주의적 사회주의파.]

천황 암살을 계획하게 됐다고 말할 수가 있게 되는 것이죠. 그러나 저는 고토쿠 슈스이가 그 계획에 전혀 관여하지 않았다고 생각합니다. 천황제 타파에 관해서도, 테러리즘에 관해서도 그는 반대했기 때문입니다. 그것을 알고 있었기 때문에 간노 스가코 또한 그에게 상담하지 않았던 것이겠죠. 슈스이는 '대역사건'이 날조됐던 때 자신을 별달리 변호하지 않았습니다.

한편 일본의 권력 중추는 서너 명의 보잘것없는 계획, 아니 계획이라기보다는 공상을 고토쿠 슈스이 등 다수의 사회주의자가 참여한 천황 암살의 대음모로 날조했습니다. 그것은 아나키스트에게 '겨울의 시대'를 가져왔습니다만, 일본의 군주제에도 결코 바람직한 것은 아니었습니다. 그런 날조에 의해 그들은 일본 황실의 긴 역사를 '러시아화' 해버리고 말았기 때문입니다. 대역사건을 강행한 원로 야마가타 아리토모는 이후로 힘을 잃게 되며, 나카에 초민과 친했던 원로 사이온지 긴모치가 힘을 갖게 됩니다. 거기서 미노베 다쓰키치의 '천황기관설'이 통설로서 받아들여지고 '다이쇼 데모크라시'가 성립한 것입니다.

일본과 러시아의 정치체제를 동일시한 이들이 제1차 러시아혁명 후의 아나키스트들만은 아니었습니다. 제2차 러시아혁명(1917) 후의 마르크스주의자들 또한 그랬습니다. 코민테른의 지도에 따라 일본공산당은 이미 보통선거제가 존재하는 시대에 '군주제 타파'를 첫째로 내걸었고, 그럼으로써 탄압받게 되며 대중의 지지까지 잃게 되죠. 그것을 역이용하여 형성됐던 것이 천황제 파시즘의 체제입니다. 이 시기에 대역사건이 다시금 강조됐던 겁니다.

8

대역사건에서 신구新宮 그룹의 리더로서 처형된 오이시 세노스케(1867~1911)는 어땠을까요 그는 1890년에 미국으로 건너가 오리건주립대학, 캐나다 몬트리올대학에서 의학을 배우고 1896년에 귀국했습니다. 같은 해 신구에서 의원을 개업했죠 그때 그는 빈민, 특히 피차별민을 보살폈으므로 도크토루毒取る[독을 뽑아냄](닥터)로 동경의 대상이 되었다고 해도 좋겠습니다.

미국에서는 1886년에 시카고의 헤이마켓 광장에서 발포사건[13]이 있었고 아나키스트 4명이 사형을 받은 사건이 있었습니다. 대역사건과 같은 억울하게 뒤집어쓴 죄였죠. 그러나 그 결과 1890년에는 '메이데이'가 시작됐고(오늘날에도 세계적으로 계속되고 있죠), 반자본주의적인 운동이 한층 더 왕성해졌습니다. 이 시기에 거기서 유학을 했다고 한다면 오이시는 필시 사회주의자가 됐을 거라고 생각되겠지만, 그렇지 않았습니다. 그는 그 이후 1899년 전염병 연구를 위해 싱가포르 및 인도 봄베이대학에서 유학하고 있었습니다. 특히 봄베이에 있을 때 카스트제도의 실태를 알게 되었고 사회주의의 사상에 눈떴다고 하죠.

13. [1886년 5월 4일, '하루 8시간 노동'을 내건 파업 계획이 경찰에 의해 저지된 일을 기화로 일어난 항의 집회에서 경찰이 발포한 사건. 그 발포로 광장에서 시위 중이던 노동자들이 사망했고, 그 죽음을 계기로 '미국노동총연맹'이 창설됨.]

그러나 '도크토루'라고 불렸던 일화가 보여주듯이, 오이시는 신구에서 의원을 개업했던 시점부터 피차별부락의 문제에 관여하고 있었습니다. 그것은 사회주의사상 이전의 윤리에 근거한 것이었고, 아마도 그리스도교가 그 배경에 있었던 듯합니다. 그의 큰형(요헤이)은 그리스도교도가 되었고 1884년에 신구교회를 창설했습니다. 셋째 아들인 세노스케를 미국에 보냈던 것도 요헤이였죠. 즉 오이시의 배경에는 초민이나 고토쿠와 달리 오히려 그리스도교, 그리고 부르주아적인 모더니즘 문화가 있었다고 할 수 있습니다.

그러하되 오이시가 신구에서 가졌던 영향력은 사회주의사상에 의한 것이었습니다. 예컨대 불교의 승려들이 그의 영향을 받았던 겁니다. 임제종 묘심사妙心寺파인 미오네 세쓰도, 진종 대곡파, 정천사淨泉寺의 다카기 겐묘가 그렇습니다. 그들은 전통적인 불교종파의 틀을 넘어 활동했습니다. 그들이 천황 암살을 생각했다는 것은 있을 수 없는 일인데, 우연히 고토쿠 슈스이가 오이시의 진찰을 받기 위해 신구에 들렀던 일로 오이시 등의 신구 그룹에게 천황 암살의 공동모의에 가담했다는 혐의가 걸리게 된 것이었습니다.

대역사건의 결과, 신구는 죄 많고 저주받은 마을로 간주되었는데, 이후로 어떤 뜻에선 기묘하다고 해야 할 일이 일어났습니다. 대역사건 이후, 오이시의 큰형의 아들 니시무라 이사쿠가 도쿄에서 문화학원을 창립했고, 이는 다이쇼 휴머니즘 혹은 다이쇼 모더니즘을 짊어지는 것이 되었습니다. 그것은 오이시 일족의 재력을 보여주는 것이며, 어떤 뜻에선 오이시 세노스케의 의지를 계승한 것이라고도 할 수 있겠습니다.

대역사건 이후 '겨울의 시대'가 도래했다고들 하지만, 실제로는 얼마 지나지 않아 다이쇼 데모크라시가 개화하게 되고 보통선거가 용인을 받게 됩니다. 그런 변화에 공헌했던 것이 대역사건에서 죽은 오이시의 일족이었던 것이죠. 나아가 신구로부터는 다이쇼·쇼와에 걸쳐 일본 모더니즘 문학의 첨단에 선 작가가 나옵니다. 사토 하루오가 대표적입니다. 단, 그들은 모두 신구 바깥에서 활동했었습니다. 그러나 신구 내부는 완전히 다릅니다. 거기서는 대역사건이 할퀴고 간 손톱자국이 고스란히 남았습니다. 즉 '겨울의 시대'는 오히려 신구에 남았던 거죠. 그중에서도 '로지路地' 땅에 농후하게 남겨졌습니다. 거기가 나카가미 겐지가 나고 자란 곳입니다.[14]

나카가미가 신구고등학교에서 문학을 지향했을 때, 구제舊制 신구중학교 출신인 사토 하루오를 의식했던 것은 당연합니다. 그러나 물론 사토 하루오의 문학과 같은 것을 지향한 건 아닙니다. 참고로 사토 하루오가 쓴 『전원田園의 우울』(1918)은 도시 생활에 지친 남자가 무사시노의 전원으로 옮겨 산다는 아이러니컬한 작품인데, 그것이 구니기타 돗포의 연장이라는 것은 말할 것도 없겠죠. 나아가 나카가미와 동세대로 그것을 계승한 작가가 앞서

. .

14. [2011년 5월 잡지 『문예별책(文藝別冊)』은 '나카가미 겐지'를 집중 조명했고, 거기 실린 인터뷰에서 나카가미는 '로지는 어디에나 있다'고 말한다. 그 잡지에는 가라타니와 무라카미 류의 대담이 실려 있기도 하다.]

말한 무라카미 하루키입니다. 한편 나카가미는 사토 하루오가 눈을 감고 보려고 하지 않았던 것을 보고자 했습니다. 그것이 대역사건이며, 대역사건 이후의 신구의 현실입니다.

9

끝으로 나카가미의 소설에 관해 말했으면 합니다. 제가 그와 처음 만났던 것은 1968년 무렵이었는데, 당시 스물 하나이던 그는 신구를 소설로 쓰고 싶다고 말했었습니다. 신구에는 대역사건을 통해 일본 사회의 모순이 응축되고 있다는 것이죠. 그것은 또 남조南朝의 천황을 위시해 역사적으로 언제나 패자가 도망쳐왔던 구마노라는 토포스와 겹칩니다.[15] 그러나 어떻게 쓰면 좋을지를 그는 모색하고 있었던 겁니다.

저는 그의 이야기를 듣고 포크너를 읽어보길 권했습니다. 어쩐지 그의 이야기가 포크너와 맞을 것 같은 느낌이 들었기 때문입니

15. [1336년 아시카가 다카우지가 고묘 천황을 옹립해 북조(北朝)를 수립한 뒤 무로마치 바쿠후를 개창했고, 고다이고 천황은 요시노에서 남조를 수립해 일본열도의 왕조는 둘로 분열되었음. 1392년 북조에 의해 남조가 패망하기까지의 기간은 남조와 북조라는 두 천황, 두 정당성 간의 충돌의 시대였음. 그런 남북조 정윤(正閏)론에 관해서는 기타바타케 지카후사 『신황정통기』(1339) 및 고토쿠 슈스이의 대역사건 비밀재판에서의 메이지 천황 정통성에 대한 발언("현재의 천자는 남조의 천자를 암살하고 3종의 신기(神器)를 빼앗은 북조의 천자가 아니겠는가")을 참조.]

다. 그는 곧바로 『압살롬, 압살롬!』[1936]을 읽고는 포크너를 이해할 수 있는 것은 자기뿐이라고 호언했었습니다. 시간이 지나서 생각해보니, 정말로 그랬다고 할 수밖에 없습니다. 나카가미는 포크너로부터 신구라는 사회에 누적된 울분을 해방시킬 단서를 얻었던 겁니다. '나는 일본의 포크너가 되겠다'고 그가 말하기 시작했던 것은 그런 뜻에서입니다.

포크너의 세계는 남북전쟁에서 패한 이후의 남부의 세계입니다. 거기에는 굴욕적인 지위에 놓인 가난한 백인과 노예 신분에서 해방됐음에도 여전히 차별받고 있는 흑인이 있죠. 게다가 애초에 프랑스령이었던 루이지애나주는 말할 것도 없고 남부는 북부의 양키와는 달리 유럽과 직결된 전통을 갖고 있었습니다. 또한 그것은 아이티처럼 라틴아메리카 세계와도 연결되어 있었죠. 요컨대 남부는 다양한 모순, 전도, 도착으로 들어찬 착종된 세계였습니다.

포크너가 1955년 일본에 왔을 때, 그는 일본인들을 이해할 수 있다고, 왜냐하면 일본인과 자기네는 모두 양키에게 패배했었기 때문이라고 말했습니다. 지금 다시 생각해보면, 그의 발언은 시사적입니다. 흔히들 미국의 남북전쟁(1861~1865)은 남부의 노예제를 폐지하기 위한 전쟁이라고들 말합니다. 그러나 남북전쟁은 북부(양키)가 남부의 경제를 자신의 지배 아래에 놓기 위한 제국주의적 전쟁이었습니다. 실제로 그런 전쟁 이후 양키는 하와이왕국을 멸망시키고 태평양을 넘어 동아시아에 등장하게 됩니다. 또 그들의 제국주의적 침략은 언제나 노예를 해방한다거나 민주화한다거나 인권을 옹호한다는 대의명분을 내걸고 행해졌습니다. 지금도 그것은 마찬가지입니다.

포크너의 방일에 맞춰 사회를 봤던 오하시 겐자부로에 따르면 포크너는 도쿄나 교토가 아니라 일본의 남부와 같은 곳에 가보고 싶다는 희망을 말했습니다. 그래서 나가노에서 강연하게 됐던 것인데, 저는 포크너가 난키슈南紀州[기슈 남부]에 갔어야만 한다고 생각합니다. 그곳은 메이지 이후의 산업자본주의의 발전 속에서 주변화되고 저개발된 '남부'입니다. 더불어 구마노에는 근대 이전부터 남조를 위시해 정치적인 패배자들이 도망쳐 숨은 아질,[16] 성역으로서의 전통이 있었고 그 위에 대역사건이 겹쳐졌던 것입니다. 따라서 그러한 세계를 그리고자 했던 나카가미에게 포크너가 절호의 참조 사례를 제공했던 것은 의심할 여지가 없습니다.

포크너의 경우, 모순으로 넘치는 남부 세계는 『압살롬, 압살롬!』의 토마스 서트펜이라는 인물에 응축됩니다. 그는 빈궁하게 태어나 미시시피주에서 살아온 남자로, 거기서 대농원＝왕국을 형성하려고 합니다. 그러나 그것을 뒤이을 남자를 얻으려는 일에 실패합니다. 그가 낳은 이복 아이들이 몰래 근친혼적인 관계가 되고 마는 거죠. 그러나 서트펜이 결코 용인하지 못하는 것은 자신의 후계자에게 흑인노예의 피가 섞여들고 마는 일입니다. 최후로 서트펜은 자신의 농원에 있는 소녀에게 아이를 낳게 하지만, 그 소녀의 할아버지에게 살해당합니다. 물론 소설은 그런 순서로 되어 있는 것은 아니고, 나이든 여인의 회상을 통해

16. [Asyl. 은신처, 피난장소, (극빈부랑자·부랑자 등의) 보호시설 등을 뜻하는 독일어.]

그것들의 종합으로써 전모가 서서히 보이도록 짜여 있습니다. 『압살롬, 압살롬!』은 그 제목에서 분명히 보이는 것처럼 구약성서의 이야기를 밑받침으로 하고 있습니다. 나카가미 겐지가 신구의 소설군群(사가saga[여기서는 일종의 대하소설])을 구축하는 일에 포크너의 그 작품으로부터 다양한 영향을 받았음은 분명합니다. 예컨대 나카가미는 서트펜과 같은 인물을 조형하고자 했습니다. 하마무라 류조라는 인물이 그렇습니다. 다음으로 그 인물의 프로젝트를 방해하는 것으로서 그의 아이들 간의 근친상간(『곶岬』)이나 형제살해(『고목탄枯木灘』)를 도입했죠. 그것도 『압살롬, 압살롬!』 혹은 구약성서 「사무엘」에 나오는 이야기입니다. 좀 더 말하자면, 『천년의 유락愉樂』에서 오류노오바의 이야기는 『압살롬, 압살롬!』에 나오는 나이든 여인의 이야기를 환기시키는 것이라고 해도 좋겠죠.

그러나 그러한 유사성에서 보면, 거꾸로 차이성 또한 명확해집니다. 즉 나카가미 겐지가 애초에 생각하고 있던 고유한 문제가 명확해지는 것이죠. 그것은 미시시피주와는 다른 기슈 남부의 역사에 관련된 것입니다. 그리고 그것은 궁극적으로 대역사건으로 집약되는 것입니다. 하마무라 류조는 외부에서 신구의 로지路地에 온 사람인데, '파리의 왕'으로 경멸받은 이후부턴 로지를 지배하고 자신의 왕국을 구축하려는 계획을 세우게 됩니다. 나카가미는 이 인물을, 전국戰國시대의 무장이면서 잇코잇키一向一揆[17]에

17. [무로마치 말엽 일향종(一向宗) 승려 및 신자들이 지배계급에 대항하여 일어난 궐기·봉기.]

가담, 철포 부대를 이끌고 '불국[佛國]의 이상'을 위해 오다 노부나가와 싸운 스즈키 마고이치의 전설과 결부시켰습니다. 현실에서 류조는 그런 '이상'과는 정반대로 행위하고 있으므로 아들 아키유키는 그런 아버지와 싸우게 됩니다.

아키유키를 주인공으로 하는 소설 모두는 『곶』을 위시해 『고목탄』, 『땅의 끝, 지고至上의 때』에 이르기까지 아키유키와 친아버지인 류조와의 싸움을 그려내고 있습니다. 단, 『곶』과 『고목탄』은 『압살롬, 압살롬!』과 유사한 것입니다. 그런 계제로 말하자면 『땅의 끝, 지고의 때』에서는 아키유키에 의한 '아버지 살해'가 성취되리라고 예측할 수 있습니다. 그러나 류조는 뜻밖에 자살하고 맙니다. 그것을 본 아키유키는 '이건 아니야'라고 말할 수밖엔 없었습니다.

그러면 『땅의 끝, 지고의 때』에서 무엇이 '달라졌던' 것일까요. 우선 류조가 가진 권력의지의 배후에 다른 한 인물의 권력의지가 보입니다. 그는 로지의 토지를 사들인 사쿠라라는 인물입니다. 사쿠라가 처음 등장한 것은 아키유키의 어머니인 후사7サ의 생애에 대해 쓴 『봉선화』에서이며, 그때 대역사건 혹은 오이시 일족과의 관계가 암시됩니다. 나카가미는 도크토루 오이시에 관해 다음과 같이 쓰고 있습니다.

신호는 진료실 유리창을 콩콩콩 세 번 치는 것이다. 산에서의 일이나 목재운반일, 또 나막신 고치는 일로 살았으므로 의사에게 지불할 여분의 돈이 없음을 알고 있었고, 그래서 그 콩콩콩이라는 세 번의 신호를 보내면 진료는 무료가

되었다. 그 의사의 형의 아들이 사쿠라의 양자로 들어갔고, 그 아이가 지금의 사쿠라였다.[18]

즉 오이시 세노스케의 조카가 사쿠라의 양자로 들어갔고, 그가 로지의 산·토지를 점유한 것이죠.

> 무엇이든지 사쿠라가 했다. 새로운 세상을 만든다고 하면서, 정천사로 잘난 사람들을 불러 로지의 단카檀家[절의 제정을 돕는 집] 사람들에게 교설을 듣게 했다. 도크토루라는 의사나 정천사의 화상和尚이 천자님을 살해하고자 했다는 이유로 체포되었으니, 그 평판 자자하던 도크토루 의사와 핏줄로 연결된 사쿠라는 각지에서 목재운반일이나 산에서 일하는 남자들을 고용하고는, 읽지도 쓰지도 못하는 그들에게 가불을 받게 하고 무턱대고 도장을 찍게 해 일을 시켰던바, 그 결과 로지의 산도 토지도 종잇조각 위에서 모조리 사쿠라의 것이 되었다.(같은 곳)

그리고 이 사쿠라에게 지배인番頭으로 고용되어 일했던 것이 하마무라 류조입니다. 그렇게 되면, 로지를 지배하려는 류조보다도 좀 더 일찍 사토가 그렇게 하고자 했던 게 되는 겁니다. 그러면 왜 오이시 일족에서 사쿠라 같은 자가 나온 것일까요. 대역사건 이후, 로지 사람들은 그때까지 신세를 졌던 오이시 일족에 대해

18. 『鳳仙花』[『봉선화』, 천이두 옮김, 한겨레, 1993].

냉담해졌습니다. 그렇기 때문에 로지의 사람들을 원망했고 그 토지를 후려 먹어버렸다는 사정이 있는 것이죠.

물론 그러한 역사적 사실이 있었을 리가 없습니다. 오이시 일족 사람들이 로지의 토지를 소유한 것은 사실이지만 사쿠라처럼 악랄한 인물은 아니었습니다. 신구의 피차별민을 위해 싸운 도크토루 오이시의 자손이 피차별부락의 토지를 점유하고 지배하는 왕이 됐다는 것은 나카가미의 창작입니다. 그러면 왜 나카가미는 그렇게 한 것일까요.

앞서 말했듯이 오이시 일족은 신구 바깥에서 오이시의 의지를 계승하는 행동을 하고 있었습니다. 그것은 '겨울의 시대'를 넘어 다이쇼 문화로 이어졌죠. 그러나 신구에 남았던 '겨울의 시대'는 어땠던가, 무참한 그대로였습니다. 도쿄의 문화학원이 오이시의 포지티브라면, 사쿠라라는 인물은 오이시의 네거티브입니다. 신구의 사쿠라라는 인물 속에는 대역사건이, 그리고 그것이 초래한 '겨울의 시대'가 살아 있습니다. 그렇다고 한다면 로지를 지배하는 지주가 누구이든, 어떤 뜻에선 오이시의 네거티브가 지배하고 있다고 할 수 있겠습니다.

하마무라 류조는 사쿠라에게 고용되어 일하는 지배인이었습니다. 그러나 『땅의 끝, 지고의 때』에서 아키유키가 만나는 사쿠라는 류조의 그늘에 있는 '다루기 더 어려운 악의 화신'이라는 소문과는 전혀 다른 인물입니다. 그는 류조에게 배반당해 토지를 빼앗기고 만, 무력하고 멍청한 노인에 지나지 않습니다. 이리되면 류조의 야심은 사쿠라 혹은 오이시 일족과는 다른 것으로 보이게 됩니다만, 그렇지는 않습니다. 사쿠라라는 인물은 자신을 배반한 류조야말로 자신의 의지를 계승하고 있다고 생각합니다. 그뿐만 아니라 류조의 아들, 아키유키 또한 그렇습니다.

"사쿠라 씨, 이건 하마무라 류조의 자식이라도 내 동생이요." 후미아키文昭가 그렇게 말했는데, 사쿠라는 자신의 늙어 흐려진 머릿속에서 급히 시간이 뒤섞였던지, 햇빛이 비쳐드는 방에서 젊은 하마무라 류조와 마주앉아 얘기하듯 "같은 것이지"라고 답했다.

사쿠라는 말하고 싶었다. 지금과 과거가 같고, 사쿠라와 하마구치가 같고, 하마구치와 아키유키가 같다고. (……) 사쿠라는 마음속에 그렸다. 천자님 암살모의로 검거된 삼촌을 그 꿋꿋한 사람들은 구하려고도 하지 않았다. 도쿠토루로 불린 삼촌 자신과 조카 사쿠라 또한 마찬가지였다. 동일한 것 속에 다른 것이 있다고 한다면, 그것은 햇빛과 그림자, 오른쪽과 왼쪽, 위와 아래의 차이였다.[19]

오이시 세노스케와 그 조카 사쿠라, 그가 고용한 지배인 류조, 그의 아들 아키유키는 동일하며, 다만 '햇빛과 그늘, 오른쪽과 왼쪽, 위와 아래의 차이'가 있을 뿐이었습니다. 즉 그 인물들은 대역사건의 포지티브와 네거티브로서 존재합니다. 그렇게 볼 때, 저 아키유키는 무엇일까요? 그는 말하자면 오이시 세노스케=고토쿠 슈스이의 재래再來입니다.

19. 『地の果て 至上の時』[, 1983].

나카가미가 창조한 세계에서 사쿠라=류조는 대역사건이 초래한 '겨울의 시대'에 보복하고자 했었습니다. 그러나 그 보복은 국가가 아니라 로지의 사람들로 향해졌죠. 거기서 사쿠라=류조는 왕국을 축조했습니다. 그런데 로지 속에서 그 왕국에 도전하러 온 자가 있었습니다. 아키유키입니다. 그는 오이시=고토쿠의 회귀로서 나타났던 겁니다.

한편 류조 자신은 아키유키를 전국시대의 무장 하마무라 마고이치로 간주하고 자신은 아키유키의 아들이라고 말하기 시작합니다. 이때 더 이상 '아버지 살해'라는 것은 없으리라는 것이 예고되고 있습니다. 그러나 류조는 오히려 그렇게 말해야만 했던 게 아닐까요. 아키유키, 너는 고토쿠 슈스이고 나는 네 아들이다, 라고 말입니다. 즉 오이시=고토쿠의 네거티브에 불과한 류조 앞에 진짜 오이시=고토쿠가 찾아왔다고 한다면 네거티브 따위란 소멸할 수밖에 없는 것이죠. 따라서 류조는 조용히 목을 매어 죽는 겁니다.

류조에 대한 아키유키의 투쟁은 로지의 재개발을 둘러싸고 행해집니다. 그것은 로지를 소멸시키고 말 것이었습니다. 주민에게는 작고 예쁜 주택단지가 배분되겠죠. 물론 그것은 겉모습에 불과합니다. 종래의 피차별부락은 없어질지라도 차별은 남기 때문입니다. 또 그 이후로 오이시 등 신구 그룹의 명예회복이 행해졌습니다. 그런 뜻에서는 대역사건은 정리되고 있었던 게 되겠죠. 물론 그렇지 않았습니다.

로지의 재개발은 실제로 있었던 일입니다. 그것은 로지만의 일이 아니었으며 신구만의 일도 아니었죠. 일본 전체에서 행해진 일입니다. 그 결과로 일본은 버블로 들끓게 됐던 겁니다. 그것은 종래의 관습, 차별, 특권 등을 일소하는 것처럼 보입니다. 그러나 그것은 모든 질적 차이를 부흥의 격차로 환원하는 것입니다. 로지의 재개발은 일본에서 신자유주의(신제국주의)가 제패하는 일의 예고였습니다. 그러면 누가 그것에 대항할 수 있을까요 아키유키, 즉 다시 돌아온 고토쿠 슈스이입니다.

최후로 아키유키는 로지에 불을 지릅니다. 그렇지 않아도 소멸할 로지를 그가 스스로 불태우고 말죠 로지는 소멸합니다. 그러나 그는 로지가 세계 속에 있다는 것, 또 그것이 새로이 산출될 것임을 예감하고 있습니다. 신구는 대역사건으로부터 해방되었습니다. 그러나 대역사건과 같은 일은 세계 속에서 다시 일어날 것입니다. 나카가미 겐지는 신구에서 로지의 문제 및 대역사건의 문제가 소멸된 이후에 거기서의 투쟁이 세계 속으로 확산될 것임을 예감했습니다. 나카가미 겐지 사후 20년인 현재, 우리는 그것을 실감할 수 있게 되어가고 있습니다.

제국의 주변과 아주변

1. 부산과 오사카

저는 여기 부산에서의 강연을 기쁘게 생각하고 있습니다. 초대해주신 김용규 교수를 비롯해 부산대학의 여러분께 감사의 말씀을 전합니다. 또 오늘 여기 와주신 여러분들께도 감사합니다. 저는 오늘 한국과 일본의 역사에 관한 이야기를 부탁받고 왔습니다. 그것에 관해 이야기하기 전에 몇 가지 말해두고 싶은 것이 있습니다.

제가 부산대학 인문연구소의 초대에 응했던 이유 중 하나는 이전부터 부산의 인디고라는, 젊은이들이 해나가고 있는 그룹과 친분이 있었기 때문입니다. 인디고는 어소시에이션으로서 자주적인 교육활동에 몰두하면서 영어로 책을 출판하고 있습니다. 그 하나가 지젝에 대한 인터뷰인데, 이는 최근 일본에서 출판되기도 했습니다(지젝, 『혁명을 이야기하다』, 세이도샤青土社). 그들은 다음으로 저의 인터뷰를 출간한다고 합니다. 인디고의 사람들과 사귀면서 제가 생각하게 됐던 것은 이러한 그룹이 왜 서울이 아니라 부산에서 탄생했을까라는 것이었습니다.

제가 느꼈던 것은 부산 사람들에겐 서울에 대한 반발의 기분이 강하다는 것이었습니다. 저는 그런 사정을 알 수 있을 것 같습니다. 일본에서도 그런 것이 있습니다. 예컨대 오사카나 교토 사람들은 도쿄중심주의에 대한 반발심을 갖고 있으며 도쿄를 거치지 않고 직접 해외로 향하는 경향이 있죠. 저는 그 기분을 압니다. 왜냐하면 저 자신이 오사카 출신이기 때문입니다. 엄밀히 말하면 오사카에 인접한 니사키泥崎 시이지만요. 제가 1960년 이래로 거의 도쿄에서 살고 있지만, 도쿄는 본질적으로 싫습니다. 저의 사고방식, 사는 방식의 근저에는 오사카적인 것이 있는 겁니다.

오사카는 도쿠가와시대에 일본의 경제적 중심이었고, 바쿠후가 파견한 오사카 마치부교町奉行[행정·사법·소방·경찰 직무 관직]가 있었음에도 거의 조닌町人[도시 상인계급 사람]의 자치에 의해 운영되고 있었습니다. 오사카는 사무라이라는 것이 부끄럽게 될 정도로 평등주의적인 사회였습니다. 그런 전통이 메이지 이후에도 남아있었죠. 재일조선인의 다수가 오사카에 사는 것도 그 때문이라고 생각합니다. 또 오사카에는 교토·도쿄와는 다른 지적 전통이 있었습니다. 이는 오사카의 조닌들이 설립한 가이토쿠도懷德堂 및 데키쥬쿠適塾[1] 등으로 대표되는 것입니다. 그것들이 도쿠가와

. .

1. [가이토쿠도는 1724년 상인 다섯 명이 설립한 유학당으로 오사카 상인정신의 근간이었음. 데키쥬쿠는 1838년 난학자 오카타 고안

시대에 일본 학문의 첨단을 달리고 있었던 것이죠.

오늘날 오사카는 만담漫才[재담] 혹은 오와라이お笑い[코미디·개그·희극]로 알려져 있습니다. 그러나 이 만담 또한 오사카 출신으로 도쿄대학에 갔던 코뮤니스트 아키타 미노루가 탄압을 피하기 위해 오사카로 되돌아와 창시한 것입니다. 즉 그것은 오사카의 지적 전통의 일환이었습니다. 실제로 닛폰바시에는 커다란 후루키야古木屋[예능·라쿠고·만담 공연장] 거리가 있었습니다. 그것은 2차 대전 이후 전기·전파상 거리가 되고 말았죠. 현재 오사카의 지적 전통은 점점 더 소멸되고 있습니다. 그 위에서 차별주의적인 풍조가 나왔죠. 지금의 오사카 사람은 오사카를 모르는 겁니다.

한편 부산은 서울 다음가는 대도시로, 한국전쟁 시대의 실질적인 수도로서 전국에서 지식인이 모였던 곳이었음에도 이제는 거의 오와라이나 야쿠자로 알려진 곳이 됐다고 들었습니다. 그 점에서는 오사카도 마찬가지입니다. 단, 부산에는 아직도 커다란 후루키야 거리가 남아 있지만 말입니다. 따라서 부산의 지식인이 서울중심주의에 대항하려는 것이 이해되는 겁니다. 그것은 단순한 향토애 같은 게 아니라고 생각합니다.

그것에 관해 칸트로부터 인용한 문장이 있습니다. 칸트가 코스모폴리타니즘을 주장하고 있었던 것은 잘 알려져 있습니다. 실제로 그는 자신의 나라를 특별하다고 여기는 내셔널리즘은 '망상'에 불과하다고, 근절되어야만 하는 것이라고 씁니다. 단, 이후에 다음

· ·
이 설립한 의학 학원. 후쿠자와 유키치의 자서전에는 자신이 배우러 다닌 최고의 란가쿠(蘭学) 교습소라고 기록되어 있음.]

과 같이 기묘한 것을 말하고 있습니다.

섭리가 의도하는 것은 여러 민족들이 서로 합류하기보다
는 반발력에 의해 서로 항쟁하는 것이므로, 나라로서의
자부라거나 나라들 간의 상호 증오는 여러 국가들을 분리시
켜 놓기 위해 불가피한 것이 된다. (다른 민족을 혐오하는
이유는 다양하지만) 그 어느 경우에도 어떤 민족은 타국보
다도 자국을 더 사랑하는 것이다. 각국의 정부는 그런 망상
을 환영한다. 이런 사정이 우리가 본능에 맡겨 서로 결합하
거나 분리시키거나 하는 세계편제의 메커니즘인 것이다.
한편 이성은 우리에게 법을 주고 본능은 맹목이기 때문에
그 속에서 우리 안의 동물성이 인도되기는 할지라도, 그것
들은 이성의 격률에 의해 대체되지 않으면 안 된다고 우리
에게 가르쳐 준다. 그렇게 대체되기 위해서는, 여기서 말한
국가의 망상Nationswahn이 근절되어야 할 것이고 조국애Patri
otism와 세계시민주의Cosmopolitism가 그것을 대체하지 않으
면 안 될 것이다.[2]

칸트가 내셔널리즘에 맞서 세계시민주의를 가져오는 것을 알
수 있습니다. 그러나 제가 놀랐던 것은 그가 내셔널리즘에 맞서
세계시민주의와 나란히 패트리어티즘을 가져온 점입니다. 처음

• •
2. 「人間学遺稿[인간학 유고]」, 『カント全集 15』, 岩波書店, 410頁. 독
일어 단어는 칸트의 원문에 근거한 것이다.

저는 어리둥절했습니다. 패트리어티즘을 조국애로 번역하면 어찌해도 내셔널리즘과 겹쳐지고 말기 때문입니다. 그렇다면 향토애로 부르는 쪽이 좋겠죠. 하지만 향토애라고 할지라도 역시 오해가 생깁니다. 얼마 지나지 않아 이해했던 것은 칸트가 그것들 세 개념을 일정한 관계 속에서 파악하고 있다는 점이었습니다. 따라서 그 각각을 분절시켜 따로 정의해서는 안 되는 겁니다.

요컨대 칸트는 다음과 같이 생각하는 것이라고 해도 좋겠습니다. 코스모폴리타니즘은 내셔널리즘과는 배반背反[모순]될지라도 패트리어티즘과는 양립한다는 겁니다. 즉 사람은 향토애를 가지면서도 세계시민이 될 수 있다는 거죠. 혹은 이렇게 말해도 좋겠습니다. 세계시민은 거기가 어디든 생활의 기반을 갖지 않은 추상적 인간이 아니라는 겁니다. 세계시민이란 구체적으로 다양한 문화에 뿌리박고 있지 않으면 안 됩니다. 칸트는 오히려 그런 인간들이야말로 세계시민이 될 수 있다고 말하는 것입니다.

칸트는 쾨니히스베르크라는 도시를 나가지 않고 생애를 보냈습니다. 그곳은 오늘날에는 러시아에 속해 있는[칼리닌그라드] 녹색 도시로, 정치적으로는 무력하지만 경제적·문화적으로는 발트해에서의 교역을 통해 번영했던 곳입니다. 그가 말하는 패트리어티즘이란 말하자면 쾨니히스베르크를 향한 사랑인 겁니다. 칸트는 누가 빌고 청할지라도 결코 베를린의 대학으로는 옮겨가지 않았습니다. 베를린은 프러시아의 수도이고 국가의 중심입니다. 그는 그것을 거부하고 쾨니히스베르크에 멈춰 있었죠. 따라서 그런 향토애라는 것은 칸트가 세계시민이라는 것과 배반되지 않는 겁니다.

베를린 혹은 도쿄나 서울 사람들에겐 향토애가 없습니다. 있다고 할지라도 향토애가 그대로 내셔널리즘과 직결되고 말기 때문입니다. 그들은 오사카나 부산 사람들을 세계로부터 뒤처지고 협소한 지역에 갇혀 있다고, 이와는 달리 자신들은 세계로 열려 있다고 생각할 겁니다. 그러나 그렇지 않습니다. 그들이 말하는 세계란 결국 내셔널리즘이라는 '망상'에 기초해 있는 것입니다. 거꾸로 오사카나 부산처럼 중심에서 떨어진 장소에 서서 생각하는 것이 오히려 세계시민적인 것으로 이어질 가능성이 있죠. 저는 특히 인디고의 사람들과 만났을 때, 그들에 의해 그런 가능성을 생각하게 되었습니다. 따라서 다음에 한국에서 강연할 기회가 있다면 부산에서 하고 싶다는 생각을 품게 됐던 겁니다.

2. 세계시스템의 역사

그러한 기분에서 저는 부산에서 일본과 한국의 역사에 관해 이야기하는 강연을 수락하게 됐습니다. 서울이 아니라 부산에서 말이죠. 이 장소라면 내셔널리즘이라는 '망상'을 넘어 한일의 역사에 관해 이야기할 수 있지 않을까 생각했던 겁니다.

이제 그럼 이야기를 시작하고자 합니다. 먼저 말해두고 싶은 것은 일본과 한국 두 나라만을 추려내어 그 역사를 이야기할 수는 없다는 것입니다. 근대 이후이든 근대 이전이든 일본과 한국의 관계는 다른 여러 국가들과의 관계를 빼면 이해할 수 없습니다. 그 다른 국가들 중에서도 무엇보다 중국이 중요할 것입니다. 단, 그런 관계를 그저 통시적으로 보는 것만으로는 잘못을 저지르게 될 것입니다. 중요한 것은 그 국가들이 놓여 있는 구조입니다.

저는 세계=제국과 세계=경제를 구별하는 데에서 시작하고자 합니다. 그 구별은 월러스틴 및 브로델에 의한 것입니다. 세계=제국은 옛 세계제국이고, 세계=경제는 근세 이후의 세계시장입니다. 이 둘은 언뜻 보면 비슷합니다. 어느 쪽도 중심, 주변, 반주변이라는 구조가 있기 때문입니다. 그러나 실제로 그 내실은 전혀 다릅니다.

저는 그 둘을 교환양식의 관점에서 다시 정의했습니다(<표 1>). 한마디로 말하자면 세계=제국에는 교환양식B가 지배적이고, 세계=경제에는 교환양식C가 지배적입니다(<표 2>).

세계=제국은 군사적인 정복에 기초해 있지만, 단지 그것만으로 성립하는 것은 아니죠. 그것들이 존속하는 것은 약탈이나 강제가 아니라 일종의 교환에 기초하기 때문입니다. 예컨대 정복당한 쪽이 중심에 대해 복종하고 공납을 행함으로써 보호를 얻는다는 '교환'. 이것이 교환양식B입니다. 이러한 교환이 불가능해지면 제국은 붕괴되며 새로이 형성됩니다. 세계=제국에는 중심, 주변, 아亞주변, 그리고 그 권역 바깥圈外이라는 공간적인 구조가 있습니다.

이 경우 제국의 중심이 주변·아주변을 직접 수탈하는 일은 거의 없습니다. 아주변국은 중심에 조공을 하지 않으면 안 되죠. 그러나 그럼으로써 오히려 공납한 것 이상의 답례返礼를 받습니다.

B 탈취와 재분배 (지배와 보호)	A 호수[3] (증여와 답례)
C 상품교환 (화폐와 상품)	D X

<표 1> 교환양식

B 세계=제국 (지배와 보호)	A 미니 세계시스템 (증여와 답례)
C 세계=경제 (근대세계시스템)	D 세계공화국

<표 2> 세계시스템의 여러 단계들

B 국가	A 네이션
C 자본	D X

<표 3> 근대세계시스템(자본=네이션=국가)

그것은 조공이라는 형태를 취한 무역이죠. 제국은 여러 국가들·공동체들 간의 평화를, 그리고 교역을 가져옵니다. 그것으로부터 이익을 얻는 겁니다. 여기까지가 제국의 원리입니다.

한편 세계=경제는 교환양식C에 뿌리내려 있습니다. 즉 그것은 상품교환에 기초한 것입니다. 정복이나 침략에 의한 것이 아니죠. 거기에도 월러스틴이 말하듯이 중심, 반주변, 주변이라는 구조가

3. [서로-갚음, 상호교환/상호상환.]

있습니다. 하지만 세계=경제는 전혀 다릅니다. 첫째로 거기서는 권역 바깥이 존재하지 않습니다. 어떤 오지이든 세계의 구석구석까지 둘러싸고 있는 겁니다. 둘째로 세계=경제에서는 종래의 세계=제국도 주변부에 놓이고 맙니다. 셋째로, 그렇기에 아주변과 같은 것이 존재하지 않습니다.

반복하자면, 세계=경제는 강제적인 공납이 아니라 합의에 기초해서 상품교역을 행하는 데에 있습니다. 그러나 그럼으로써 잉여가치를 얻는 겁니다. 즉, 세계=경제는 중심부가 교역을 통해 주변부로부터 수탈하는 시스템입니다. 그리고 거기서 중심은 끊임없이 이동합니다.

세계=경제에서는 더 이상 옛 제국과 같은 것이 성립하지 않습니다. 제국의 원리가 없기 때문입니다. 세계=경제는 근대세계시스템이며, 그 단위는 자본=네이션=국가입니다(<표 3>). 그것을 확대하고자 하면, 제국이 아니라 '제국주의'가 될 따름입니다.

3. 세계=제국에서의 중심 · 주변 · 아주변

오늘 제가 이야기하고 싶은 것은 세계=경제 속에 들어가기 이전의 동아시아, 즉 서양열강이 침입해오기 이전의 동아시아의 구조에 관해서입니다. 바꿔 말하면, 그것은 세계=제국의 구조입니다. 그것을 저는 동아시아를 사례로 이야기하겠습니다. 왜냐하면 다른 지역의 제국과는 달리 중국에는 풍부한 사료가 남아 있기 때문입니다.

우선 중화제국에서의 '주변'부터 생각해보겠습니다. 그것은 다종다양합니다. 예컨대 투르크계(흉노), 위구르, 키타이, 몽골, 만주인(여진) 등은 주변에 있는 유목민입니다만 중심에 종속되어 있지 않습니다. 중화제국 바깥에 제국을 구축하거나 혹은 침입하여 제국을 만들었죠. 그들이 오히려 '중심'이 됐던 셈입니다.

그들은 중국의 문화나 제도에 전면적으로 동화되는 일 없이 오히려 초원에 있었을 때의 원리를 보존했습니다. 예컨대 거란契丹 문자나 서하西夏 문자, 또 몽골의 파스파 문자[4] 등이 만들어졌죠. 그 점에서는 티베트도 마찬가지입니다. 티베트도 토번吐藩제국을 만들고 당唐을 위협한 존재였습니다. 티베트는 그 이후에도 유목민에 의해 건설된 원元제국이나 청淸제국에 종속됐다기보다는 근본적으로 자치를 지키고 있습니다. 중국문화의 영향은 적었고 한자도 수용하지 않았죠 원과 청의 시대에는 거꾸로 티베트불교(라마교)가 강한 영향력을 가졌습니다.

즉 그들은 단지 주변적이었다고 할 수 없습니다. 오히려 전형적으로 '주변'적이라고 생각되는 것은 코리아[5]와 베트남입니다. 둘 모두 중심에 의해 정복당하고 또 그것에 끊임없이 저항하면서 제국의 책봉 아래에 있는, 또 중심의 문명제도를 전면적으로 받아들였던 민족입니다. 뒤에서 말할 텐데, 베트남에서 일어난

4. [파스파. 몽고족의 원나라 시기 라마교 승려. 1260년 쿠빌라이 칸의 스승이 됨. 그가 만든 공용문자.]
5. ["コリア". 이 강연에선 "고대사" 및 "반도(半島)"의 상관어 쯤으로 사용됨.]

일은 코리아에서 일어났던 일과 유사합니다.

그것이 주변적인 것의 전형이라고 한다면, 일본은 조금 다릅니다. 일본도 중국의 제도를 수용하고 있지만, 코리아나 베트남과는 달리 제한적으로 수용했었습니다. 일본인은 중국의 문화·제도를 형태상으로는 받아들여도 사실상으로는 수용하지도 폐기하거나 배제하지도 않는, 그것을 자신들에게 필요한 한도 안에서만 유지하는 방식을 취했던 겁니다. 또 일본인은 그렇게 할 수 있는 장소에 있었죠. 저는 그것을 아주변적이라고 생각합니다.

일본의 국가는 7세기부터 8세기에 수隨나 당으로부터 율령제도를 도입했습니다. 그것은 중국의 제국을 중심으로 간주하고 그것에 대해 스스로의 위치를 부여하는 것이었습니다. 그러나 그런 변화는 일본에서만 일어났던 게 아니죠. 수·당 왕조 시대에 동아시아의 어디서나 일어난 것입니다. 일본이 다른 것은 제국의 중심에서 온 문화·제도를 외견상으로는 채용하면서도 실질적으로는 실행하지 않았다는 점입니다. 예컨대 처음부터 문언文言만이 있었고, 전혀 실행되지 않았던 법령이 있었습니다. 그것은 근친혼을 금지하는 법령입니다. 일본에서는 왕족·귀족부터 서민에 이르기까지 쌍계제적이었고, 또 근친혼적이었습니다. 가부장제에 기초한 중국의 제도나 유교는 일본의 실정에 명확히 반대되는 것이었죠. 그러나 일본인은 근친혼을 금지하는 조항을 지키지도 않았고, 그렇다고 그것을 폐기하지도 않았습니다.

그런 방식은 다른 사정들에도 해당됩니다. 예컨대 7세기부터 8세기에 걸쳐 율령제의 근간으로서 공지공민제空地公民制[균전제도]가 실행되었지만, 그것은 얼마 지나지 않아 형해화되고 장원제가 되며, 그것이 율령제국가와는 다른 귀족정치(셋칸攝關정치)[6]를 초래했습니다. 물론 일본만이 아니라 당왕조 자체를 포함해 다른 국가에서도 율령제국가는 몰락했던 것인데, 일본이 특이한 것은 율령제라는 것이 실행되지도 않았지만 폐기되지도 않았다는 점입니다.

현실에서는 율령제에 반하여 장원제가 탄생했고, 그것이 해체되면서는 영주제와 향촌제가 탄생했던바, 그렇게 무가정권(가마쿠라 바쿠후)이 이뤄졌습니다. 그때 새로운 법령 '조에이 시키모쿠貞永式目[가마쿠라 바쿠후 행정법령, 조에이 원년 1232년 제정]'가 제출되었지만 율령제는 폐지되지 않았습니다. 율령제는 오히려 무가의 법을 정초하는 근거로서 유지됐던 겁니다. 이후로 다수의 정권이 등장하지만 율령제는 폐지되는 일 없이 메이지유신까지 이어졌습니다. 실은 메이지유신='왕정복고' 또한 형식적으로는 율령제에 기초해 있습니다.

일본의 그러한 방식은 대체 무엇일까요. 일본에서 그 점을 문제 삼은 학자는 적지 않습니다. 단, 그들은 그것을 중국과 비교하여 생각하고자 했습니다. 즉 일본인이 중국의 문화·제도를 어떻게 받아들였는가라는 관점에서 봤던 겁니다. 메이지 이후의 일본에 관해서도 마찬가지입니다. 이번에는 중국을 대신하여 서양과

6. [셋칸(摂関). 셋쇼(摂政)와 간파쿠(関白)의 통칭. 그 둘은 887년 설정된 이래 천황의 친정(親政)을 대신하여 정무를 총괄하는, 실질적으로 귀족 최고위의 관직이었음. 1868년 메이지 왕정복고 대호령이 쇼군, 곧 정이(征夷)대장군 직위와 함께 폐지.]

일본을 비교한 거죠. 일본이 서양의 문화·제도를 어떻게 받아들였는가라는 관점을 취한 겁니다. 즉 일본과 중국, 일본과 서양이라는 시점밖에는 없었던 겁니다.

율령제의 도입이라는 것은 일본에서만 일어난 일이 아닙니다. 제국의 주변 전역에서 일어난 것입니다. 또 공지공민제(균전均田제)가 충분히 기능하지 않았던 것도 일본만의 일이 아닙니다. 코리아에서도 마찬가지였습니다. 애초에 당에서도 제대로 되지 않았죠. 따라서 일본에서 일어났던 일의 특징은 중국만이 아니라 코리아·베트남에서 일어난 일과 비교하지 않으면 안 되는 겁니다.

또 하나 중요한 것이 있습니다. 수·당의 제도가 동아시아 전역에 보급됐던 것은 단지 그것이 선진문명국의 제도였기 때문은 아니었다는 점입니다. 수·당제국은 그때까지 주변에 있던 유목민족(선비족)에 의해 만들어진 국가 북위北魏를 계승한 것입니다. 수·당제국은 진·한秦漢제국과는 달리, 말하자면 주변이 중심이 된 획기적인 제국이었던 겁니다. 북위는 그때까지 맹자의 학설로 알려져 있었지만, 어느 왕조도 실행한 일이 없는 균전제를 처음으로 실행했죠. 그 제도가 수·당제국의 시대에 이르러 제국의 주변부로 확장됐던 일도 이상한 게 아닌 것이죠. 애초에 그것은 제국의 주변부로부터 들어온 것이었기 때문입니다.

일본에 특징적인 것은 단지 중국과 일본을 비교한다고 알 수 있는 것은 아닙니다. 그렇다고 해서 단지 코리아나 일본을 비교한다고 해서 알 수 있는 것도 아니죠. 동아시아에서의 제국의 구조를 살피지 않으면 알 수 없는 것입니다. 제국의 구조란 제가 '중심'

'주변' '아주변'이라고 부르는 구조입니다.

4. 무가정권

고대사를 보면 고구려, 신라, 백제가 싸우는 '삼국시대' 단계까지는 코리아와 야마토에서 그다지 큰 차이를 발견할 수 없습니다. 야마토도 그런 삼국의 싸움에 얽혀 있었죠. 그리고 반도에서의 상황이 야마토에도 큰 영향을 주었습니다. 야마토에서 '타이카의 개신大化の改新'[7]으로 불린 사건(645)이 있었던 것은 그 때문입니다. 그때까지 야마토의 부족연합체에서는 그 안에서 뽑힌 수장이 오오키미大王이었습니다. '타이카의 개신'은 수장제국가였던 상태에서 집권적 국가를 창설하려는 것이었습니다.

그 배경에는 반도의 위기가 있었죠. 신라는 당과 결탁하여 야마토와 가까운 관계에 있던 백제를 멸망시켰던 겁니다(660). 멸망한 백제 세력의 다수가 야마토로 망명했죠. 그런 상황에 맞서 야마토는 백제의 구원을 위해 파병했지만 대패하고 맙니다. 그것이 하쿠손강白村江금강 일대의 싸움입니다(663). 그 이후 야마토는 반도와의 연결을 잃게 됩니다. 코리아에서의 통일신라의

7. [아스카시대 권문세가 소가(蘇我) 씨의 장기권력을 끝낸 정변 및 집권적 개혁. 나카노오에 황자(皇子, 이후의 덴지 천황)와 나카토미노 가마타리가 주역이었으며, 개혁은 공지공민제를 비롯해 인구·토지·조세에 걸침.]

시대는 일본에서 나라·헤이안시대로 불리던 때입니다. 아마도 그 시기에 일본은 반도와는 다른 독자적인 방향으로 나아가기 시작했다고 할 수 있겠습니다.

그러나 그런 독자적 방향을 가능하게 했던 것은 무엇보다도 일본이 중심에서 떨어져 있었기 때문입니다. 베트남도 그렇지만, 코리아처럼 '주변'에는 중심으로부터의 압력이 직접적으로 가해져옵니다. 일본에 대해서는 그런 압력이 간접적인 것이었죠. 그리고 그것이 '아주변'의 특징을 이루는 겁니다.

코리아의 경우 한漢왕조 무렵부터 그 지배가 직접적으로 미치고 있었습니다. 신라, 백제, 고구려라는 '삼국' 또한 원래 한의 군현제에 의한 구별에 뿌리내린 것이었죠. 그리고 삼국 속에서 신라가 백제나 고구려를 제압했던 것은 당과 결속함으로써 가능했지만, 그 이후에는 당과 싸워 코리아를 통일했습니다. 그러나 통일신라시대에 중국으로부터 독립함과 동시에 중국화가 시작됐다고 하겠습니다. 정치적으로는 독립할지라도 제국으로부터의 위협은 언제나 존재하죠. 그것에 대해 제국으로부터의 책봉을 받고 또 적극적으로 중심의 시스템을 받아들임으로써 존립을 꾀하게 됐던 겁니다.

동일한 일이 베트남에도 해당된다고 할 수 있습니다. 베트남도 한제국 무렵부터 중국의 통치 아래에 있었습니다. 이후 몇 번이나 행해졌던 반란이 실패로 끝나고 응오꾸옌吳權이 베트남인의 국가를 창건했던 것은 939년, 당제국의 붕괴 이후였습니다. 그러나 그것에 의해 '중국화'가 끝난 것은 아니었으며 오히려 그때부터 본격화됐습니다. 중앙집권적인 체제의 확립과 함께 문인관료제가 정착하고 유교 사상이 보급되었습니다. 13세기에는 과거제도가 시작됐습니다.

그런데 일본에서는 거꾸로 중국으로부터의 이탈이 8세기 무렵부터 보입니다. 그때까지 오오키미大王로 불리고 있던 것을 '천황'으로 부르게 됐습니다. 그리고 국호를 '일본'으로 삼죠. 이는 언뜻 보면 중국화로 보이지만 실제로는 그렇지 않습니다. 예컨대 '천황'이라는 호칭은 이상한 것입니다. 황제보다 상위적인 개념이기 때문입니다. 이런 일은 주변부에서는 있을 수 없습니다. 야마토 조정은 중국에 대한 공식문서에 그렇게 썼는데, 당제국이 그것을 허용했던 이유는 다른 게 아니라 그저 일본이 먼 곳에 있었기 때문입니다. 나아가 당제국은 고구려와의 전쟁에 시달리고 있었던바 배후의 일본을 적으로 돌리는 일은 어리석다는 판단도 있었겠지요. 어느 쪽이든 천황이나 일본 같은 명칭은 일본이 동아시아의 제국 안에 있음과 동시에 그 바깥에 있었음을 의미합니다. 그것이 '아주변'이라는 것입니다.

중국으로부터의 이탈이라고 하더라도 외견상으로는 거꾸로 그 반대입니다. 중국 문명을 모방하고 관료제국가를 만들고자 했던 겁니다. 예컨대 나라·헤이안시대에는 관료 육성기관으로서의 다이가쿠료大學寮가 만들어졌습니다[8세기 초중반]. 그러나 관료의 직위는 결국엔 태생적인 신분에 의해 결정됐습니다. 이러한 상황에서는 과거제도와 같은 시스템이 존재할 수 없습니다. 코리아의 경우 신라에서는 일본과 엇비슷한데, 고려에서는 과거제도가 꽤나 진전되고 있습니다. 이후로 문무 양반ヤンバン, 兩班의 관료 체계가 정비되었습니다. 나아가 문관이 압도적으로 우위를 점하

면서 문존무비文尊武卑의 경향이 강해졌습니다.

일본에서는 그러한 사태가 전혀 일어나지 않았습니다. 헤이안 시대 이후에 사무라이 정권, 즉 가마쿠라 바쿠후(1190년경)가 들어섰습니다. 물론 고려왕조에도 문관에 대한 무관의 대항이 있었습니다. 이른바 무신武臣정권이 그것입니다. 무신들이 만든 도방どバン, 都房은 일본의 바쿠후와 비슷합니다. 시기적으로도 일본의 무가정권, 가마쿠라 바쿠후의 성립과 평행됩니다.

일본에서 토지의 사유화와 함께 공적이지 않은非公的 장원제가 보급됨으로써 공적인 지배 바깥에 무가의 권력이나 법이 싹터왔듯이, 당초 공지공민제를 실행한 고려에서도 동일한 사태가 일어났던 셈입니다. 그 위에 북방의 유목민국가(거란) 등이 침입해 들어오는 위기가 있었습니다. 무신정권을 초래했던 것은 그런 내적·외적 위기였습니다. 사실 그 이후로 무신정권(최씨)은 몽골(원元)에 정복당해 멸망하고 말았습니다. 그러나 20년 넘게 저항했었습니다. 최후로 고려인은 원의 지령으로 일본을 공격했었지만 음으로 양으로 저항을 이어갔죠. 몽골의 일본 정복이 실패로 끝났던 것은 가미카제神風(태풍) 때문이라기보다는 오히려 고려의 그런 저항 때문이겠죠.

이러한 평행성이 있지만 고려의 경우 무신들은 역시 무관, 즉 관료였습니다. 즉 율령정치의 틀에 속하는 것이었죠. 일본의 사무라이는 관료가 아니었습니다. 나라·헤이안시대에는 율령국가 아래에 무관이 있었지만, 이른바 사무라이가 생겨났던 것은 그런 국가기구 바깥 혹은 변경에서였습니다.

율령제국가의 기구 바깥에서 사유화(장원)가 발전하면 국가를 대신해 경찰·재판과 같은 일을 담당할 사람이 필요해집니다. 사무라이가 그런 역할을 맡았던 겁니다. 그들은 중앙의 국가기구와 이어진 무관 혹은 동량棟梁[용마루·대들보(같은 인재)]과 주종관계를 맺었습니다. 헤이케平家나 겐지源氏 같은 집단은 그런 식으로 이뤄졌습니다. 주로 헤이케는 서국西国 혹은 바다, 겐지는 동국東国 혹은 육지를 기반으로 하고 있습니다.

이 사무라이들이 맺는 주종관계라는 것은 '[녹]봉封'을 매개로 한 호수적互酬的(쌍무적双務的) 관계입니다. 그것이 봉건제입니다. 이는 집권적인 피라미드형 관료조직으로는 될 수 없습니다. 또 그런 주종관계는 호수적인 것이므로 군사적 공헌에 상응하는 은상恩賞을 신하에게 주지 않으면 계속될 수 없죠. 예컨대 몽골 내습에 맞선 전쟁에서는 단지 방위만을 할뿐 새로이 획득한 영지가 없으므로, 호조北条 정권은 신하들에게 은상을 줄 수 없었죠. 그 때문에 봉건체제가 흔들리기 시작했던 겁니다. 그 점을 이용하여 고다이고 천황이 왕정복고를 주장했습니다. 그러나 그 결과 중앙집권국가는커녕 오랜 전란이 이어지게 됐던 겁니다. 그 최후가 조선에 출병한 도요토미 히데요시의 정권입니다.

5. 천황제

일본에서는 관료제가 약했기 때문에 사무라이 정권이 생겼습니다. 그러면 왜 일본에서는 관료제가 약했던 걸까요. 혹은 왜 일본에서는 유교가 정착되지 않았던 걸까요. 그것은 고대 일본의 국가, 그리고 천황제 문제와 연관되어 있습니다. 좀 전에 제사장祭司=수장이었던 오오키미가 천황이 되었다고 말했습니다. 그러나 천황은 실제의 권력을 갖는 것이 아니라 제사장적인 권위로서 존재했습니다. 실권을 가졌던 것은 귀족이고, 그 이후로는 사무라이였습니다. 나아가 사무라이 정권이 가마쿠라시대부터 도쿠가와시대까지 차례대로 변했던 것에 비해 천황만은 남았습니다.

그것은 중국이나 주변의 여러 나라들에는 없었던 일입니다. 중국에서는 끊임없이 왕조의 교체가 있었죠. 그리고 왕조의 교체를 정당화하는 관념이 발전했습니다. 그것은 유교(맹자)에 기초한 역성易姓혁명이라는 관념이 그것입니다. 역성혁명은 단순한 권력교대가 아니라 정치적인 이념의 문제입니다. 왕조의 정통성은 천명에 의해 주어지며, 천명이란 민의民意라는 것입니다. 민의를 거스르는 것이라면 왕조는 존재할 수 없게 되는 것이죠. 실제로 중국의 새로운 왕조는 민중의 반란을 계기로 하여 창설되었습니다. 원이나 청 같은 정복왕조 또한 역시 민의=천명을 실현하지 않으면 존속할 수 없었습니다. 무력만으로는 해나갈 수 없었으며, 그 점에서 유학을 배운 관료가 불가결했던 겁니다.

한국에서도 통일신라, 고려, 조선왕조라는 변화는 왕조의 교체이므로 그것을 정당화하는 이론이 필요했죠. 당연히 문관, 유학자가 필요해집니다. 따라서 유학이 불가결합니다. 예컨대 조선왕조는 민본주의를 제창한 정도전의 이론에 기초해 있습니다. 그러나 일본에는 그러한 것이 필요하지 않았죠. 외견상으로는 유학이 있고 관료도 있었지만 별달리 필요하지는 않았던 겁니다. 그것은 왕조의 교체가 없었기 때문입니다.

천황의 정통성은 단지 혈통에 따른 것으로 어떤 능력 혹은 행위에 의한 것이 아니었습니다. 그 점은 여성천황이 많았던 점에서 말할 수 있는 것입니다. 또 어린 천황도 나왔었습니다. 그러면 실권을 가졌던 자의 정통성은 어땠냐면, 그것은 전적으로 천황을 장악하는 일로부터 얻었던 것입니다. 실권을 가졌던 자는 귀족이든 사무라이든 그 명령을 천황의 조칙詔으로서 발포했습니다. 천황의 조칙이 있으면 관군官軍이고 그렇지 않으면 적군賊軍입니다. 그리고 '이기면 관군'입니다. 그들이 실제로 무엇을 하는지는 문제되지 않습니다. 그렇기 때문에 천황도 실권자도 그 존립근거를 질문 받는 일은 없었던 겁니다.

일본은 '천명'이라는 생각과는 인연이 없었습니다. '천명'은 중국의 경우 단순한 관념이 아니죠. 그것은 구체적으로는 사관史官이라는 관료제와 연결되어 있습니다. 사관이 통치자를 가차 없이 평론하죠. 설령 동시대의 그들을 탄압할 수는 있을지라도 이후의 시대에 대해서는 그럴 수 없는 겁니다. 그런 탄압을 행한 일 자체가 비판적으로 기록되기 때문입니다. 이를 알고 있었기 때문에 지배자는 역사를 의식해서 거동하게 됩니다.

한국에서도 마찬가지입니다. 통일신라, 고려, 이씨조선李朝의 교체는 무력에 의한 것이었고, 그것이 존재하기 위해서는 정통성을 보이지 않으면 안 되었죠. 그것을 둘러싸고 왕·관료·유학자들이 끊임없이 논의하는 상황이 생깁니다. 그러나 일본에서는 그런 논의가 없었습니다. 뒤에서 담합하는 일은 있어도 공적으로 논의하는 일은 전혀 없죠. 이러한 전통은 현재 일본의 정치적 조직, 경제적 조직에도 남아 있습니다.

6. 표음문자

제가 이제까지 말했던 것은, 일본에서는 율령제가 도입됐음에도 관료제국가가 성립되지 않았다는 점입니다. 중국의 문명을 받아들였음에도 전혀 다른 것이 됐던 것이죠. 어째서 그런 일이 있을 수 있었는지에 대해, 그것을 저는 '아주변'이라는 지점에서 설명해왔던 겁니다. 하지만 여기서 그것을 다른 한 가지 점에서 다시 생각해보겠습니다. 그것은 문자의 문제입니다.

관료제는 어디서나 관료가 문자(지식)를 독점하는 것에 기초해 있습니다. 동아시아에서 그 문자란 한자입니다. 한자는 쓰는 말표기(표의)문자이므로 음성과는 관계없는, 누구나가 자신의 음성으로 읽을 수 없는 문자입니다. 그런 뜻에서 한자는 주周나라 이래로 제국의 언어로 확장됐습니다. 즉 한자는 주변·아주변에서도 널리 사용됐던 것이죠. 그러하되 한자란 습득하기가 대단히 어려운 문자입니다. 한자를 읽고 쓸 수 있는 자와 그렇지 못한 자 사이에는 결정적인 격차가 생깁니다. 그런 뜻에서 관료의 권력은 한자에 기초해 있다고 할 수 있는 겁니다.

문자에 관해 말하자면, 그중 표음문자는 누구나 간단히 배워 얻을 수 있는 것입니다. 누구나 문자에 접근할 수 있다는 것은 관료제의 힘을 깎아 없앨 수 있다는 것입니다. 훨씬 오래된 역사를 지닌 이집트에서는 문자의 숙달이 곤란한 상태가 계속되었음에도 관료는 문자를 간이화하려고 하지 않았습니다. 왜냐하면 문자의 간이화란 관료의 특권적 힘이 소실되는 것이었기 때문입니다.

조선왕조에서는 15세기 세종이 표음문자인 한글을 창제하여 공포했습니다. 그가 그렇게 했던 것은 근본적으로는 관료의 지배로부터 왕권을 되찾기 위해서였습니다. 따라서 그 프로젝트는 관료의 저항을 받았습니다. 한글은 공포 이후에도 공적인 장에서는 사용되지 않았죠. 그 때문에 보급되지 못했던 겁니다.

그것과는 대조적으로 일본에서는 8세기부터 10세기까지에 걸쳐 표음문자인 가나仮名가 창출되었습니다. 그것은 특정한 누군가가 만든 게 아니라 한자를 표음적으로 이용한 만요万葉가나를 사용하는 동안에 자연발생적으로 생겨났던 것입니다. 만요가나는 7세기 말에 엮인 『만요슈万葉集』에서 사용됐기 때문에 그렇게 불리는 것인데 7세기 이전에 성립한 것으로 생각됩니다. 고유명을 한자의 음을 빌려 표기하는 방법은 애초에 중국에 있었고 코리아에서도 삼국시대에 한자를 표음적으로 사용한 문자기호로 한자를 보충하여 읽었던 '이두吏讀'가 발달해 있었습니다. 일본의 만요가나는 그것을 이어받은 것으로, 아마 코리아로부터의 귀화인이 가져왔던 게 아닌가 합니다. 단, 코리아에서는 어디까지나 한자를 읽고 쓰는 일이 주된 것이었으므로, 한자를 표음적으로 사용하여 고유어를 표기하는 방향으로는 나아가지 않았습니다.

일본에서는 그러한 만요가나가 일반적으로 널리 사용되게끔 되죠. 그 이유 중 하나는 일본어의 음성이 모음과 자음 모두 단순했고, 그래서 만요가나의 숫자도 적었으므로 쉽게 숙달될 수 있었기 때문입니다. 그렇기에 자연스레 간략화되었던 겁니다. 예컨대 '이로하いろは[ㄱㄴㄷ, ABC와 같은 용법]'라는 음은 만요가나에서는 '以呂波[음독하면 이로해]'라는 한자로 표시되며, '以呂波'를 초서체로 간략화하면 'いろは'라는 가나가 만들어졌죠. 또 글자의 일부분만을 취하면 イ, ロ, ハ라는 가타カ[조각]가나가 만들어집니다. 따라서 가나와 가타가나에 의해 일본의 표음문자가 이뤄졌다고들 말하는 것인데, 중요한 것은 우선 만요가나가 정착됐던 일입니다.

왜 만요가나가 그렇게 정착된 걸까요. 그것은 무엇보다 관료제가 약했기 때문이라고 할 수 있겠습니다. 만요가나를 사용하면 약간의 한자를 익히기만 해도 일본어의 음성을 표현할 수 있습니다. 이는 한자를 읽고 쓸 수 있는 능력을 특권으로 가졌던 관료에겐 곤란한 상황입니다. 따라서 코리아처럼 관료제가 강하면 만요가나는 보급될 수 없었을 겁니다. 또한 거꾸로 만요가나나 가나가 보급됐기 때문에 관료제의 강화가 저지됐다고도 할 수 있겠습니다.

예컨대 코리아에는 무관에 대한 문관의 우위가 있었는데, 그것은 근본적으로 무관이 한시문漢詩文을 충분히 읽고 쓸 수 없었던 데에서 유래하고 있습니다. 한시문에 능히 숙달되고자 하면 '무예'에 전념할 틈이 없죠. 그렇기 때문에 어찌해도 문관이 우위에 섰던 겁니다. 그러나 일본의 경우 사무라이는 한자와 가나를 섞을 수 있었고 최저선에서는 가나만으로 쓰면 되었습니다. 예컨대 앞서 언급한 무가법武家法 '조에이 시키모쿠'에는 한자와 가나가 섞여 있습니다. 일본에서도 도쿠가와시대가 되면 바쿠후의 이데올로기로서 주자학이 채용되고 사무라이는 일종의 관료로서 한학을 배울 의무를 갖게 되지만, 그 이전까지는 '무예'가 중심이었으므로 학문 따위는 하지 않았습니다. 그럼에도 그다지 곤란한 일이 없었던 것은 가나가 있었기 때문입니다.

7. 아주변성과 세계=경제

일본에서 무가정권이 탄생한 것은 중앙집권적 관료국가체제가 이뤄지지 않았기 때문입니다. 봉건제는 주군이 토지를 하사하는 한에서 주인에게 충성을 맹세하는 개인 간의 계약관계에 기초한 것입니다. 이는 지배-복종의 관계이면서 동시에 호수(쌍무)적인 관계입니다. 주인이 신하의 활동에 대해 은상을 주지 않으면 그 관계는 끝나고 말죠. 사무라이의 정권은 그러한 관계에 기초해 있었던 겁니다.

그러나 그것은 15~16세기에 붕괴되고 있었습니다. 이는 일본의 사회에 집권적 국가에 의한 통제가 없는 상황에서 교환양식C, 즉 시장경제가 확산됐기 때문이라고 하겠습니다. 각지에 도시가 생겼죠. 이는 일본의 내부에서만 일어난 일이 아닙니다. 이 시기에 말하자면 '세계=경제'가 일본에 영향을 끼쳤던 겁니다. 멕시코를 경유한 스페인·포르투갈 등과의 교역이 시작됐던 거죠. 다수의 일본인도 교역을 위해 동남아시아로 건너갔습니다. 국내에서는 사카이堺와 같은 자립적인 도시가 융성했습니다.

그런 사정에 더하여 중대했던 것은 철포의 도래와 보급입니다. 서양에서는 철포의 보급이 기사의 존재이유를 없애버렸는데 일본의 사무라이에게도 마찬가지였습니다. 각자가 은상을 기대하면서 이름을 밝히고 홀로 나가 싸우는 광경은 더 이상 볼 수 없었죠. 사실상 사무라이는 불필요하게 됐던 겁니다. 많은 다이묘大名들의 경합 속에서 패권을 쥔 오다 노부나가는 특히 철포를 활용한 것으로 알려져 있습니다. 노부나가나 그 뒤를 이은 도요토미 히데요시의 시대에는 가마쿠라시대에 있던 봉건제 혹은 호수적인 주종관계가 더 이상 성립되지 않게 된 것이죠. 예컨대 히데요시는 필시 천민 출신이었을 것임에도 최고위(간파쿠다이죠關白太政 대신)에 올랐습니다. 이는 '하극상'의 극한이며 봉건적인 주종관계나 신분제가 소멸했음을 가리킵니다.

그렇게 16세기 말에는 서양의 절대주의와 같은 체제가 형성되려는 중이었습니다. 실제로 노부나가나 히데요시는 스페인·포르투갈과의 교역이나 선교사들과의 교제를 통해 그것을 숙지하고 있었습니다. 노부나가는 스스로를 절대적인 주권자로 간주하고 있었던 듯합니다. 노부나가의 지위를 계승한 히데요시는 거꾸로 황실에 접근하여 간파쿠가 됐지만, 그것에 만족하지 않고 명明나라를 정복하여 황제가 되고자 했습니다. 이를 위해 실제로 조선반도를 공격해 들어갔던 것이죠.

그러나 그의 생각이 밑도 끝도 없는 과대망상이라고 할 수는 없습니다. 그의 기획 배후에는 전국시대를 거치면서 강화되어 온 군사력만이 아니라 동남아시아에 걸치는 광역통상 권역이 있었기 때문입니다. 명나라 조정은 안으로 틀어박히고자 했습니다. 따라서 명을 대신해 그것을 제패하고자 했던 생각은 별달리 기괴하다고 할 수 없는 것이죠. 요컨대 그 시기에 이미 일본은 '대항해시대'의 세계=경제에 관여하고 있었던 겁니다. 히데요시의 자부는 해양국가를 지향하는 대신에 육지의 제국을 지향했던 데에 있었습니다. 그렇기 때문에 간단히 좌절되고 말았습니다만, 어떤 뜻에서 일본국가가 메이지 이후에 행하고자 했던 것을 히데 요시는 대단히 일찍 실행했고 또 대단히 일찍 좌절했다고 하겠습니다. 히데요시가 살아 있을 때는 그에게 복종하고 그가 죽고 난 뒤에 권력을 쥔 도쿠가와 이에야스는 즉각 그러한 노선을 철회했습니다.

8. 도쿠가와 체제란 무엇인가

도쿠가와 체제는 기묘한 것이었습니다. 어떤 뜻에서 도쿠가와 이에야스는 히데요시가 저질러 놓은 일들의 뒤처리를 도모했다고 하겠습니다. 즉 일본이 파괴한 종래의 동아시아 질서를 회복하고자 했죠. 히데요시의 침공과 파괴가 있었던 이후였으므로 조선과의 관계를 수복하는 일은 쉽지 않았습니다만, 그것에 이에야스는 진지하게 몰두했습니다. 예컨대 쇼군의 교대와 동시에 조선통신사를 맞아들였습니다. 조선왕조와의 관계 수복은 조선을 책봉한 명·청과의 관계를 회복하는 것이기도 합니다. 그런 뜻에서 도쿠가와 이에야스는 동아시아에 있던 제국과 그 주변이라는 세계질서를 회복하고자 했다고 하겠습니다.

그것은 다음과 같은 의미를 갖습니다. 노부나가나 히데요시는 절대왕정에 가까운 부분이 있었지만 도쿠가와는 그런 방향을 부정했다는 것입니다. 서유럽의 절대왕권은 영주의 봉건적 특권

을 뺏고 그들을 궁정귀족·관료 속에 편입시켰습니다. 노부나가
도 오래 살았다면 그랬을 겁니다. 이와 달리 도쿠가와는 봉건영주
(다이묘)를 그대로 두었습니다. 또 절대왕정이 중상주의 정책을
취해 부국강병을 도모했던 것과는 달리 도쿠가와는 전혀 반대
방향으로 나갔던 겁니다.

첫째로 쇄국정책을 취했죠. 물론 네덜란드와의 교역은 계속했
으며 중국·코리아와의 교역도 계속됐지만 그 정도의 해외교역으
로는 16세기에 있었던 것과 같은 경제발전은 불가능했습니다.
나아가 '사농공상士農工商'이라는 신분제를 만들고 상인을 그 최하
위에 놓았습니다. 실제로는 끊임없이 상인의 힘에 굴종하고 있었
음에도, 도쿠가와는 그렇게 16세기에 세계시장과 연결되어 개화
된 상인자본주의를 억누르고자 했던 겁니다.

또 이에야스는 조선왕조의 주자학을 도입하여 바쿠후의 공인
된 교의로 삼았습니다. 유교를 우위에 두었던 것은 전국시대에
있던 가치를 부정하는 것입니다. 유교의 우위란 말하자면 예악禮樂
을 무武보다 우월하게 만드는 것이기 때문입니다. 그럼에도 이에
야스는 문관에 의한 관료제국가를 만들고자 하지는 않았습니다.
사무라이 계급을 종래 그대로 두었던 겁니다. 왜냐하면 도쿠가와
는 무가정권으로서의 정통성을 필요로 했었기 때문입니다. 또
도쿠가와는 존황尊皇을 제창했습니다. 혹시 그렇게 하지 않으면
다른 다이묘가 그렇게 할 것이었기 때문입니다. 따라서 도쿠가와
체제에서는 고대 율령제가 살아남았던 겁니다.

나아가 도쿠가와 바쿠후는 군사적인 발전도 정지시켰습니다.
철포 등의 개발을 다른 다이묘에게 금지시켰을 뿐만 아니라 바쿠

후 자신에게도 동결시켰습니다. 요컨대 도쿠가와는 절대왕권으로 이어지는 것들 전부를 그만두었던 겁니다. 도쿠가와의 원칙은 경제발전이든 군사적 발전이든 확대주의를 부정하는 것이었습니다. 16세기에 세계시장 혹은 근대로 향해 있던 일본의 사회는 도쿠가와에 의해 저지되었다고 하겠습니다. 요컨대 도쿠가와 바쿠후는 16세기에 열렸던 세계=경제(교환양식C)의 침투를 억제하고자 열심히 노력했던 것인데, 결국엔 그럴 수 없었던 것이죠. 세계=경제는 내부로부터만 도쿠가와 체제를 침식했던 게 아니었습니다. 그것은 동시에 외부로부터 개국을 강요하는 미국의 흑선黑船[구로후네]으로서 찾아왔던 겁니다.

메이지유신 이후 일본은 급속도로 산업자본주의적 발전을 이루었습니다. 그러나 그것은 메이지시대에 시작됐다기보다는 16세기에 한 번 존재했으나 도쿠가와시대에 억제되어왔던 것이 멍에를 벗은 결과라고 해야 합니다. 그런 뜻에서 메이지 일본의 제국주의자가 히데요시를 짊어지고 있었던 일은 당연한 것이라고 하겠습니다.

한편 한국은 어땠는지요. 히데요시의 군대를 격퇴했던 이씨조선은 그 뒤로 까다로운 문제에 봉착했습니다. 그들이 오랑캐로 멸시했던 여진(만주족)의 누르하치가 명나라 왕조를 뒤집고 청조를 세웠기 때문입니다. 거기서 이씨조선의 사람들은 명나라의 문화를 진정으로 계승하는 것은 자신들이라고 생각했습니다. 즉 이씨조선이야말로 '중화中華'라고 하는 관념을 품게 되는 겁니다. 19세기 중반 아편전쟁 이후 청조가 나름대로 근대화를 꾀했을 때, '중화'의식을 강하게 가진 이씨조선은 개국을 거부했습니다.

그러나 그것은 어떤 뜻에서 '주변' 특유의 현상이라고 할 수 있겠습니다.

이러한 주변으로서의 한국과 아주변으로서의 일본이 1870년대의 세계적 문맥 아래에 처하게 됩니다. 그리고 그 이후에 어떻게 됐는지는 여러분 모두가 잘 알고 계신 바입니다.

* 이 강연 내용은 『제국의 구조: 중심·주변·아주변』(세이도샤, 2014)에 근거한 것이다. 자세한 것은 그 책을 참조

'철학의 기원'과 해바라기 혁명

1. 이오니아의 이소노미아: 아테네 민주주의와의 차이점

저는 대만에서 『철학의 기원』이 간행된 것에 맞춰 무언가 이야기를 부탁받았고, 그래서 오늘 여기에 왔습니다. 제가 이 책의 집필을 생각했던 것은 『세계사의 구조』(2010)를 출판한 직후였습니다. 저는 다음 작업으로 그리스에 관한 것을 생각하고 있었는데, 『세계사의 구조』에서는 전체의 밸런스를 고려하여 그리스에 관해 충분히 쓸 공간을 얻지 못했기 때문이었습니다.

왜 그리스인가. 서양의 사상가는 헤겔부터 베르그송, 하이데거, 아렌트에 이르기까지 그리스에 세계사적으로 특이한 점이 있었으며 그것은 지금도 모범으로 해야 하는 것이라고 줄곧 말해왔습니다. 저는 그런 말에 별달리 반대하지 않습니다. 그러나 저는 그리스를 '서양'으로 보는 것은 다름 아닌 서양중심주의적인 편견이라고 생각합니다. 그리스 문화는 이집트·페르시아 등 아시아의 문명 속에서, 그러하되 그 중심으로부터 떨어진 곳에서 탄생했습니다. 그리스를 독특하게 만든 것은 말하자면 바로 그 위치였습니다.

먼저 말해두자면, 그리스 문명이 현재에도 견본으로 삼아야 할 무언가를 지니고 있는 것은 그것이 고도로 진전된 단계에 있었기 때문이 아닙니다. 오히려 그리스는 중심에서 보면 뒤처진 미개의 단계에 있었던 것입니다. 단, 아시아의 문명에서 완전히 떨어진 곳에 있었던 것은 아니며, 그렇다고 그것에 완전히 종속되어버릴 정도의 주변에 있었던 것도 아닙니다. 저는 그것을 주변과 구별하여 아亞주변이라고 부릅니다. 아주변에서는 중심으로부터 문명을 받아들이지만 그런 수용은 선택적으로 행해집니다. 바꿔 말하자면 중심으로부터 문명을 받아들이되 싫은 것은 받아들이지 않는다는 것입니다. 그렇게 아주변적인 것이 그리스가 아시아적인 문명, 즉 전제국가로 더듬어가는 길을 막았던 겁니다.

그리스의 사회가 뒤처진 단계에 있었다는 것은, 구체적으로 말하면 씨족사회가 남아 있었다는 것입니다. 마르크스 또한 그런 이유로 그리스에 폴리스가 난립하여 통일국가가 될 수 없었다고 말합니다. 나아가 그리스에서 데모크라시가 생겨났던 것도 씨족사회가 남아 있었기 때문이라고 할 수 있습니다. 씨족사회에는 일종의 데모크라시가 있는 겁니다. 그 유명한 예는 미국의 이로쿼이족입니다. 그들은 부족 연방을 형성하고 정기적으로 의회를 열었죠. 거기서는 다수결이 없었습니다. 반대가 없어질 때까지 토의를 계속한 것이죠. 또 그들은 상호 투표로 수장을 뽑았습니다. 이러한 시스템은 수렵민의 부족사회에 한정되지 않습니다. 많든 적든 유목민사회에도 있는 것입니다.

거기에 덧붙여 말해두는 것인데, 그리스적인 것이 로마를 거쳐 유럽에 전해졌다고 서양의 사상가들이 생각하는 것에 대해서도 주의가 필요합니다. 그리스적인 것이 유럽에 전해졌던 이유는 무엇인가. 그것은 유럽이 비아시아적이며 고도의 문명을 갖고 있었기 때문이 아닙니다. 거꾸로 유럽이 미개한, 즉 씨족사회적인 것을 갖고 있었기 때문입니다. 이에 관해서는 엥겔스의 지적이 적확합니다.

> 다른 한편, 중세의 농노는 실제로 계급으로서의 자신의 해방을 서서히 완수했다. 그들이 그러한 [예속]형태를 발전 시키고 그것을 전적으로 유일한 형태로 높일 수 있었다고 한다면, 그것은 그들의 미개성 덕분이 아니라면 달리 무엇이겠는가? 다름 아닌 그 미개성 때문에 그들은 완성된 노예 제에, 즉 고대의 노동노예제나 동양의 가내 노예제에 도달하지 않을 수 있었던 것이다. [……] 독일인이 로마 세계에 심었던 무릇 활력 있는 생명을 가져온 모든 것들이 바로 그 미개성이었다. 실제로 미개인만이 빈사상태의 문명 속에서 시달리는 세계를 젊게 만들 수 있는 능력을 갖고 있다. 그리고 민족 대이동 이전의 독일인이 지향하면서 전진하고 있던 미개의 높은 단계야말로 그런 과정에 무엇보다 적합한 것이었다. 이로써 모든 일이 설명된다.[1]

1. 「家族, 私有財産および国家の起源」, 『マルクス=エンゲルス全集 第21

그러나 그런 미개성이 즉각 그리스적인 문명을 가져왔는가라고 한다면, 그렇지는 않습니다. 예컨대 그 이전에 남쪽으로 내려온 그리스인들이 만든 크레타나 미케네의 국가는 이집트적인 전제국가였습니다. 즉 씨족사회로부터 전제국가로 나아가는 쪽이 오히려 일반적인 것입니다. 그리스에도 그러한 경향이 있었습니다. 씨족사회의 전통이 남아 있었을지라도 그것은 오히려 전통적인 가문에 근거한 귀족제로서 그랬던 것입니다. 따라서 그리스에서의 데모크라시는 오히려 그런 의미에서의 씨족제를 부정함으로써 생겨났던 겁니다.

그렇다면 그러한 데모크라시의 요소는 어디로부터 왔을까요 그것은 그리스 본섬에서가 아니라 그들 그리스인들이 식민植民[정치·경제적 주종관계의 재생산을 위해 이주·이동]했던 이오니아의 폴리스에서 태어났다고 할 수 있습니다. 이오니아는 현재 터키의 해안지대에 위치해 있습니다. 이오니아로 식민한 이들은 씨족사회에 있던 평등성을 유지하면서 동시에 씨족사회의 배타성을 벗어난 폴리스(코뮌)를 만들었습니다. 이오니아의 그런 폴리스에서 이소노미아라는 원리가 생겨났던 겁니다.

이후 아테네에서 솔론 같은 사람들은 귀족제가 지배적인 것으로 된 사회에서 이소노미아의 원리를 도입하고자 했습니다. 그래

卷』, 大月書店, 157頁[「가족, 사적 소유 및 국가의 기원」, 『칼 맑스·프리드리히 엥겔스 저작선집』 6권, 최인호 옮김, 박종철출판사, 1997, 174쪽].

서 이뤄진 것이 아테네의 데모크라시입니다. 그러나 실은 이오니아의 이소노미아와 아테네의 데모크라시는 본질적으로 다릅니다. 이에 관해 저는 한나 아렌트로부터 한 가지 힌트를 얻었습니다.

아렌트가 지적하듯이 '−크라시^{cracy}'는 지배를 뜻합니다. 데모크라시는 다수자 지배이죠. 이에 맞서 이소노미아는 무지배^{no} ^{rule}라고 그녀는 말합니다. 이를 따라 저는 이소노미아와 데모크라시를 준별하는 지점에서 출발합니다. 무엇보다 아렌트 자신은 이 이상으로 그런 준별의 문제를 생각하지 않지만 말입니다.

아테네의 데모크라시는 현대의 데모크라시와 다르다고들 말합니다. 아테네의 데모크라시는 직접민주주의이므로 현대의 대표제 민주주의와는 다르다는 식이죠. 그러나 제 생각으로는 그렇게 다르지 않습니다. 예컨대 아테네의 민회에 여성, 외국인, 노예가 참가할 수는 없습니다. 따라서 그들의 의향은 고려되지 않죠. 이는 오늘날의 대표제 민주주의와 비슷한 것입니다. 그렇기에 아테네의 데모크라시를 참조함으로써 현대 데모크라시의 결함을 극복하는 일은 불가능합니다. 우리가 참조해야 하는 것은 아테네의 데모크라시가 아니라 이오니아의 이소노미아입니다.

예컨대 현대의 사회에서 자유와 평등은 상호 배반합니다. 사람들이 자유롭게 행동하면 경제적 불평등이 생깁니다. 경제적 평등을 추구하면 자유가 제한됩니다. 즉 사회주의적으로 되면 자유가 구속되는 것이죠. 그렇게 자유냐 평등이냐를 두고 끊임없이 항쟁이 이어지는 겁니다. 아테네에서의 데모크라시 또한 마찬가지입니다. 무산자가 유산자의 재산을 재분배하려는 데에 맞서 유산자가 저항합니다. 그들이 사이좋게 서로 일치할 수 있는 것은 전쟁,

즉 타국으로부터 재물을 수탈하는 경우입니다. 따라서 아테네의 데모크라시는 언제나 전쟁을 부채질하는 데마고그[대중선동 정치가]에 의해 지배됩니다.

이와는 달리 이오니아의 이소노미아에서는 자유와 평등의 배반이 없습니다. 거기서는 사람이 자유롭다는 것에 의해 경제적으로 평등합니다. 대체 어떻게 그런 일이 가능할까요 이소노미아는 식민[이주·이동]한 사람들이 만든 사회에서 성립하는 것입니다. 그 경우 첫째, 본국으로부터 독립해 있을 것, 둘째 식민할 수 있는 토지가 충분할 것이라는 두 가지 조건이 불가결합니다.

저는 식민[이주·이동]한 사람들이 형성한 이소노미아적인 사회로서 두 가지 사례를 들었습니다. 하나는 12세기 무렵에 있었던 아이슬란드의 사회입니다. 다른 하나는 18세기 무렵 유럽에서 북미로 식민한 사람들이 구축한 타운입니다. 이에 관해서는 아렌트가 상세히 논하고 있습니다. 단, 그녀는 타운십[2]이 이소노미아와 동일한 것임을 알아채지 못하고 있지만 말입니다.

이오니아든 아이슬란드든 먼 과거이지만, 미국의 타운은 18세기 무렵이므로 많은 자료가 남아 있습니다. 그것을 보면 이오니아에서 일어났던 일을 어느 정도 추측하여 헤아려볼 수 있습니다. 예컨대 미국에서는 식민해 들어간 사람들은 타운으로부터 일정한 크기의 토지를 받습니다. 토지소유의 규모는 대체로 평등했습니다. 그들은 각 가족이 경작할 수 있는 이상으로 큰 토지를

--
2. [township. 북미로의 이주시대에 시행된 공유토지의 분할제도 및 균등구획지.]

갖지 못합니다. 그것은 금지되어 있기 때문이 아닙니다. 그 이상으로 토지를 넓히면 사람을 고용하지 않으면 안 되는데 고용할 수 있는 사람이 없기 때문입니다. 사람들은 토지가 부족하면 타인의 토지에서 일하기보다는 타운 바깥으로, 프런티어³로 향해 가버립니다. 따라서 각각의 사람들은 불필요한 토지를 갖지 않습니다. 그렇기 때문에 재산은 평등해집니다. 그렇게 자유로이 이동할 수 있다는 것이 사람들을 평등하게 합니다. 따라서 자유가 평등을 가져오는 겁니다.

이렇게 식민한 사람들이 씨족적 전통이 아니라 '사회계약'에 의해 새로운 폴리스를 형성한 지점에서는 토지소유에서의 차이가 없을 뿐만 아니라 직업상의 비천함도 없습니다. 그리스의 본섬에서도 목축·농업·전사가 중시되고 교역이나 제조업은 낮게 여겨졌습니다. 그러나 이오니아에서는 그런 차별이 없었으므로 교역이나 제조업이 현저히 발달했습니다. 거기로부터 '자연철학'이 나왔던 겁니다.

참고로 그리스의 알파벳이 만들어져 보급됐던 곳은 이오니아입니다. 이집트에서는 문자 해득이 어려운 상태에서 그것이 가능했던 서기가 권력을 가졌었지만, 이오니아에서는 대부분의 사람들이 읽고 쓸 수 있었죠. 나아가 그들은 주화를 만들고 식료품 등의 가격을 시장에 맡겼습니다. 따라서 관료에 근거한 국가체제를 필요로 하지 않았습니다. 그리스 문화는 전체가 호메로스의

3. [북미로의 이주시대, 개척지와 미개척지 사이의 경계선, 경계지역. 또는 그 지역으로 개척을 나선 자.]

서사시를 공유하는 것이지만, 그것이 작성된 것도 이오니아에서 였습니다. 그 서사시는 제재를 미케네시대에서 취했음에도 이오니아 사회를 반영했던 것입니다. 즉 이소노미아적인 것이었습니다.

이오니아로 식민한 사람들이 최초로 만든 폴리스는 밀레토스이지만, 거기가 가득 차게 되면 그들은 다른 곳으로 식민하여 차례로 다른 폴리스를 만들었습니다. 그중 하나인 에페소스에서 나온 사상가가 헤라클레이토스입니다. 나아가 이오니아의 폴리스가 가득 차게 되었을 때 그들은 이탈리아 남부로 식민했습니다. 이와 함께 이오니아의 문화도 이탈리아로 퍼져갔죠. 파르메니데스와 같은 엘레아학파가 그 대표입니다. 헤라클레이토스도 파르메니데스도 이오니아적인 사상을 이어받고 있습니다. 그들은 각기 다른 폴리스에 소속되어 있었지만, 이와 동시에, 말하자면 '코스모폴리스'에서 살고 있었던 겁니다.

한편, 그리스 본섬에서는 어땠을까요. 이오니아와 달리 본섬의 폴리스에서는 목축이나 농업이 중심이었으며 화폐경제가 침투함에 따라 계급 간의 격차와 대립이 발생했습니다. 이에 대해 두 가지 대책이 있을 수 있었죠. 그 한쪽 극은 스파르타의 '공산주의'입니다. 그들은 화폐경제를 정지시키고 군국주의적인 체제를 구축했습니다. 거기선 평등은 확보되었지만 개인의 자유는 없었습니다. 이에 대한 다른 한쪽 극이 아테네의 데모크라시입니다. 즉 아테네에서는 화폐경제를 유지하면서도 동시에 계급 격차를 막고자 했었습니다. 그것이 데모크라시입니다.

최초로 귀족지배를 타도했던 것은 참주입니다. 흔히들 참주를 넘어뜨릴 수 있었던 것이 데모크라시였다고 생각합니다만, 실제로는 참주제를 이어받고 있는 것이 데모크라시입니다. 근대 속에서 말하자면, 부르주아혁명은 절대왕정을 넘어뜨리고 국민을 주권자로 하는 국가를 형성하게 되었습니다만 실제로는 애초부터 절대왕정에 의해 만들어진 틀에 기초해 있는 것이었습니다. 봉건체제에서는 여러 신분들 및 지역들로 사람들이 나눠져 있기 때문에 '국민'이라는 동일성은 성립되지 않습니다. 이어지는 절대왕정 아래서는 주권자인 왕에 대해 모든 사람들이 신하가 됩니다. 그 다음으로 부르주아혁명에 의해 절대왕정이 무너지면 그러한 신하subject가 주체subject로 되죠. 그것이 주권자로서의 '국민(네이션)'인 겁니다.

일본을 두고 말하자면, 메이지유신에서는 주권자로서 천황이 불가결했습니다. 그때까지 도쿠가와의 봉건체제 아래에서 다양하게 나눠져 있던 모든 사람들이 천황의 신하가 된다고 함으로써 국민=주체가 출현했던 겁니다. '다이쇼 데모크라시'라고 불리는 것은 그 이후에 가능해졌던 것입니다.

마찬가지로 아테네에서는 참주를 넘어뜨리고 데모크라시가 성립한 것처럼 보입니다만, 실제로는 씨족을 넘어서는 '데모스'라는 것은 집권적 참주제 아래에서 성립하고 있었습니다. 따라서 데모크라시는 '데모스에 의한 지배'인 것입니다. 간단히 말하자면 그것은 유산자에게 세금을 부과함으로써 부를 재분배하는 것입니다. 따라서 민회에서는 유산자계급과 무산자계급의 싸움이 항시 벌어졌습니다. 앞서 말했던 것처럼 그들이 불평 없이 의견의 일치를 보았던 것은 외국을 침략하여 수탈하는 정책에 관해서입니다. 이 점에서 아테네의 민주정치는 현재의 그것과 유사한 것입니다. 그러므로 분명 아테네의 정치는 견본이 될 수 있는 것입니다. 단, 나쁜 견본으로서 말입니다.

이오니아에서 이소노미아는 그러한 데모크라시와는 다릅니다. 애초부터 이오니아에는 씨족적인 배타성이 없습니다. 따라서 이민을 받아들입니다. 나아가 빈부의 차가 없었죠. 당연히 남녀의 차별, 외국인에 대한 차별도 없었습니다. 노예제도 없었죠. 아테네에는 있던 것들이 이오니아에는 없었던 겁니다. 그렇다면 이오니아에는 어떤 사상이, 즉 어떤 철학이 있었던 것일까요. 이에 대해 질문하는 것이 '철학의 기원'을 묻는 일입니다.

아테네의 철학자는 이오니아의 철학을 자연철학이라고 불렀습니다. 그것은 철학으로서는 아직 초기적인 단계에 있다는 뜻이었습니다. 그들의 생각으로는 소크라테스 이후에 비로소 인간적인, 도덕적인 탐구가 행해지게 됐던 것이죠. 그러나 소크라테스는 별도로 하더라도 플라톤이나 아리스토텔레스의 어디에서 보편적인 도덕성을 볼 수 있는 것인지요. 예컨대 아리스토텔레스는 노예란 태어나면서부터 노예라고, 즉 노예란 자연(퓌지스)에 기초해 있는 것이라고 말합니다.

이와 달리 이오니아 사람들은 노예제를 인정하지 않았습니다. 이는 또한 이후에 소피스트로 불렸던 사람들에 의해서도 계승됩니다. 그들은 자연(퓌지스)에 있어 인간은 평등하며, 시민과 노예의 구별은 인간이 만든 규범(노모스)에 불과하다고 주장했습니다. '자연'에 대해 질문할 때 이오니아의 철학자들은 근본적으로 인간이 무엇인지를, 무엇을 행해야 하는지를 다시 질문하고자 했던 것입니다.

이오니아 자연철학의 흐름을 이은 자로서, 저는 역사가 헤로도 토스와 의사 히포크라테스에 주목합니다. 헤로도토스는 자민족 중심주의의 태도를 전혀 취하지 않고 각국의 역사를 고찰했던 사람입니다. 의사 히포크라테스는 당시 신들림에 의한 병으로 여겨지던 간질을 자연(퓌지스), 즉 뇌의 장해라고 생각했습니다. 그 점에서 그는 명확히 자연철학을 이어받고 있습니다. 그것만이 아닙니다. 그는 또 하나의 퓌지스에 기초하여 의학의 윤리를 사고했습니다. 예컨대 그는 환자를 차별하지 않을 것, 환자의 비밀을 지킬 것 등을 의사의 철칙으로 삼았습니다. 그것은 현재까 지도 남아 있습니다. 따라서 이오니아의 자연철학에는 도덕성이 없으며 아테네의 철학자에게는 그런 도덕성이 있다는 따위의 말은 근본적으로 이상한 것입니다.

2. 피타고라스: 기하학과 윤회전생轉生의 관념

이미 말했듯이 이소노미아를 가능케 했던 조건은 식민[이주·이 퇴할 수 있는 프런티어가 충분히 있고 토지가 부족하면 다른 곳으로 이동할 수 있다는 것이었습니다. 거꾸로 말하면, 그런 조건이 성립하지 않게 되면 이소노미아도 붕괴합니다. 그것은 미국의 타운십에도 해당됩니다. 영국은 인디언과 협정을 맺어 식민지의 범위를 한정하고 있었습니다. 미국이 영국으로부터의 '독립'을 요구했던 것은 그런 제한을 넘어 인디언의 토지를 침입

할 수 있는 권리를 얻기 위해서였습니다.

프런티어가 없어지면 이오니아의 폴리스에서 이소노미아는 성립될 수 없게 됩니다. 토지소유에 격차가 생기고 계급적인 대립이 생기게 되죠. 그리고 그것을 해결하고자 참주가 나오게 됩니다. 실은 이오니아의 철학자란 이소노미아가 그런 위기에 처했을 때 이소노미아를 옹호하고자 했던 사람들이었습니다. 이소노미아가 있을 때는 그것이 당연한 것처럼 보이기 때문에 누구도 그것의 의의에 관해 생각하지 않습니다. 이소노미아가 훼손될 때 비로소 알아차리게 되는 것이죠.

미국의 타운십에 관해서도 마찬가지인데, 이오니아에서 이소노미아는 역사적으로 일정한 조건에 의해 가능해졌습니다. 앞서 말한 충분한 토지가 그것입니다. 그 조건이 없어지면 이소노미아는 존속할 수 없는 것이죠. 그러나 그것에 의해 이소노미아의 의의가 소멸하고 마는 것은 아닙니다. 그 의의는 오히려 그것이 소멸하고 만 뒤에야 비로소 발견되는 것입니다.

저는 그리스의 자연철학자들이 이미 이소노미아가 위기에 처한 상황 속에서 사고하고 있었다고 말했는데, 그 점은 언뜻 보면 이오니아의 철학과는 아무 관계가 없어 보이는 철학자들에게도 해당됩니다. 그중 하나가 사모스 섬의 피타고라스입니다. 사모스 섬은 참주가 지배하는 체제가 되고 말았던바, 거기서 피타고라스는 친구 폴리크라테스와 함께 이소노미아의 회복을 꾀했습니다. 그러나 그 친구가 결국엔 참주가 되고 말았죠. 그래서 그는 사모스 섬을 떠나 곳곳을 방랑하게 됩니다. 인도 부근까지 간 것 같습니다. 최후로 그는 이탈리아에 나타났습니다. 피타고라스 교단을 창시하고 학원(이후 플라톤이 흉내 낸 아카데미아)을 만들었죠.

그 지점에서 보면 피타고라스에게 이오니아에서의 사건이란 근본적인 것이었음에도 누구도 그 점을 논하지 않습니다. 그가 아시아로부터 도입한 신비사상, 혹은 혼의 윤회전생이라는 관념에만 주목하죠. 그러나 피타고라스가 근본적으로 이오니아적이라는 점은 그가 오늘날에도 피타고라스 정리로 알려져 있듯이 기하학을 고집했던 점에서도 명확합니다. 그가 아시아적 사상에 영향을 받은 것은 사실이지만, 그것 또한 이오니아에서의 정치적 체험에 기초한 것입니다.

피타고라스는 이후에 이탈리아의 크로톤에서 과거에 실패했던 사회개혁을 다시 시도하고자 했습니다. 그의 교단은 전원이 경제적으로 평등하며 남녀 간에도 평등한 공산주의적 집단이었습니다. 그 경우 피타고라스는 과거의 경험에서 다음과 같은 것을 배웠다고 할 수 있습니다. 하나는 대중의 자유에 맡겨서는 안 된다는 것입니다. 그것은 결과적으로 대중의 자유를 억압하는 독재[체]제=참주제로 귀결되기 때문입니다. 다른 한 가지 사고는 지도자가 육체의 구속을 넘어선 철학자이지 않으면 안 된다는 것입니다. 그렇지 않으면 지도자 자신이 독재자가 되어버리기 때문입니다. 그의 친구가 그랬던 것처럼 말입니다.

이러한 사고 속에는 이후의 플라톤이 말한 철학자=왕, 혹은 철인정치의 원형이 있습니다. 실제로 플라톤은 피타고라스파 교단으로부터 영향을 받았던 겁니다. 그러하되 저는 플라톤이 피타고라스에게 공감했던 것은 그 자신이 아테네에서 경험한 것과 피타고라스가 이오니아에서 경험했던 것이 유사했기 때문이라고 생각합니다. 플라톤은 아테네의 데모크라시가 소크라테스를 죽였다고 보았습니다. 소크라테스의 처형 이후, 플라톤은 아테네로부터 도망쳐 각지를 방랑하면서 피타고라스 교단과 조우했던 겁니다. 데모크라시에 대한 의심, 철인정치의 제창은 플라톤 자신의 아테네 경험에 따른 것이지만, 또한 피타고라스의 경험이기도 했던 것입니다.

3. 소크라테스: 다이몬과 광장

다음으로 논하고 싶은 문제는 바로 소크라테스에 관한 것입니다. 일반적으로 플라톤은 소크라테스와 가장 가까운 사람으로 여겨집니다. 소크라테스를 등장시킨 대화를 많이 썼기 때문입니다. 그러나 소크라테스는 플라톤이 그린 인물과는 상당히 다릅니다. 예컨대 플라톤에 의해 소크라테스는 이오니아의 자연철학자와는 달리 처음으로 인간과 도덕성에 관해 생각했던 사람으로 그려지고 있습니다. 이에 대해 저는 의심을 품고 있습니다. 앞서도 말했듯이 이오니아의 철학자들 쪽이 훨씬 더 인간적이고 도덕적이었습니다.

저는 이렇게 생각합니다. 소크라테스는 이오니아의 철학을 비판했다기보다는 오히려 그것을 회복하고자 했다고 말해야 하지 않겠는가, 바꿔 말하자면 소크라테스는 아테네의 데모크라시 속에서 이오니아적인 이소노미아를 회복하고자 했다고 말해야 하지 않겠는가. 중요한 것은 소크라테스가 의식적으로 그렇게 했던 것은 아니라는 점입니다. 그 점이 대단히 재미있는 부분입니다. 그리고 거기에 소크라테스의 수수께끼가 있습니다.

먼저 주목해야 하는 것은 그가 있는 곳으로 찾아오는 다이몬(정령)입니다. 소크라테스는 다이몬 같은 초자연적 존재를 감각하고 받아들일 수 있는 자질의 소유자였습니다. 그러한 인물은 현재에도 드물지 않습니다. 소크라테스가 특이한 것은 그런 다이몬의 지시가 특이했기 때문입니다. 이를 간단히 말하면, 민회에 가지 말라는 것입니다. 나아가 다이몬은 정의를 위해 싸우라고 말합니다.

민회에 가는 것은 아테네 시민의 특권이며 의무입니다. 소크라테스가 있는 곳에 나타난 다이몬이 말했던 것은 그렇게 민회에 가는 일을 포기하라는 것이었습니다. 이는 아테네 시민에게는 큰일 나는 것입니다. 민회에서 활약함으로써 한 사람 몫의 시민으로 불릴 수 있기 때문입니다. 부자들의 자손이 소피스트에게 돈을 지불하고 배운 것은 민회에서 훌륭히 거동하기 위해서였습니다. 다이몬이 지령했던 것은 그런 민회에 가지 말 것이며 정의를 위해 싸우라는 것이었습니다.

그래서 소크라테스가 행했던 것은 아고라(광장·시장)에 가는 일이었습니다. 정의를 위해 싸운다는 것은 거기서 사람들과 문답을 행하는 것이었습니다. 민회가 공적인 장인 것에 대해 광장(아고라)은 사적인 장입니다. 그러나 그것은 단순히 사적인 것은 아니었으며, 민회 이상으로 보편적으로 열려진 장이었습니다. 예컨대 민회에 여성, 외국인, 노예는 들어갈 수 없습니다. 그러나 광장에는 모든 사람들이 있습니다. 광장은 민회와는 다르지만 일종의 의회(어셈블리)였던 것입니다.

민회는 데모크라시로 불리고 있습니다. 이는 오늘날 직접민주주의로 말해지는 것이지만 실제로는 시민이라는 지배층, 즉 '데모스'가 지배하는 것이며, 그래서 데모크라시인 겁니다. 광장에는 그런 '데모스'에 들어갈 수 없는 사람들이 많았습니다. 그렇다면 소크라테스가 광장에서 발견하고자 했던 것은 무엇일까요. 이소노미아(무지배)였다고 저는 생각합니다. 물론 소크라테스는 의식적으로 그런 것을 생각했던 것은 아닙니다. 그는 다이몬(정령)의 지령에 따랐던 겁니다.

민회와 광장. 공적인 것과 사적인 것. 그것들의 가치서열은 아테네에서는 명백합니다. 그러나 다이몬은 소크라테스에 대해 공인으로서 활동하는 것을 부정하면서도 동시에 폴리스 혹은 정치로부터 물러나는 게 아니라 사인으로서 정의를 위해 활동하라고 말했던 겁니다. 바꿔 말해 다이몬의 지령은 폴리스를 공인과 사인의 구별이 없는 것으로 만들라는 의미였습니다.

그런데 공인과 사인의 구별이 없는 사회, 즉 민회와 광장의 구별이 없는 사회가 예전의 이오니아에 있었습니다. 그것이 이소노미아입니다. 그것은 이오니아 몰락 이후에 소실되었을 뿐만 아니라 망각되었습니다. 단, 이오니아 자연철학의 흐름 속에 희미하게 살아 있었죠. 소크라테스는 젊은 시절 이오니아 자연철학을 배웠다고 합니다. 그것은 아리스토파네스의 희극 『구름』에도 묘사되어 있습니다. 그러나 소크라테스가 이오니아적인 정신(이소노미아)을 그런 식으로 계승했던 것은 아닙니다. 그의 경우 그런 정신은 다이몬의 지령이라는 형태로 상기되었던 것입니다.

다이몬의 지령은 프로이트의 말을 빌리면 '억압된 것의 회귀'이며, 그것은 강박적으로 찾아옵니다. 그 결과로서 소크라테스는 아테네에 이소노미아를 도입하고자 했습니다. 따라서 그는 광장에 갔던 겁니다. 소크라테스가 아테네의 데모크라시에 위협으로 간주됐던 것은 그런 이유 때문입니다. 플라톤은 그런 사정을 곡해했던 겁니다.

4. 해바라기 혁명에 관하여

제가 『철학의 기원』을 잡지에 연재하기 시작했던 것은 2011년 5월 무렵이었습니다. 하지만 바로 그 전 3월 11일에 동일본 대지진 재해와 후쿠시마 원전 사고가 있었고, 이어 4월에는 항의 데모가 시작됐습니다. 저는 그 데모에 갔습니다. 그렇게 데모에 가면서 『철학의 기원』을 썼습니다. 그때 저는 소크라테스가 왜 민회가 아니라 광장에 갔었는지를 이해할 수 있겠다는 느낌을 받았습니다.

소크라테스는 광장에서 구별 없이 그 누구와도 문답을 행했다고 합니다. 그러면 그 문답이란 어떤 것이었을까요. 그것은 플라톤의 '대화' 편에 속에서는 참으로 부드럽게 일정한 끝(목적)을 향해 나아갑니다. 거기서 대화는 실제로는 자기대화, 즉 내성內省이지 타자와의 대화가 아닙니다. 타자와의 대화가 그렇게 안성맞춤으로 완결될 리가 없습니다. 예컨대 디오게네스 라에르티오스가 쓰고 있듯이 소크라테스의 문답법은 상대를 자주 분노하게 만들었습니다. 그 때문에 그는 자주 얻어맞거나 발로 차였지만 묵묵히 견뎠습니다. 이에 친구가 소송을 걸라고 말했지만 소크라테스는 이렇게 답했다고 합니다. "혹시 당나귀가 나를 걷어찼다고 해서 당나귀를 상대로 소송을 하겠는가."(『그리스철학자 열전』)

저는 국회 주변으로 가면서 이렇게 생각했습니다. 아테네로 말하자면 국회는 민회입니다. 거기서는 선거로 뽑힌 사람들이 권력을 갖고 있죠. 그들은 그것이 데모크라시라고 말합니다. 분명히 그렇습니다. 그러나 그렇다면 국회 바깥에 있는 데모·집회란 어떤 것일까요. 주권자로서의 국민은 국회 쪽에 있는 걸까요, 데모·집회 쪽에 있는 걸까요.

저는 그 시기 「이중의 어셈블리」라는 에세이를 썼습니다. 영어로 어셈블리는 의회이기도 하며 집회나 데모이기도 합니다. 흔히들 의회와 데모·집회란 대립물이라고 생각하지만 본래는 동일한 것입니다. 그리고 어셈블리는 태곳적부터 있었습니다. 일본어로는 요리아이[4]이며, 그것은 모든 마을에 있었습니다.

예컨대 루소는 『사회계약론』[1762]에서 인민이 주권자가 되는 것은 오직 어셈블리에서라고 말합니다. 그런데 그는 영국의 대의제(의회제)를 두고 인민은 단 하루만 주권자이며 그날 이후로는 대표자에게 복종할 뿐이라고 말합니다. 그렇다면 루소가 말하는 어셈블리란 무엇일까요. 그것은 의회라기보다는 오히려 데모·집회 같은 것입니다. 실제로 유럽에서 의회는 그런 데모·집회로서 시작했습니다.

· ·

4.　[寄り合い. 하나로 통일되지 않는, 여러 '잡다'한 사람들의 모임.]

통상적으로 의회와 데모·집회는 분리되어 있습니다. 혹은 전혀 다른 것으로 간주됩니다. 그러나 그것들이 교차하는 순간이 있죠. 예컨대 일본에서 2012년 6월 정부가 원전 재가동을 강행했을 때 연일 몇 십만 명의 사람들이 국회를 둘러쌌습니다. 물론 데모 참가자들이 국회에 침입하거나 하지는 않았습니다. 그렇기는커녕 집회가 끝난 이후 깨끗이 뒷정리를 했습니다. 그 다음에 일어났던 것은 국회 쪽으로부터 의원들이 항의 집회의 참가자들에 대해 인사를 하러 왔던 일입니다. 국회 속의 어셈블리와 국회 바깥의 어셈블리, 둘 중에 무엇이 중요한지를 물어서는 안 됩니다. 그 둘 모두가 필요하며, 한 쪽만으로는 둘 모두가 성립될 수 없는 것입니다.

제가 이중의 어셈블리라는 문제를 새로이 생각하게 됐던 것은 2014년 3월 대만에서의 해바라기 운동, 즉 입법원 점거 사건 때였습니다. 거기서는 데모·집회 참가자들이 국회 안으로 들어갔습니다. 즉, 두 종류의 어셈블리가 짧은 기간이나마 통일됐던 것이라고 하겠습니다. 물론 동일한 일이 두 번 다시 가능할 수는 없겠죠. 국가에 의해 저지되겠죠. 그러나 국가는 주권자로서의 인민이 나타나는 일을 근본적으로 저지할 수 없습니다. 그것은 반드시 나타납니다. 예컨대 그런 인민은 고대에도 나타났었습니다.

저는 그 한 사례로 소크라테스가 민회 아닌 광장에서 응답을 행했던 일을 들고 싶습니다. 해바라기 운동의 관점에서 보면 소크라테스가 광장에서 정의를 위해 싸웠던 일, 얻어맞고 발로 차였던 일에 관해 좀 더 잘 이해할 수 있을 것입니다. 제가 말하는 '철학의 기원'은 의외로 가까운 곳에 있는 것입니다.

야마비토와 야마우바

1

2014년에 저는 야나기타 구니오에 관해 『유동론流動論』(분순 신서文春新書)이라는 책을 썼습니다. 미즈타 노리코[비교문학자·시 인] 씨에게 그 책을 증정했더니, 그녀는 정중한 답장과 함께 자신이 이전에 편집했던 『야마우바山姥의 이야기』(가쿠게 서림學藝書林, 2002)를 보내왔었습니다. 편지에는 제가 『유동론』에서 서술한 야마비토山人론을 알았더라면 야마우바에 관해 좀 더 깊이 고찰할 수 있었을지도 모른다고 씌어 있었습니다. 하지만 실은 제 쪽에서 도 그녀의 논문에서 배웠던 게 많았습니다. 저는 야마비토에 관해 논하면서 야마우바에 관해 생각하지는 않고 있었기 때문입 니다. 따라서 미즈타 씨에게 강연을 의뢰받았을 때, 이번 기회에 그것을 생각해보자는 마음으로 받아들이게 됐던 거죠.

우선 제가 야나기타 구니오의 야마비토론에 관해 쓰고자 했던 이유부터 말하자면, 이전부터 유동적 수렵채집민에 관해 생각하고 있었기 때문입니다. 그것에 관해서는 『세계사의 구조』로부터 설명할 필요가 있습니다. 극히 간단히 말하면, 저는 사회구성체의 역사를 교환양식에서 보는 관점을 제기했었습니다. 이는 마르크스가 생산양식으로 사회구성체의 역사를 봤던 것을 비판적으로 계승한 것입니다.

교환양식은 A·B·C, 그리고 D로 되어 있습니다(196쪽 표를 참조). 우선 최초의 교환양식A, 즉 증여와 답례라는 호수[서로-갚음] 교환에 대해 말하겠습니다. 마르셀 모스 이래로 미개사회가 호수 원리에 의해 성립된다는 것은 상식이 되어 있습니다. 하지만 그런 호수원리가 인류사의 최초부터 있었던 것은 아닙니다. 수렵채집민이 유동적이었던 시기에는 그런 것은 없었습니다. 문제는 그것이 언제 어떻게 시작됐는가입니다.

제 생각에 그것은 정주定住와 함께 시작됐습니다. 그렇게 말해도 우리는 실제로 유동적 수렵채집민의 사회가 어땠는지를 알 수는 없습니다. 우리가 알 수 있는 것은 현존하고 있는 유동적 수렵채집민이지만, 그들의 현존이 옛날부터 줄곧 지금과 같은 것은 아니었습니다. 칼라하리 사막의 부시맨은 과거에 정주했던 곳에서 쫓겨난 사람들입니다. 또 레비스트로스가 쓰고 있는 유동민(남비크와라[Nambikwara]족)도 과거에 정주했던 시기가 있었습니다. 즉 현재 우리가 만나는 것은 원原유동민이 아닙니다.

지금 남아 있는 유동민은 산, 사막, 정글같이 사람이 없는 엄혹한 환경에 있습니다. 그러나 본래의 유동민은 수렵채집이 좀 더 쉽고 즐거운 지역에 있었을 터입니다. 현재의 유동적 수렵채집민은 그런 지역에서 쫓겨나 산, 사막, 정글 같은 곳으로 도망쳐갔던 사람들이라고 할 수 있겠습니다. 따라서 그들이 원原유동민과 다르다는 것은 분명합니다. 단, 우리는 그것을 힌트로 삼아 원原유동민이 어땠는지를 생각해볼 수 있습니다.

예컨대 마르크스는 『자본론』 서문에서 "경제적 형태의 분석에서는 현미경도 화학시약도 도움이 되지 않는다. 추상력抽象力이 그것들을 대신하지 않으면 안 된다"고 쓰고 있습니다. '추상력'이란 말하자면 사고실험 같은 것입니다. 즉 원原유동민의 존재방식은 현재의 유동민에 대한 조사에 기초함과 동시에 일정한 사고실험을 통해서만 해명될 수 있는 것입니다.

그렇다고 한다면, 대체로 다음과 같이 말할 수 있게 됩니다. 원原유동민의 사회에서는 끊임없이 이동하기 때문에 물物을 축적할 수 없으며, 그렇기에 여분의 것들은 전부 분배하여 나눠버립니다. 손님에게도 주는데, 그것에 대한 답례를 원치 않습니다. 언제나 이동하고 있는 상태에서는 답례할 기회가 없기 때문입니다. 따라서 거기에 증여와 답례라는 호수성(A)은 있을 수 없는 것이죠. 교환양식A는 타자와의 관계가 계속 유지되는 정주상태를 전제로 한 것입니다.

따라서 호수성의 원리는 정주 이후에 시작된 시스템이라고 할 수 있겠습니다. 다음으로 문제가 되는 것은 왜 사람이 정주하게 됐는가라는 것입니다. 사람들은 즐겁게 정주했던 게 아닙니다. 예컨대 현재의 유동민이나 유목민도 정주하는 것을 싫어합니다. 국가가 강제하지 않으면 정주하지 않죠. 정주를 그렇게 싫어한 이유는 정주가 그때까지 없었던 많은 문제에 사람들을 직면하게 만들었기 때문입니다. 예컨대 정주하게 되면 많은 타자와 공존하게 되며 거기로부터 다양한 갈등이 생겨납니다. 그뿐만 아니라 정주는 죽은 자와의 관계를 곤란하게 만듭니다. 유동상태에서는 죽은 자를 매장한 뒤에 떠나면 되었습니다. 정주하게 되면 죽은 자의 영[혼]과 공존하지 않으면 안 되죠. 따라서 사람들은 정주하기를 싫어했던 겁니다. 정주하는 쪽이 편할 것임을 아는 경우에도 정주를 피했습니다.

그러면 왜 정주했던 것일까요. 유동적인 수렵채집 생활이 불가능해졌기 때문입니다. 그 시기는 아마도 8,000년 전, 최종 빙하기가 끝났을 무렵일 겁니다. 빙하가 뒤로 물러나 초원이 됨과 더불어 사냥감이 되는 동물이 감소했습니다. 인간은 호숫가나 해안에 정주하면서 어로에 종사하게 됐죠. 그리고 정주하게 되면서 간단한 재배나 사육이 자연스레 시작됩니다. 예컨대 사육이라고 해도 땅위에 구멍을 파거나 나무로 울타리를 친 곳에 산 채로 잡아온 동물을 넣어두면 되는 것이기 때문입니다.

일본열도에 있던 승문인[1]은 어떨까요. 그들도 정주를 해왔던 사람들입니다. 수렵도 합니다만 오히려 어로에 기대고 있었습니다. 어로라고 해도 주로 강에서 연어같이 산란을 위해 강을 거슬러 오는 물고기를 잡았습니다. 승문인은 그들이 갖고 있던 토기로부터 그런 이름으로 불렸는데, 토기를 만드는 일은 정주와 분리될 수 없죠. 유동하고 있으면 토기 따위를 매번 운반할 수는 없기

1. ["繩文人". 새끼줄 무늬(삿무늬, 꼰무늬)로 된 토기나 기와조각 등을 통해서 추상된 사람들.]

때문입니다. 그러나 토기가 있으면 식료품의 보존이 가능해지죠. 즉 부의 축적이 가능해집니다. 그것에 의해 빈부의 격차가 생기고 권력이 발생하게 됩니다.

그것을 억제하는 것이 호수의 원리입니다. 증여하지 않으면 안 되는, 증여를 받지 않으면 안 되는, 받은 증여에 대해 답례를 하지 않으면 안 되는 것이죠. 이 세 원칙이 강력한 법도増관습(법)가 되는 겁니다. 이 호수의 원리는 부나 권력의 집중을 억지합니다.

정주 이후에 발생하는 또 하나의 문제는 앞서 언급했듯이 죽은 자와의 관계입니다. 죽은 자의 영[혼](아니마[anima])은 살아 있는 자를 원망합니다. 따라서 그것을 달래지 않으면 안 됩니다. 이를 위해 장례가 행해지는 것인데, 그것은 죽은 자에게 주는 증여입니다. 증여를 받으면 영[혼] 또한 답례를 하지 않으면 안 되는 거죠. 죽은 자와의 그런 호수관계에 의해 조상혼祖靈이나 씨족신氏神(마을)수호신의 종교가 생깁니다.

주술이라는 것 또한 증여의 호수성에 근거해 있습니다. 원原유동민의 시대에도 애니미즘정령(精靈)숭배이 있었으며 만물에 영이 있다고 믿었습니다. 그러나 그 시대에 주술은 없었습니다. 그 이유는 호수교환이 없었기 때문입니다. 예컨대 공희供犧[희생물을 바치는 제의]란 영[혼]에게 증여하는 일, 공물을 바치는 일이고, 그럼으로써 영[혼]에게 답례를 강제하는 일입니다.

또 증여의 호수는 근처의 다른 부족들과의 관계에서도 불가결한 것입니다. 그것에 의해 평화를 만드는 겁니다. 혼인 또한 증여입니다. 즉 딸이나 아들을 다른 [성]씨에게 증여함으로써, 나아가 다음 세대에 그 답례를 함으로써 혼인에 의한 유대가 만들어집니다. 따라서 외혼外婚제의 근저에는 호수성의 원리가 있습니다. 또 그것이 인세스트 터부근친상간의 금기를 가져오죠. 그것은 외혼제, 즉 딸과 아들을 바깥에 증여하기 위해 내부에서의 성관계를 엄중하게 금지하는 것입니다. 원原유동민의 단계에서 인세스트는 자연스레 회피되는 것이었을 뿐 특별히 금지된 것은 아니라고 하겠습니다.

그러나 문제는 그런 호수교환이 어떻게 해서 탄생했는가입니다. 오늘날의 인류학자는 그것을 질문하지 않죠. 통상적으로 인류학자는 유동적 수렵채집민과 정주한 수렵채집민의 구별을 중시하지 않습니다. 유동적인가 그렇지 않은가보다는 수렵채집민이라는 점을 중시하기 때문입니다. 그러나 인류가 정주했던 것은 획기적인 사건입니다. 정주함으로써 호수의 원리가 성립하게 됐던 것입니다. 그러면 어떻게 그랬던 걸까요.

이 문제에 관해 참고가 되는 것은 프로이트의 생각입니다. 그의 생각에 따르면, 의식으로부터 억압된 것은 반드시 회귀합니다. 그리고 억압된 것이 회귀할 때, 그것은 강박적인 형태를 취합니다. 그것은 그가 정신분석에서 얻은 인식입니다. 그런 관점에서 프로이트는 『토템과 터부』를 썼습니다.

거기서 프로이트는 토테미즘의 기원을 질문했던 것인데, 그것은 동시에 호수성의 기원을 질문한 것이기도 합니다. 앞서 말했던 것처럼 근친상간의 금지 등은 외혼제를 위해 태어난 것입니다. 그 때문에 근친상간이 엄중히 금지됐던 것이죠. 그렇다면 그것은 어떻게 발생했던 것일까요. 프로이트의 설명에 따르면, 최초에 모든 여성을 독점한 '원부原父'가 있었습니다. 그리고 아들들이 단결하여 그 아버지를 살해했습니다. 그렇게 아들들은 아버지에 대해 양가적인 감정(사랑과 증오)을 품게 됐던 것으로, 아버지를 살해한 뒤 후회와 죄의 감정을 품으면서도 아버지를 존경하게 되면서 아버지가 금했던 것을 스스로 실천하게 됩니다. 즉 여성들을 단념합니다. 이런 것들이 인세스트의 금지라고 프로이트는 말합니다.

그러나 저는 『세계사의 구조』에서 다음과 같은 것을 썼습니다. 원부 같은 것은 존재하지 않았다고, 원부는 씨족사회 이후에 출현한 것이라고 말입니다. 즉 원부란 국가 혹은 가부장적인 존재를 과거에 투사했던 것이며, 그것을 최초에 있었던 걸로 보는 것은 이상한 것이죠. 저는 유동민 사회에는 그런 게 존재하지 않았다고 썼습니다.

프로이트가 말하는 원부는 다윈을 위시한 그 당시 학자들의 의견입니다. 그리고 현재에는 부정되고 있습니다. 하지만 저는 원부살해라는 프로이트의 학설을 완전히 포기할 필요는 없다고 생각합니다. 예컨대 다음과 같이 생각하면 되는 것이죠. 정주 이후의 사회에서 '원부'적인 존재가 출현하는 일은 불가피한 것이므로, 그것을 미리 살해하는 의식, 즉 토템의 의식을 반복하여 행할 필요가 있었던 것이라고 말입니다. 즉 호수교환을 통해, 정주 및 축적으로 생겨난 부와 힘의 격차를 막을 필요가 있었던 것입니다.

그러나 그러한 목적을 위해 사람들이 호수교환을 고찰하고 채용했다는 것은 있을 수 없는 일입니다. 그것으로는 호수성이 가진 강력한 반복강박성을 설명할 수 없기 때문입니다. 따라서 프로이트는 원부살해를 상정한 것인데, 그것으로도 잘 되지 않습니다. 그럼에도 역시 프로이트의 인식이 필요합니다. 단, 그것은 후기의 프로이트입니다. 후기의 프로이트는 1차 대전 이후 전쟁신경증환자와 만났던 일로부터 그들의 반복강박을 설명하기 위해 '죽음의 욕동[죽음충동]'이라는 개념을 사고했습니다. 유기체가 무기질이었던 상태로 되돌아가려는 충동이 그것입니다.

저는 그것과 비슷한 것을 유동민이 정주한 뒤의 사회에 대해서도 말할 수 있다고 생각합니다. 유동민의 밴드사회[2]에서는 사람들이 소수였고, 또 언제라도 타인과의 관계를 단절할 수 있었습니다. 그들은 말하자면 '무기질'이었죠. 그러나 정주 이후의 사회에서는 그것들이 다수 결합된 '유기체'가 됩니다. 이는 갈등과 상극으로 넘치는 상태입니다. 호수성이란 그런 불안정한 유기체적 상태로부터 무기질적인 상태로 되돌아가려는 '욕동'에 기초한, 반복강박적인 시스템이라고 이해할 수 있습니다.

정주 이후에 사람들은 예전의 유동상태로 회귀하고자 하는 욕동을 갖는 것이죠. 사람들이 원原유동성을 의식하는 것은 있을 수 없는 일입니다. 그러나 의식하진 못하지만, 그것은 무의식에 남아 있는 겁니다. 이 문제에 관해서는 후기 프로이트(죽음의 욕동)에서 출발한 라캉의 이론을 참조할 수 있다고 봅니다. 제가 말하는 교환양식A는 라캉이 말하는 상징계에 대응합니다. 실제로 라캉은 상징계를 레비스트로스의 친족구조 이론으로부터 생

2. [band. 인류학 용어로서의 밴드는 생계 및 안전을 위해 군집의 형태로 느슨하게 결속된, 50명 미만의 소수 집단을 가리킴.]

각했던 겁니다.

유동민은 정주한 이후, 교환양식A로 조직된 사회를 형성했습니다. 그것은 말하자면 상징계에 들어가는 것, 그리고 상징계의 '법'에 속하는 것입니다. 그 경우, 원原유동성은 억압되면서도 집요하게 남습니다. 라캉은 그것을 리얼한 것(현실계[실재계])이라고 불렀습니다. 현실계[실재계]는 내쫓겨났음에도 완고하게 존재하며 회귀하고자 합니다. 현실계[실재계]는 표상될 수 없지만, 실재합니다.

2

여기까지는 오늘 이야기할 것의 이론적인 틀을 제시한 것이라고 하겠습니다. 제가 구체적으로 유동민에 관해 생각하게 됐던 것은 재작년(2012) 가을에 중국의 중앙민족대학이라는, 선생도 학생도 7할 이상이 소수민족으로 된 학교에서 강연할 기회가 있었기 때문입니다. 거기에는 유동민도 있었지만 운남성 부근의 산지민山地民이 많았습니다. 그것을 계기로, 야나기타 구니오가 집착했던 야마비토山人 문제를 생각하게 됐던 것이죠.

야나기타는 오랜 시기에 걸쳐 많은 작업을 했지만, 그가 일관되게 가지고 있던 주제는 야마비토였다고 생각합니다. 그 경우, 야나기타가 '산민山民'과 '야마비토'를 구별했던 것에 주의해야 합니다. '산민'과 '야마비토'에는 본질적인 차이가 있습니다(듣고 헷갈리기 쉬우므로 이하 산민을 산지민으로 부르겠습니다).[3] 산지민은 예전에 평지에서 정주했던 일이 있고, 또 그 이후에도 모종의 형태로 평지와 관계를 맺은 사람들이었습니다. 이에 비해 야마비토는 평지에 관심이 없습니다.

예컨대 『조미아』(제임스 C. 스콧)⁴라는 책이 있습니다. 최근에 일본어 번역본도 나왔습니다. 이는 필리핀, 베트남, 타이, 중국의 산악지대에 사는 산지민에 관해 논하고 있는 책입니다. 그들은 오래전부터 있던 산악부족의 후예라고 여겨지고들 있었지만, 스콧은 그들이 예전에 평지에 있었던 적이 있고, 국가를 거부하게 되면서 산으로 도망치게 됐다고 주장합니다. 이후에도 그들은 평지인과 교류하고 있었습니다. 또 평지로 내려와 국가를 형성할 때도 있었습니다.

그렇다고 한다면, 야나기타의 구별을 빌려 말해 그들은 산민(산지민)이라고 하겠습니다. 일본의 사무라이도 산지의 수렵=농민으로, 산을 내려와 국가를 형성했습니다. 마찬가지로 중남미의 국가도 산간부에서 내려온 수렵민이 만든 것인데, 그들 또한 산지민이라고 하겠습니다.

한편 그것과는 달리 야나기타가 말하는 야마비토는 유동적 수렵채집민입니다. 그러하되 단순히 유동적인 것은 아닙니다. 예컨대 현존하는 화전燒畑·수렵민 등은 유동적이지만 야마비토가 아닙니다. 그들은 이전에 정주했었지만 어쩌면 농업기술 등을

---

3. [중국어 '山民'과 '山人'의 발음이 유사했기 때문인 듯.]
4. [국역본으로는 『조미아, 지배받지 않는 사람들: 동남아시아 산악지대 아나키즘의 역사』, 이상국 옮김, 삼천리, 2006.]

가졌던 사람들일 겁니다. 야나기타는 야마비토가 일본열도에 있던 선주민으로서, 정복자들에게 뒤쫓겨 산으로 도망친 사람들이라고 말합니다. 그러나 산지민도 어떤 뜻에서는 산으로 도망친 사람들입니다. '조미아'의 산지민도 그렇고 대만의 고산족高山族(카오샨족)도 그렇습니다. 그들은 산지민입니다. 산지민들도 평지의 정주자들과는 달리 유동적입니다. 그러나 그들 산지민이 야마비토는 아닙니다.

따라서 산지민과 야마비토를 구별하는 것은 쉽지 않습니다. 아니, 그것보다는 애초에 야마비토라는 게 존재하는가라는 것이 문제입니다. 야마비토는 아무래도 원原유동민과 같은 것이라고 할 수 있겠습니다만, 앞서 말했듯 그것은 현재 어디에도 없습니다. 일본만이 아니라 세계 어디에도 없습니다. 그러나 야나기타는 그것이 존재한다고 생각했습니다. 그리고 그것을 실증하고자 했던 겁니다.

경험적으로는 야마비토의 존재를 확인할 수 없습니다. 야마비토를 목격했다고 말하는 사람들에 따르면 야마비토는 덴구[5]라거나 요괴 같은 것으로 보입니다. 그러하되 야마비토를 찾고자 하면 결코 발견되지 않죠. 따라서 야마비토는 환상이라고들 하게 됩니다. 야나기타는 야마비토가 환상이 아니라 실재라고 생각했습니다. 야마비토는 아직 어딘가에 있다는 겁니다. 그는 그것을

5. ["天狗". 붉은 얼굴에 콧대가 세고 신통력을 가진, 어디로든 자유롭게 날아갈 수 있으며 아이를 유괴한 뒤 돌려보낸다는 에도시대 상상의 요괴.]

증명하고자 했던 것인데, 물론 그럴 수 없었습니다.

그럼으로써 야나기타는 조소의 대상이 되었고 표면상으로는 안으로 틀어박혔습니다. 그러나 결코 그런 생각을 버리지 않았습니다. 일본의 민속학자들은 야마비토의 존재를 부정했습니다. 예컨대 그런 부정을 계승한 것이 요시모토 다카아키의 『공동환상론』[1968]입니다. 야마비토는 무라비토村人(정주민)의 공동환상이라는 겁니다. 그러나 야나기타는 어디까지나 야마비토의 실재를 고집했습니다. 그리고 저는 그것이 중요하다고 생각하는 겁니다.

저는 야나기타가 집착했던 것이 원原유동성이 아니었을까 합니다. 원原유동성은 억압되지만 집요하게 남습니다. 앞서 말했듯, 그것이 라캉이 말하는 '현실계[실재계]'입니다. 현실계[실재계]는 표상될 수 없지만 실재합니다. 그것은 완고하게 존재하고 회귀하려고 하죠. 야나기타가 말하는 야마비토도 마찬가지입니다. 야마비토는 표상불가능하며 경험적으로는 보이지 않지만, 존재하는 것입니다. 야마비토는 있다고, 야나기타가 우겼던 것은 그런 까닭에섭니다.

그 문제와도 이어지는 것인데, 야나기타는 이외에도 괴이한 거동을 보였습니다. 그는 미나카타 구마구스[민속학자, 박물·생물학자] 등에 의해 혹독하게 비판받아 야마비토론을 닫아걸었는데, 이후로 1930년 무렵까지 일본에 늑대가 생존해 있다는 설을 주장했던 겁니다. 그리고 난키, 요시노 지방에 늑대가 있다고 했기 때문에 거기서 늑대 찾기에 열중하는 사람들이 늘었습니다.

야나기타가 그렇게 말했던 것은 그 지역 근처에 살고 있던 구마구스에게 보란 듯이 내세운 주장이라는 설도 있습니다. 그 이유야 어쨌든, 저는 늑대는 야마비토의 대리라고 보면 된다고 생각합니다. 아마도 야나기타는 그것을 자각하지 못했겠죠 무의식, 즉 '현실계[실재계]'에 있던 원原유동민이 늑대로서 드러난 것이라고 저는 생각합니다. 그것은 그의 늑대 생존설이 비판·공격받고 그가 칩거했던 이후에 꺼낸 주장을 봐도 명확합니다. 뒤이어 야나기타는 조상신에 관해 말하기 시작했던 겁니다.

조상혼祖靈에 관한 논설은 『일본의 마쓰리』[6]를 시작으로 2차 대전 말기의 『선조 이야기』에 이르는 작업입니다. 야나기타가 말하는 고유신앙이란 일본 정주농민의 신앙보다 더 이전에 있던 종교형태입니다. 그의 관심은 말하자면 원原유동민시대에 있었다고 하겠습니다. 즉 그는 '야마비토'설을 닫아걸었던 게 아니라 그것을 다른 형태로 추구했던 겁니다. 그것은 그의 의지라기보다는 오히려 반복강박적인 증후입니다. 따라서 야나기타의 조상혼론은 억압된 원原유동민성이 집요하게 회귀해온 것이라고 할 수 있겠습니다.

저는 40년 전에 야나기타에 관한 논문을 잡지에 연재했던 적이 있지만, 그 이후로는 충분히 생각하지 못했었습니다. 앞서 중국의 강연을 통해 산지민에 대해 생각했던 것이 야나기타를 재고하는 계기가 됐다고 말했습니다. 하지만 그 이전에 또 하나의 계기가

6. ["祭(마쓰리)"라는 낱말은 신사에서의 제사를 일컫는 제의적 성분을 띤 것이면서도, 동시에 신의 흠향(歆饗)에 동참하는 놀이 혹은 축제의 유희적 성분을 띤 것이기도 하다. 나아가 '政事(마쓰리고토)'라는 낱말처럼, 정치적 성분과 접촉하는 것이기도 하다. 이하 "祭"는 그런 의미의 연관 속에서 '마쓰리'로 음역한다.]

있었습니다. 동일본 대지진·재해에서 대량의 사망자가 나왔던 일이 그것입니다. 그래서 『선조 이야기』를 다시 읽었습니다. 한신阪神 대지진·재해 이후에도 그 책을 다시 읽었던 일이 있었습니다. 야나기타는 전쟁 말기에 대량의 전사자가 나올 것을 예상하여 『선조 이야기』를 썼던 것인데, 저도 대량의 사망자를 보고서는 야나기타의 책을 고쳐 읽고 싶어졌던 겁니다. 지진도 전쟁도 제각기 반복적인 것입니다. 그리고 강박적인 것입니다. 그러나 여기서 중요한 문제는 그것들과는 다른 타입의 반복강박입니다. 즉, 원原유동성의 회귀라는 반복강박의 문제입니다.

3

반복하자면, 중요한 것은 언뜻 보아 비슷한 것처럼 보이는 야마비토와 산민(산지민)의 차이입니다. 다른 관점에 말하면 원原유동민과 정주 이후의 유동민 간의 차이입니다. 후자에는 여러 가지가 있습니다. 유목민, 예능인, 상인 등. 현재 유목민은 노마드라고 불리는 비즈니스맨(제트족)에서 홈리스까지 이릅니다. 그러나 그것들은 원原유동민과는 다르죠. 그리고 그 차이가 중요한 겁니다.

여기까지는 머리말입니다. 얘기가 길어졌습니다만, 그 머리말은 오늘의 주제인 야마우바山姥에 관해 생각할 때 어쩌면 필요한 것입니다. 먼저 말하자면, 저는 야마우바가 야마비토라고 생각합니다. 야마비토에도 당연히 남녀가 있습니다. 그렇지 않으면 존속할 수 없기 때문이죠. 남녀 야마비토가 있는 건 이미 정해져 있는 것입니다. 야나기타도 가끔 야마비토를 야마오토코山男라고 부릅니다. 한편, 야마온나山女가 야마우바입니다. 평지민이 야마오토코와 만나면 덴구라고 여기는 것처럼, 평지민이 야마온나와 만나면 야마우바라고 생각하겠죠. 또 야마오토코 중에도 노인과 청년이 있듯이, 야마우바 중에도 꼭 노인만 있는 게 아니라 젊은 야마우바도 있습니다. '추악함의 기준을 넘어선 이형異形의 여자'인 것이죠. 마찬가지로 야마오토코 또한 덴구와 같은 용모라고 여겨지는 겁니다.

그런데 야나기타는 야마오토코에 관해 많이 쓰고 있지만 야마우바에 관해서는 그다지 쓰고 있지 않습니다. 예컨대 그는 야마우바의 양면성에 주목했습니다. "근세의 야마우바는 한편으론 극단적으로 공포스러워 키조鬼女라고 이름 붙여야만 될 폭위暴威를 휘두르지만, 다른 한편에서는 때때로 마을에 나타나 마쓰리를 받고 행복을 줌으로써 갖가지 평화로운 추억을 그 토지에 남긴다."(『산山의 인생』)

그러나 그렇게 보는 한에서 야마우바는 야마비토라기보다는 산지민과 유사하게 보입니다. 즉 야마우바가 평지민에 대해 사랑과 증오 같은 엠비벨런트한(양가적인) 태도를 보이는 것은, 야마우바가 평지에서 온 사람이고 평지민에 대해 엠비벨런트한 감정을 갖고 있기 때문이 아니겠습니까. 그 점에서 야마우바는 산지민처럼 보이는 겁니다. 하지만 역시 야마우바는 야마비토라고 하지 않으면 안 됩니다. 그것을 저는 미즈타 노리코 씨의 논문을 통해 생각했던 겁니다.

미즈타 씨는 마을과 들판, 마을의 여자와 들판의 여자를 구별합니다. "들판은 오히려 마을을 위해 필요해진 장場, 마을에서의 생활의 원활한 운영을 지탱하는 주변적 장소"입니다. 예컨대 유곽이나 적선赤線[집창촌·공창가]지대가 '들판'입니다. 들판은 마을의 주변에 있죠. 들판의 여자는 마을의 주변영역에 살면서 때로는 마을로의 침입자가 되기도 하는 존재입니다. 마을에서 들판으로 가는 일도, 들판에서 마을로 가는 일도 있습니다. 즉 들판의 여자가 마을의 여자가 되고, 그 반대 방향의 일도 있습니다.

한편 야마우바는 산의 여자입니다. 즉 마을의 여자와도 다를 뿐만 아니라 들판의 여자와도 다릅니다. 외견상 야마우바=산의 여자는 들판의 여자와 비슷합니다. 야마우바는 마을로부터 떨어져 산에서 삽니다. 그러나 다른 것은 마을과의 관계입니다. 이 차이를 명확히 했던 것이 미즈타 씨입니다. 그녀는 야마우바의 특이성을 들판의 여자와의 대비 속에서 발견하고자 했습니다. 그녀의 생각으로는 서양의 마녀 또한 들판의 여자입니다. 제 생각으로는 야마우바와 들판의 여자 간의 대비는 야마비토와 산지민 간의 대비와 유사합니다. 즉 야마우바는 야미비토적이며, 들판의 여자나 마녀는 산지민적이라고 할 수 있겠지요.

예컨대 들판의 여자는 평지의 사회에 대해 원한과 애착을 갖고 있습니다. 서양의 마녀는 현실의 젠더차별사회 바깥으로 나와 그것에 저항하고 그것을 역전시키려는 자입니다. 즉 들판의 여자도 마녀도 평지사회를 부정하면서도 그것에 애착을 느낍니다. 그러한 엠비벨런트한 감정이 있는 것이죠. 그런데 야마우바에게는 그런 것이 없습니다. 야마우바는 남성적이라기보다는 젠더를 넘어서고 있습니다. 야마우바에게는 성차性差가 없는 겁니다. 따라서 야마우바는 남녀의 구별마저 불가능한 기괴한 이형異形의 사람처럼 보이는 겁니다.

앞에서 저는 야나기타 구니오가 야마우바의 양면성에 주목했던 것을 두고, 그런 양면성이 마을에 대한 양면적 감정을 가진 마을의 여자에게서 보이는 게 아닐까라고 말했습니다. 그러나 잘 생각해보면, 그렇지 않다는 것을 알 수 있습니다. 야마우바 혹은 야마비토는 마을에 대해 그저 관심이 없는 것입니다. 마을에 대해 냉담한 게 아닙니다. 냉담한 태도란 마을에 대한 애착에서 생겨납니다. 한편 야마비토는 평지세계에 동경을 품고 있지 않으며, 원한도 적의도 없습니다. 평지인에게 야마비토는 최초에는 '귀[신]'처럼 보입니다. 하지만 그렇지 않다는 것을 알아차리면, 이번에는 야마우바를 상냥하다고 여깁니다. 야마우바의 양면성이란 평지민의 인식 안에만 있는 것이죠.

그런데 야마우바에 관한 미즈타 씨의 견해는 바바 아키코의 『귀鬼의 연구』에 근거해 있습니다. 바바 씨가 말하는 '귀'는 평지 사회로부터의 탈락자 및 반역자가 취하는 자세입니다. 이 이미지는 남녀를 불문하고 고대의 설화 등에 보이는 것입니다. 중세의 노能에서는 반야般若의 얼굴은 그런 '귀'가 된 여자의 얼굴입니다. 이는 산지민 혹은 들판의 여자가 가진 엠비벨런스를 가리키는 것입니다.

바바 아키코는 반야에 관한 역사적 고찰을 시도한 뒤에 최후로 야마우바를 집어냈습니다. 그러나 그것은 별달리 사료에 근거한 것이 아니며 민속학적 조사에 의한 것도 아니었습니다. 그것은 전적으로 제아미[1363~1443]의 노能 『야마우바』에 근거한 것입니다. 이 작품에서 야마우바는 스스로 '귀'라고 이름을 밝히지만, 반야와는 전혀 다른 특징을 보입니다. 야마우바는 마을에 대한 양가적 감정이 전혀 없습니다. 마을과 섞일 필요를 전혀 느끼지 않는 겁니다. 야마우바가 가진 세계관은 "세속의 먼지투성이로부터의 탈출과 회생을 희망하는 비분의 반야와는 전혀 다르다. 야마우바는 긴 시간 동안, 삶에 불필요한 것들 하나하나를 이념으로부터 떨쳐버리며 간다."(바바 아키코)

바바 씨의 견해는 야마우바에 관한 민간전승보다도 제아미의 견해에, 즉 세련된 문학적 파악 혹은 불교적 인식에 근거해 있다고 하겠습니다. 실제로 그녀는 이렇게 쓰고 있습니다. "노能 『야마우바』의 중심을 이루는 사상은 『반야심경』의 사상이며, 모든 것을 존재 그 자체로서 인정하려는 노장적인 동양정신이기도 하다."[7] 스즈키 다이세쓰도 제아미의 『야마우바』에 관해, 야마우바란 그 공포스런 모습과는 반대로 인간과 자연 속에 있는 심원한 사랑을 체현하는 존재라고 말합니다.[8]

그러나 야마우바가 야마비토라고 생각한다면, 그것이 평지사회의 갈등 혹은 젠더차별을 넘어서 있다는 견해는 『반야심경』적인 해석에 의해 태어났다고는 말할 수 없을 것입니다. 야마우바=야마비토가 젠더를 넘어서 있는 것은 당연한 일입니다. 따라서 그것은 불교적 인식에 의한 것이 아니라 오히려 불교 쪽이 야마우

7. 『鬼の究究』[, 1971], 284頁.
8. 『続 善と日本文化』[, 1940].

바=야마비토의 경지를 지향하고 있는 것이죠.

야마우바=야마비토, 바꿔 말하자면 원原유동성은 라캉이 말하는 '현실계[실재계]'에 있으며, 감각적으로는 파악이 불가능합니다. 그렇기 때문에 덴구나 귀[신] 같은 이미지를 흔히들 말해왔던 것이죠. 그것에 비해 『반야심경』 쪽이 야마비토를 이해하고 있는 것처럼 보이는 까닭은 무엇일까요. 그것은 불교적 경지가 어떤 뜻에선 '야마비토'를 회복하는 것이기 때문입니다. 제 생각에 보편종교는 교환양식D인데, 그것은 교환양식A와 마찬가지로, 하지만 더 고차원적으로 원原유동성(현실계[실재계])을 회복하는 것입니다. 불교적 경지가 야마우바와 비슷해지는 것은 그 때문입니다.

미즈타 씨에 따르면, 근대문학에선 들판의 여자 혹은 마녀의 타입이 주류였습니다. 그것에 맞서 미즈타 씨는 '야마우바'의 이미지를 통해 "소설의 주인공을 형상화하고 현대 여성의 내면표현과 새로운 삶의 방식을 모색한" 작품을 발견해내고 있습니다. 그런 것이 오오바 미나코나 쓰시마 유코의 작품에 들어 있다는 것이죠.

"야마우바는 민화나 설화 속에서만 살아 있는 과거의 존재라기보다는 이야기꾼이나 글쟁이에 의해 거듭 이야기되고 씌어지는 새로운 상像이다. 야마우바는 시대와 문학의 상상력에 의해 새로운 인물상으로 형상화되고, 텍스트에 기입되며, 고쳐 써짐으로써, 현대의 이야기 속에 살아남아 있는바, 여성의 새로운 삶의 방식의 철학을 짊어지고 소생시키는 원형적 존재라고도 할 수 있을 것이다."[9]

그렇게 원原유동성은 문학·문학비평 속에서 추구되어 왔다고 할 수 있겠습니다. 그것은 원原유동성이 경험적인 탐구를 허용하지 않기 때문입니다. 저 자신은 앞에서 말한 '추상력(사고실험)'을 통해 그 문제에 접근할 수 있지 않을까 생각하고 있습니다. 그리고 그것이 금후에 중요한 의미를 갖는다고 생각합니다.

9. 『山姥たちの物語[야마우바들의 이야기]』[미즈타 노리코·기타다 사치에 편집, 2002].

이동과 비평: 트랜스크리틱

1

오늘은 저 자신이 해왔던 작업들을 되돌아보는 이야기를 해보았으면 합니다. 왜냐하면 오늘 강연회는 잡지 『현대사상』이 '가라타니 고진의 사상'이라는 특집(2015년 1월 임시증간호)을 꾸리는 일에 맞춰 기획된 것이기 때문입니다. 그 특집은 특히 『트랜스크리틱』부터 현재에 이르기까지 어떤 과정이 있었는지를 묻는 것입니다. 그 때문에 저 자신도 과거의 작업을 되돌아보게 됐죠.

원래 저는 저 자신의 과거 작업을 되돌아보는 일은 하지 않았습니다. 다시 읽지도 않았죠. 예컨대 작년에 죽은 작가 오니시 교진이 저에 대해 이렇게 썼던 일이 있어 황송했었습니다.

고단사講談社 1985년도 출간, 가라타니 고진의 『내성內省과 소행遡行』 '후기'에는 "물론 나는 뒤를 되돌아보려고 하지 않는다. 바꿔 말하면, 자신의 과거 작업들에 사적인 의미 부여를 강요하려고 하지 않는다"라는 씩씩한 단언이 있는데, 나는 그 단언에 내 나름의 방식我流으로 동감·동의하고 있다. 만에 하나라도 그런 '동감·동의'를 거스르는 함정에 빠지지 않기 위해서는 그런 '자작 재현自作再現'의 '지면紙幅 제약'이 내겐 꽤나 유익한 것일지도 모르겠다.[1]

제가 썼던 것은 『내성과 소행』(고단샤 학술문고)의 '후기'로, 1985년 3월이라는 날짜가 붙어 있습니다. 조금 더 설명을 덧붙이자면 저의 「언어·수·화폐」는 체계적으로 쓴 논문이지만 마지막 장에서 좌절하고 말았던 것입니다. 그러고는 그것을 포기하고 다른 작업(『탐구』)을 시작했죠. 그러나 그때까지 잡지에 쓰고 있던 것은 그대로 출판하기로 했습니다. 그런 경위가 있었습니다. 저는 "따라서 「내생과 소행」 및 「언어·수·화폐」라는 미완의 논문을 고스란히 독자들의 손에 맡기고 싶다"고 썼던 것입니다.

그것은 오니시 씨가 말하는 '씩씩한 단언'이 아닙니다. 한심한 단언입니다. 어째서 그는 그렇게 생각했던 걸까요. 생각해보면 오니시 씨는 과거의 작업을 되돌아보는 사람입니다. 게다가 극단적일 정도로 말이죠. 예컨대 『신성 희극』이라는 소설이 있습니다. 이는 1960년 무렵부터 잡지에 연재됐던 것으로 1978년경 카파

1. 「自作再現[자작 재현]」(1990), 『大西巨人文選[오니시 교진 문선]』, 1996, 미스즈 쇼보, 296-297頁.

노벨스[총서명]로 출판된 것인데, 얼마 지나지 않아 개정판을 하드커버로 냈습니다. 이후로 몇 번인가 출판사를 옮겨 출간됐는데, 그때마다 꽤나 수정·가필되었습니다. 어쩌면 마지막 만년까지도 고치고 있었을지 모릅니다.

오니시 씨는 그런 분이었기 때문에, 저의 태도가 결연하고 '씩씩'하다고 생각했던 걸지도 모르겠습니다. 그러나 제가 저 자신의 옛날 작업을 되돌아보지 않는 것은 별달리 고매한 이유가 있어서가 아니라 그저 그것이 싫기 때문입니다. 게다가 지나간 작업이 싫어지지 않으면 새로운 작업이 불가능하죠. 실제로는 이전 작업과 그다지 다르지 않을지라도 그렇게 싫다는 생각이 들지 않으면 새 작업을 시작할 수 없죠. 언제나 지금 당장에 하고 있는 것이 전부입니다. 그런 느낌으로 40년을 해왔다는 생각이 듭니다.

그러나 그렇게 말할지라도 저 또한 뒤를 되돌아볼 때가 있습니다. 그것은 타인에게 강제되었을 때입니다. 예컨대 이번의 경우도 그렇습니다. 요전에 있었던 대만에서의 강연 중 하나 또한 '가라타니 고진의 사상'이라는 제목으로 열린 대만대학의 심포지엄에 맞춰 이야기하는 것이었습니다. 그때도 저 자신의 과거 작업들을 되돌아볼 필요가 있었습니다.

그때 저는 문예비평가였다는 것을 이야기했습니다. 대만에선 제가 문예비평가였던 일은 정보로서는 알지라도, 그리고 소수의 연구자들을 별도로 하면, 저의 문학평론을 읽은 사람이 없을 겁니다. 이는 물론 대만에 한정되지 않습니다. 일본에서도 비슷합니다. 10년 정도 이전이지만 저는 젊은이들에게, '선생님은 문학에 관해서도 쓰셨네요'라는 말을 들었습니다. 그 말에는 좀 놀랐지만, 무리한 말도 아니었습니다. 저는 분명 문예비평가로서 문학평론을 많이 썼으며 책으로도 냈었지만, 1980년대에 들어서는 좁은 뜻의 문학 작업은 하지 않게 되었습니다. 기껏해야 문학상 선정위원을 맡는 정도였습니다. 그리고 그것도 1990년대 말에는 전부 그만두고 말았죠. 따라서 제가 문예비평가였음을 모르는 사람이 있어도 당연하다고 생각합니다.

그러나 대만을 뺀 해외에서 저를 아는 사람은 대체로 비평가로서 알고 있습니다. 제 작업이 외국에 번역됐던 것은 1990년대부터로 문학비평 작업이 최초였습니다. 1993년에 미국에서 『일본근대문학의 기원』이 출판됐죠. 다음으로는 독일어판. 아시아에서는 1997년 한국에서 『일본근대문학의 기원』이 번역되었습니다. 또 중국 본토에서는 2005년 무렵인데 역시 『일본근대문학의 기원』이 최초의 번역서였습니다. 즉 어디서나 문학비평 저작부터 소개됐던 것이죠. 따라서 그 이후로 문학과 관계가 없는 많은 책이 출판되었음에도 아직도 제가 문학비평가라는 인식이 계속되고 있습니다. 『트랜스크리틱』 이후로는 상당히 달라졌지만 기본적으로는 마찬가지입니다. 뒤에서 말하게 될 것처럼, 『트랜스크리틱』은 본질적으론 문학비평적인 작업이기 때문입니다.

앞에서 저 자신의 작업을 되돌아보는 일은 타인의 강요가 있을 때라고 말했는데, 그 대표적인 사례는 책이 외국어로 번역되어 출간되는 과정에서 번역본의 서문을 부탁받을 때입니다. 그때는 역시 되돌아보지 않을 수 없죠. 특히 『일본근대문학의 기원』이

번역될 때가 그랬습니다. 저는 각국어판에 들어갈 서문을 매번 썼습니다. 그건 별달리 고통스러운 일이 아니었습니다. 왜냐하면 각국의 독자를 염두에 두면 곧바로 새로운 생각이 분출되었기 때문입니다. 그것은 그 책이 쓰였던 1970년대 중반에는 경험하지 못했던 것입니다. 그럴 때 서문을 쓰는 일은 새로운 논문을 쓰는 일과 동일한 것이 됩니다. 따라서 현재 이와나미에서 나오고 있는 『정본』에는 그 서문들 모두를 수록하고 있습니다.

이렇게 해외에서 저는 지금도 문예비평가입니다. 한국이나 중국에서는 특히 그렇습니다. 먼저 한국에 관해 말하자면, 조영일 이라는 젊은 비평가가 있습니다. 한국문학 전공자인데 저의 책 다수를 번역하고 있습니다. 이 사람의 말을 따르자면, 저의 『일본 근대문학의 기원』이 나온 이래로 한국의 문학연구는 일변했다고 합니다. 그때까지 작가론, 작품론, 주제론 정도에 머물러 있었는데 그 책이 나온 뒤로 근대문학 일반에 대해, 특히 한국에서의 근대문 학의 기원에 대해 생각하게 됐다는 겁니다.

그러나 그것은 복잡한 문제입니다. 한국의 근대문학은 일본의 지배 하에서 시작된 것이기 때문이죠. 그것은 제가 일본에서 생각하고 있던 것과는 다른 관점을 필요로 할 것이라고 생각합니다. 예컨대 저는 2004년 무렵 「근대문학의 종언」이라는 강연을 『와세다문학』에 발표했었습니다. 그것이 즉각 한국에 번역되어 커다란 소란이 있었습니다. 찬반양론, 아니 그것보단 반발 쪽이 강했고, 한국의 문단이나 학회에서 논쟁이 일어났습니다. 그러나 저는 「근대문학의 종언」에서 근대문학은 한국에서도 끝났다고 말하기는 했지만 일본처럼 극단적으로 되지는 않을 것이라고 생각했었기 때문에, 한국에서 그런 반응이 있으리라고는 생각하지 못했습니다.

이에 비해 일본에서 「근대문학의 종언」은 별달리 화제가 되지 않았다고 생각합니다. 제게 버림받았다고 분개한 사람들이 다소 있었을 정도입니다. 실제로 제가 『일본근대문학의 기원』에서 '기원'을 논했을 때는 이미 염두에 그것의 '종언'이 있었기 때문에 '근대문학의 종언'이라고 해도 별달리 의외의 것은 아니었다고 생각합니다. 예컨대 『근대문학의 종언』(인스크립트, 2005)이라는 책의 「후기」를 보면 이렇게 씌어 있습니다. "예전에 '근대문학'은 자명[한]=자연[스런 것]이 아니라 역사적인 제도였다고 해야 하는 것이었지만, 오늘날 '근대문학'은 그저 역사적인 것이라고 해야 한다. 벌써 지나가버린 과거의 것이라는 뜻에서 말이다. 나 자신도 문학의 현장에서 물러나고 있었다."

이 논문이 한국에서 화제가 됐던 것은 한국 고유의 사정이 있기 때문입니다. 말이 나온 김에 덧붙이자면, 그 논문은 영어로는 번역되지도 않았는데 프랑스어로 번역되었습니다. 그것은 지금도 웹에서 읽을 수 있습니다. 이에 대해서도 뒤에 이야기하겠지만, 그 논문이 프랑스의 문학 상황에 관계되기 때문이라고 생각합니다. 어쨌든 한국에서는 그 논문을 둘러싸고 논쟁이 몇 번이나 계속되었다고 합니다. 이 논쟁에 관해서는 조영일 씨가 꽤 예전에 『가라타니 고진과 한국문학』이라는 책을 냈습니다. 게다가 그 뒤로는 『세계문학의 구조』라는 책을 냈죠. 이미 일본어로 번역이 마무리됐으므로 조만간 간행되리라고 생각하는데, 그것들을 읽으면 현대 한국의 문화적 상황에 대해 잘 알 수 있지 않을까

합니다. 이렇게 말할지라도, 저 스스로가 최근까지 그런 경위가 있었음을 몰랐습니다.

실은 4~5년 전에 한국 드라마 <누나>를 보면서 이상하다는 생각을 했던 적이 있습니다. 그 속에서 송윤아가 연기한 '누나'의 연인으로 국문학자인 남자가 텔레비전에 나와 문학에 관해 해설하는 장면이 있습니다. 그는 이렇게 주장합니다. "최근 한국에서는 문학이 끝났다는 논의가 행해지고 있지만, 저는 그런 주장에 반대합니다. 인간에게 감정이 있는 한, 문학은 끝나지 않습니다."

이 드라마를 보고 느꼈던 것은, 첫째, 한국에선 대중적인 텔레비전 드라마에서도 이런 얘기를 하는가라는 놀라움이었습니다. 둘째, 혹시 그런 장면이 나온 때가 저의 논문을 둘러싼 논쟁이 있던 시기는 아니었을까하는 점이었습니다. 분명 이 드라마가 한국에서 방영된 것은 2005년 무렵이었으며, 조영일 씨에게 확인했더니 그는 그 드라마에 관해서는 모르지만 아마도 그럴 것이라고 말했습니다.

나아가 최근에 알아차리게 됐던 것이 있습니다. 한국의 문학평론『투쟁의 시학』(후지와라 서점)이 작년에 출판됐는데, 일본어판 서문에서 저자 김명인은 그 책을 쓴 것은 아직 자신이 문학비평가였을 때이며, 지금 자신은 비평가가 아니라고, 2005년에 비평을 그만두었다고 쓰고 있습니다. 왜 2005년일까요. 이 또한 「근대문학의 종언」에 관한 논쟁이 있었던 것과 관계가 있다고 생각합니다. 왜냐하면 실제로 그 책의 3장에는 그렇게 생각하게끔 하는 것이 씌어 있기 때문입니다. "아직도 많은 작가나 시인은 타락하지 않았습니다만, 그렇게 타락하지 않은 작가나 시인의 거처가

점점 더 사라지고 있는 것이 오늘의 현실이고, 이를 '문학의 죽음'이라고 해도 그 말이 지금 큰 잘못은 아닐 것입니다. 아니 좀 더 정확히 말하면, 그것은 현재 우리가 알고 있는 '근대문학의 죽음'이라고 해야 하겠지요."(와나타베 나오키 옮김)

결국 한국에서도 '근대문학'은 끝났다고 해도 좋을 것입니다. 한편 중국에서는 수용자가 전혀 달랐습니다. 『일본근대문학의 기원』의 번역이 나왔던 시기도 늦었지만, 곧바로 '중문中文'의 필독 문헌이 됐다고 합니다. 그리고 그것에는 이유가 있습니다. 2006년 무렵 저는 강연을 위해 베이징에 갔었는데, 그때까지는 생각할 수도 없었던 것을 알아차리게 됐습니다.

『일본근대문학의 기원』(1980)은 메이지 20년대, 특히 청일전쟁 이후의 일본문학을 논한 것입니다. 이 책에서 저는 특히 구니기타 돗포라는 작가를 중심으로 논했습니다. 그는 청일전쟁에 종군한 기자로서 젊은 나이에 유명해졌죠. 그러나 그 전쟁 이후에는 아무것도 하지 않고 허탈상태가 되었습니다. 그래서 홋카이도에 갔던 겁니다. 거기서 그는 '풍경'을 발견했습니다. 일본의 근대문학은 다름 아닌 그때 시작됐다고 저는 썼습니다.

제가 거론했던 것은 구니기타 돗포의 「잊을 수 없는 사람들」이라는 단편소설입니다. '잊을 수 없'다는 것은 중요하니까 잊혀지지 않는다거나 잊어서는 안 된다는 뜻이 아닙니다. 잊어도 상관없는 것이므로, 어찌돼도 좋은 것이므로 잊혀지지 않는 사람들 혹은 사물입니다. 이러한 아이러니가 돗포에게 있습니다. '풍경'은 그런 가치전도에 의해 발견됐던 겁니다. 그 이전까지 풍경이란 중요한 명소나 옛 유적 같은 것이었습니다.

어째서 그런 자의식을 가진 인물이 나왔던 걸까요. 그것은 청일전쟁과 관계가 있습니다. 그렇다고 해서 『일본근대문학의 기원』을 썼던 시점에서도 그런 생각을 했던 것은 아닙니다. 제가 주목하고 있던 것은 청일전쟁 이전에 자유민권운동의 좌절이 있었고, 거기로부터 기타무라 고토쿠나 후타바테이 시메이와 같은 근대문학이 나왔다는 점이었습니다. 그러나 청일전쟁 이후에는 더더욱 목표를 상실하고 내면성으로 틀어박혔습니다. 거기서 구니기타 돗포와 같은 유형이 나왔던 겁니다.

나아가 구니기타 돗포의 사례는 일본의 근대문학이 식민지주의와 이어지는 것임을 드러내고 있습니다. 구니기타가 갔었던 홋카이도는 일본의 첫 식민지였습니다. 메이지유신 이후, 그때까지 홋카이도 남단을 빼고는 오직 아이누만 살고 있던 지역에 일본이 입식入植했습니다. 메이지 일본은 청일전쟁 이후에 대만으로 향하고, 나아가 조선으로 향했습니다. 또 류큐를 일본 영토로 편입시키는 것이 확정됐던 일도 청일전쟁의 결과입니다. 그리고 그러한 식민지주의 정책의 발단에 있는 것이 홋카이도로의 식민이었습니다.

물론 구니기타는 제국주의자가 아닙니다. 그는 섬세하며 내면적이고 아이러니컬한 작가입니다. 그러나 그의 내면성은 정치적 현실을 부인함으로써 생겨나고 있습니다. 일본의 근대문학은 근본적으로 그러한 내면성에 있다고 할 수 있겠습니다. 오늘날에도 구니기타 돗포와 같은 작가가 있습니다. 무라카미 하루키입니다.

그런데 8년쯤 전이지만, 중국에서 『일본근대문학의 기원』이 출판되고 강연을 위해 갔을 때, 그것이 다름 아닌 '중국현대문학의 기원'과 겹치는 것임을 알아차렸습니다. 청일전쟁 이후, 일본은 전쟁의 배상금으로 중공업화를 진척시켰습니다. 또 대만을 영유하고 조선반도로의 진출을 강화했습니다. 한편, 패배한 청나라 조정은 얼마 지나지 않아 대량의 유학생을 일본에 보냈습니다. 그것은 청나라 조정을 강화하기 위한 것이었지만, 거꾸로 유학생들은 청나라 조정을 뒤집고 근대국가를 만드는 운동의 중심이 되었습니다.

중요한 것은 바로 그때 중국의 근대문학·사상의 기반이 만들어졌다는 점입니다. 그 무렵 일본에 왔던 유학생이 '언문일치'를 포함해 일본의 근대문학에서 일어나고 있던 것을 수입했던 겁니다. 그때까지 서양에서 유학했던 사람들은 많았지만 근본적인 영향을 받지는 않았습니다. 그런데 일본에서 유학한 이들은 일본, 아니 오히려 일본인이 근대서양을 수입한 방식을 보고 영향을 받았던 겁니다.

예컨대 그 대표가 루쉰입니다. 그는 의학 공부를 위해 일본에 왔던 것인데, 도중에 문학으로 향했습니다. 근대문학의 내면성은 말하자면 허무감에 기초해 있습니다. 그러나 일본과 중국은 그 내용에서 달랐습니다. 승리한 일본 측에서의 허무감은 구니기타 돗포에게서 보이듯 목표를 상실한 허무감이었고, 따라서 내면성에 틀어박히는 것이었음에 비해, 패배한 중국 측에서의 허무감이란 현실적인 변혁을 지향하는 목표에 이어져 있었던 겁니다. 중국에서는 현재 청조淸朝 말기의 문학이나 철학이 중시되고 있습니다. 저의 책은 그런 문맥에서 읽혔던 것입니다.

여기서 한 가지 사례로서 들려는 것은 대만입니다. 대만은 한국과도 중국과도 다릅니다. 대만에서 저의 책은 최근에 꾀 번역되고 있는데, 철학·이론이 중심이며 문학비평 쪽은 번역되고 있지 않습니다. 저는 2개월 전에 대만에 갔었는데, 그것은 『철학의 기원』이 출판된 일을 기념하는 강연을 위해서였습니다.

그렇게 대만에서는 『일본근대문학의 기원』이 출판되지 않았습니다. 왜 그럴까요. 물론 대륙판(간체자簡体字)으로 읽을 수 있는 탓도 있지만, 그것만은 아닙니다. 저는 이렇게 생각합니다. 애초에 대만은 청일전쟁 이후에 청나라 조정이 일본에 할양했던 것입니다. 거기서는 청조 말기의 지식인이 근대 일본에서 배워 내셔널리즘을 형성했던 과정이 있을 수 없는 것이죠. 일본제국이 도래했기 때문입니다. 또 대만 사람들이 이후에 독립을 생각하게 됐을 때, 즉 그들의 존재를 네이션으로서 의미부여하고자 했을 때 그들은 문학에 호소하지 않았고, 때문에 '근대문학'이 특별한 가치를 갖지 않았던 게 아닐까 합니다. 그러나 대만에선 문학이 끝났을 리가 없죠. 쓰시마 유코 씨가 쓰고 있는데, 예컨대 현재 대만에는 원주민문학이나 동성애문학이 나오고 있다고 합니다. 단, 내셔널리즘을 자연스레 환기시키는 문학은 없다는 것입니다.

2

이렇게 별달리 자신의 과거 작업을 되돌아보려는 마음이 없더라도 그렇게 하게 되는 것입니다. 그리고 『일본근대문학의 기원』 하나만을 되돌아보아도 여러 가지가 보이게 됩니다. 그러나 저 자신은 문학에 관해 더 적극적으로 생각할 마음이 없습니다. 또 오늘 여러분께 문학에 관해서는 더 이상 이야기할 마음도 없습니다. 『일본근대문학의 기원』은 아직 근대문학이 특별한 가치를 갖고 있던 시대에 그것을 비판(음미)하기 위해 썼던 것입니다. 따라서 지금 그것에 대해 말해도 의미는 없습니다. 실제로 최근에 문학은 특별한 가치를 갖지 못하게 됐다고 생각합니다. 예컨대 일본의 대학에서 문학부는 차례로 소멸했습니다. 문학의 지위가 하락한 것은 의심의 여지가 없죠. 혹여 오늘날 작가가 존경을 받는다면 그것은 작품이 팔리고 있기 때문이며, 팔리지 않는 작가는 거들떠도 안 봅니다. 그것은 문학의 가치라기보다는 자본주의 시장경제의 원리에 근거한 평가입니다.

이전에는 달랐습니다. 문학의 독자가 적지도 않았죠. 당장 읽지 않을지라도 언젠가 읽게 되었습니다. 그리고 영원히 남았죠. 문학을 하는 사람들에게는 그런 신앙이 있었던 겁니다. 앞서 말했던 오니시 교진이 그 좋은 사례입니다. 그는 자기 작품에 철저하게 손질을 가했습니다. 죽을 때까지 그것을 계속했죠. 하니야 유타카를 다른 사례로 들겠습니다. 그의 대표작은 『사령死靈』이라는 작품입니다. 하니야 씨는 오니시 씨와는 달리 고쳐 쓰기를 하지 않았죠. 거꾸로, 1930년대에 쓰기 시작했던 『사령』이라는 작품을 동일한 문체로 계속 써서 1980년대에 완결시켰던 겁니다. 그러나 그들의 태도는 공통됩니다. 그들의 작품은 극도로 한정된 때와 장소에 기초해 있는데, 그것을 탐색해 들어가 보편적인 것으로 삼고자 했었습니다. 또 그들은 동시대 사람들의 평가 따위는 전혀 문제로 여기지 않았습니다. 오히려 몇 세기 뒤의 평가를 생각했었죠.

그런 뜻에서 문학에 대한 그들의 태도는 종교적인 신앙과 비슷합니다. 저는 별달리 그런 점이 좋다고 생각하진 않지만, 어쨌든 1990년까지는 그러한 신앙이 있었습니다. 사례로 든 그 두 사람만이 아니라 문학에 종사하는 자들 모두가 그렇게 믿고 있었습니다. 통속소설을 쓰는 작가도 '순문학'을 믿었습니다. 그러나 오늘날 그런 신앙은 없습니다. 자본주의 시장경제의 원리가 그것을 대신했습니다. 저는 그런 가운데 문학비평을 계속해나갈 마음이 들지 않았던 것입니다.

그리고 문학을 향한 신앙을 회복하려는 마음도 들지 않았죠. 저의 젊은 친구로 도쿄대학에서 영문학을 가르치고 있는 사람이 이런 것을 얘기해 주었습니다. 그의 학생들은 소설을 읽지 않으며 읽는 방식도 모른다고, 따라서 우선 『해리포터』를 읽히고 그 다음으로 차차 문학을 돌아보기 시작한다는 것입니다. 저는 대학을 퇴직해서 다행이라고 가끔씩 생각했습니다.

단, 그것과 비슷한 경험이 이전에도 있었습니다. 1970년대에 미국에 갔을 때, 저는 학생들 대부분이 문학작품을 고등학교나 대학의 교실에서 읽어왔다는 것을 알았습니다. 저는 질렸습니다. 애초에 문학은 학교에서 습득하는 게 아니라고 생각했었기 때문입니다. 따라서 그런 미국인이 문학을 알 리가 없다고 여겼던 겁니다. 하지만 생각해보면 미국에서도 예전에는 달랐을 터입니다. 고전은 별도로 치더라도, 현대문학 등은 학교에서 배우는 것이 아니었을 겁니다. 학교가 아니어도 곧잘 읽히고 있었을 겁니다. 그런데 누구도 문학을 읽지 않는 시대가 되어버렸던 거죠. 따라서 학교에서 문학을 읽히게 되었던 것이겠지요. 그리고 창작학과 같은 것을 만들었습니다. 그런 뜻에서 일본인은 미국에서 이미 일어난 일을 뒤늦게 하고 있을 뿐이라고 하겠습니다.

그러나 제가 문학비평에서 손을 떼게 됐던 이유가 단지 문학이 쇠퇴했기 때문은 아닙니다. 애초에 저는 좁은 뜻에서의 문학비평을 하고 있지 않았습니다. 문학비평은 문학작품을 논하는 것이지만, 제가 문학비평을 하고자 했던 것은 단지 그런 이유 때문이 아닙니다. 문학비평에서는 문학만을 대상으로 하지 않는 일도 가능합니다. 예컨대 철학이나 종교학, 경제학, 역사학 같은 것도 문학비평의 대상이 되죠. 문학비평은 무엇을 다뤄도 좋은 것입니다. 그것이 무엇이든 씌어진 텍스트이기만 하다면 말이죠. 혹시 철학이나 경제학, 역사학 같은 것을 전공으로 하면 그것들 이외의 것을 논하는 일은 불가능해지죠. 하지만 문학비평이라면 그것이 가능합니다. 저는 욕심쟁이여서 문학비평을 택했던 겁니다.

따라서 문학비평을 그만뒀다고 해서 별달리 이제까지와는 전혀 다른 것을 시작했던 건 아닙니다. 즉 문학에서 철학적·이론적 작업으로 옮겨갔던 게 아닙니다. 이전부터 그런 작업을 해왔었기 때문입니다. 따라서 제가 문학을 그만뒀다는 것은 좁은 뜻에서의 문학에 관련된 것을 그만뒀다는 말이 아니라, 오히려 철학·이론적인 작업영역에 관련된 것이라고 하겠습니다.

그 점이 저 자신에게도 분명해졌던 것은 20세기 말에 『트랜스크리틱: 칸트와 마르크스』라는 책을 마무리한 뒤였습니다. 그 책은 어떤 뜻에선 문학비평입니다. 실제로 제목 속의 '크리틱'은 비평이라는 뜻입니다. 칸트와 마르크스의 텍스트를 읽고 그것에서 새로운 의미를 길어 올리는 일. 그런 뜻에서 이때까지 제가 해왔던 것과 동일한 비평, 즉 문학비평입니다.

그러나 다른 한편, 저는 그 저작에서 그때까지와는 다른 저 자신의 스탠스를 제시했습니다. 그것은 제목인 transcritique라는 단어에도 드러나 있습니다. 그 단어는 제가 만든 조어이기 때문에 영어 사전에는 나오지 않습니다. 거기서 트랜스는 초월론적tran-scendental 및 횡단적transversal이라는 뜻입니다. 앞의 것은 말하자면 칸트의 방법입니다. 그것은 수직적입니다. 제가 강조했던 것은 뒤의 것, 횡단적이라는 의미의 사정 쪽입니다. 그것은 이동shift, displacement으로 바꿔도 좋다고 생각합니다. 이 점에서 중국어 번역 은 재미있는 것이었습니다. '과월성비판跨越性批判'이라는 제목이 그것입니다. 저는 중국어로 발음할 수가 없으므로 '넘어가는[건너가는] 성질의 비판'이라고 부르지만, '넘어가는'이라는 말이 횡단 적이라는 뜻이 되는 것이지요 저 자신은 십자가 이미지를 떠올리 고 있지만 말입니다.

어쨌든 그 책에서 칸트나 마르크스의 비평성이 다름 아닌 '이동' 에 의해 초래된 것임을 드러냈습니다. 이는 그 시기에 처음으로 생각했던 것은 아닙니다. 저는 1970년대에 썼던 『마르크스 그 가능성의 중심』에서 그 점에 관해 썼습니다. 예컨대 마르크스의 이론은 독일의 철학, 프랑스의 정치론, 영국의 경제학으로 구성되 며 그것들을 종합한 것이라고들 말합니다. 그러나 마르크스의 이론은 어디에나 적용될 수 있는 무언가가 아닙니다. 그의 이론이 란 비평이고, 그것은 독일적 언설공간으로부터 프랑스적 언설공 간으로의, 나아가 영국적 언설공간으로의 '이동'을 통해 발견됐던 것입니다. 그가 이동했던 것은 그의 의지에 따른 것이 아닙니다. 그것은 정치적 상황에 의해 강제된 망명이었습니다.

저는 1990년대 후반이 되어 저 스스로가 그런 이동을 하고 있음을 알아차렸습니다. 물론 기꺼이 이동했던 게 아닙니다. 소련의 붕괴, 냉전구조의 종언과 함께 저는 서서히 이전과는 다른 장소로 옮겨지고 있었던 겁니다. 그런 시기에 썼던 것이 『트랜스크리틱』입니다. 이 책은 앞서 말했듯이 칸트나 마르크스의 텍스트를 독해한 것이지만, 맨 마지막에는 칸트로부터도 마르크스로부터도 결코 나오지 않는 것을 쓰고 있습니다. 그것이 '교환양식'론입니다. 즉 사회구성체의 역사를 마르크스처럼 생산양식으로 보는 게 아니라 교환양식으로 보는 것. 이 인식은 『트랜스크리틱』에서는 아직 눈에 띄지 않지만, 그 뒤 10년 후에 썼던 『세계사의 구조』에서는 분명해집니다.

그러하되 그 교환양식론은 역시 『트랜스크리틱』을 썼을 때 탄생한 생각이었습니다. 그리고 거기에 이르기까지 저의 '이동'이 있었음은 명확한 것입니다. 그것은 단지 이론적인 이동이 아니었습니다. 실제로 저는 그 책을 쓰고 나서 얼마 지나지 않아 NAM(뉴어소시에이셔니스트 운동)의 실천을 시작했었습니다. 따라서 그때까지의 저 자신과는 태도가 근본적으로 달라졌었죠. 제가 문학을 그만두었다는 것은 오히려 그런 지점을 뜻합니다. 왜 이 시기에 그렇게 했던가에 대해 말하기 전에, 먼저 문학비평이 무엇이었는지에 대해 이야기하고 싶습니다.

3

좀 전에 저는 문학에는 특별한 가치가 있었지만 그런 가치가 없어졌다고 말했습니다. 왜 그렇게 됐던 걸까요. 이 물음은 반대방향의 물음으로 전환됩니다. 즉, 왜 언제 어떻게 문학은 특별한 가치를 갖게 됐던가가 그런 물음입니다. 먼저 그것을 알 필요가 있습니다.

그러한 변화는 18세기 후반의 유럽에서 일어났다고 할 수 있겠습니다. 종교는 말할 것도 없고 철학에서도 전통적으로는 감성(감각이나 감정)이라는 게 부정적으로 여겨졌습니다. 그러나 근대의 철학에서는 상공업의 발전, 자연과학의 흥륭과 함께 감각을 중시하는 태도가 생겨났습니다. 그때까지는 감각에 기초한 앎은 허망한 것으로 여겨져 왔던 겁니다. 나아가 18세기에는 감정을 중시하는 태도가 생겼습니다. 감정 또한 그때까지는 부정적으로 여겨졌던 것이었습니다.

예컨대 앞에서 언급한 한국 드라마에서 등장인물은 '인간의 감정이 있는 한, 문학은 끝나지 않는다'고 말했습니다. 그러나 한국에서도 어디까지나 감정이라는 것이 옛날부터 중시됐던 것은 아닙니다. 감정을 중시하게 됐던 것은 근대입니다. 그리고 그런 태도를 가져왔던 것은 근대 시장경제의 침투입니다.

예컨대 영국에서는 18세기 후반, 산업혁명과 함께 새로운 관점이 나왔습니다. 아담 스미스가 말하는 동정同情, sympathy이 그 한 사례입니다. 스미스는 경제에 관해 자유경쟁(레세페르laissez-faire[무간섭·자유방임주의])을 설파했었지만, 다른 한편으로 그것이 가져올 계급격차를 우려했습니다. 오늘날의 신자유주의자와는 전혀 다르죠. 현재 스미스는 경제학자로 알려져 있지만 그는 일관되게 윤리학자였습니다. 그가 주장했던 것은 새로운 윤리이고, 그 핵심이 '동정'입니다. 그것은 종교에서 설파하는 연민이나 자비와 비슷해 보이지만 다른 것입니다. 스미스가 말하는 동정이란 사람의 신체가 되어 생각하는 '상상력'이며, 그것은 오히려 에고이즘의 긍정, 즉 근대의 시장경제를 전제로 하는 것입니다. 그러므로 동정은 근대 이전의 공동체가 붕괴된 뒤에, 그렇게 에고이즘이 침투한 뒤에 나오는 것입니다. 따라서 그것은 예전의 종교적 자비나 연민과는 이질적인 것입니다.

동정은 말하자면 새로운 감정입니다. 동정 속에서 감정은 그때까지와는 다른 가치를 갖게 됩니다. 예컨대 18세기의 영문학에서 센티멘털리즘이라는 말은 새로운 태도로서 긍정적인 뜻으로 사용되고 있었습니다. 예컨대 로렌스 스턴의 『센티멘털 저니』라는 작품이 있습니다. 이는 감상적 여행이라는 뜻이 아닙니다. 『센티멘털 저니』의 일본 버전은 나쓰메 소세키의 『풀베개』라고 할 수 있겠지요.

이렇게 감정이나 상상력을 중시하는 태도가 강화됩니다. 이와 더불어 감정이나 상상력에 뿌리내린 문학이 중시되게끔 되죠. 즉 종교나 철학을 대신하여 문학이 중시되는 것입니다. 그것과 동시에 내셔널리즘이 나오게 됩니다. 왜냐하면 네이션이란 그런 동정(상상력)에 의해 새롭게 형성된 공동체, 즉 '상상의 공동체'이기 때문입니다. 독일을 예로 들면, 19세기 후반에 프러시아가 통일하기까지 독일인들은 다수의 국가들로 나뉘었고 또 여러 종파들로 나뉘어 항쟁하고 있었습니다. 그 사이 그들을 민족으로서 통합할 수 있었던 것은 문학뿐이었습니다. 그런 뜻에서 독일민족이란 독일문학 이외에 다른 게 아닌 겁니다.

단, 그러한 변화가 반드시 유럽에 한정된 것은 아니었습니다. 예컨대 일본에서도 스미스와 같은 시기, 즉 18세기 후반에 모토오리 노리나가라는 학자가 그때까지 우위에 있던 사고방식을 뒤집어엎었습니다. 도쿠가와 바쿠후 아래에서는 주자학적인 앎과 도덕이 우월한 것이 되어 있었지만, 그것들을 노리나가는 감정에 기반을 두고 비판했습니다. 주자학적인 앎이나 도덕은 자연의 감정에 뿌리박지 않은 인공적인 관념이라는 겁니다. 그것들에 맞서 그는 문학에 의해 환기되는 '모노노아와레[物の哀れ]'라는 감정을 중시했습니다.

그렇다고 그것이 단순한 감정만은 아닌데, 노리나가는 거기에 철학이나 종교에는 없는 '앎知'이 존재한다고 생각했었기 때문입니다. 나아가 그는 유교에 의해 비도덕적이라고 비난받아왔던 『겐지 모노가타리』에야말로 오히려 진정한 도덕성이 있다고 말했습니다. 그가 말하는 '모노노아와레'란 아담 스미스가 말하는 '동정'이라고 할 수 있겠습니다. 따라서 그것은 그때까지의 봉건제 아래에서 사농공상이라는 신분, 그리고 각각의 봉토로 나눠졌던 사람들을 '동정'에 의해 결합하는 새로운 공동체를 가져왔던 겁니다. 그것이 일본의 내셔널리즘입니다.

이는 유럽과는 관계없이 나왔던 생각입니다. 그렇다고 일본의 독자적 사고라고 할 수도 없는 것입니다. 그것은 18세기 후반에 들어 상인계급이 강해지고 감성적인 요소가 긍정되는 상황 속에서 태어난 것입니다. 그런 뜻에서 내셔널리즘은 문학 혹은 문학비평에 뿌리내리고 있다고 하겠습니다.

감각, 감정, 그리고 문학이 그렇게 중시됐던 것은 근대사회에선 당연한 일이라고 할 수 있습니다. 그러나 그것에 대한 이론적 고찰을 진정으로 수행했던 이는, 제가 보는 한에선 칸트 한 사람입니다. 그는 문학·예술이 철학적인 앎과 종교적인 도덕성에 대해 어떤 관계에 있는지를 끝까지 규명하고자 했습니다. 물론 칸트가 지향했던 것이 단지 문학·예술의 위치부여에 있었던 것은 아닙니다. 그가 지향했던 것은 우리들 앎의 가능성과 한계를 밝히는 일이었습니다.

칸트의 생각으로는 감성을 수반하지 않는 이성이란 공허한 것입니다. 형이상학이 그러한 것입니다. 다른 한편, 이성을 수반하지 않는 감성은 맹목적인 것입니다. 즉 감각이나 감정만으로는 앎이 될 수 없습니다. 그래서 칸트는 이성과 감성을 연결하는 것을 발견해내고자 했습니다. 그것이 상상력(구상력)입니다. 그때까지 상상력은 부재하는 것을 상기하거나 존재하지 않는 것을 공상하는 것으로 간주되어 왔습니다. 그것은 감각·감정과 마찬가지로 낮게 평가되어 왔었죠. 이는 그때까지 문학이 지적으로 낮게 평가되어 왔던 것과 같습니다. 그런데 칸트의 위치부여에 의해 상상력, 따라서 문학·예술이 중요한 지위를 획득하게 됩니다. 그것은 감성이나 이성으로는 불가능한 것, 바꿔 말하자면 피직스[physics]나 메타 피직스로는 불가능한 일을 실현하는 것으로 간주되었기 때문입니다.

그때까지 문학은 언제나 교회로부터 비도덕적이라는 이유로 공격받아 왔습니다. 따라서 18세기 서양에서는 '시의 옹호'나 '문학의 옹호'와 같은 논설이 다수 작성되었습니다. 그것들은 문학을 종교의 비난으로부터 옹호하는 것이었죠. 칸트 이후, 문학은 그러한 비난을 면했습니다. 훌륭한 존재이유를 얻었기 때문입니다.

그러나 문학은 종교로부터의 비난은 면했을지라도 완전히 자유로워진 것은 아니었습니다. 문학은 거꾸로 심대한 하중을 짊어지게 됐습니다. 왜냐하면 상상력은 어떤 뜻에선 이성을 인수하게 되는 것이기 때문입니다. 예컨대 영국의 시인 코울리지는 칸트에 근거하여 상상력imagination과 공상fancy을 구별했습니다. 이것들은 통상적으로 혼동되고 있지만, 칸트가 말하는 상상력은 단순한 공상이 아니라 이성과 감성을 연결하는 무언가이지 않으면 안 되는 것입니다.

구체적으로 말하자면, 문학에서 상상력과 공상의 차이는 근대문학과 이야기[원문은 모노가타리]의 차이와 유사합니다. 이야기는 옛날부터 있었습니다. 그리고 그것은 공상에 의한 것입니다. 공상은 자유분방하게 보이지만 구조론적으로 결정되어 있습니다. 그것은 이야기를 보면 알 수 있습니다. 먼 옛날부터 동일한 틀이 반복되고 있죠. 예컨대 기슈류리탄貴種流離譚이 그렇습니다. 본래 높은 지위를 계승한 자(기슈)가 모종의 사정으로 그 지위로부터 아래로 떨어져(류리), 고난을 경험한 끝에 그 지위에 다시 오른다는 이야기. 따라서 공상은 결코 자유분방하지 않습니다. 그 반대입니다.

근대소설은 이야기에 근거함과 동시에 그것에 대한 비판으로서 존립합니다. 예컨대 『돈키호테』는 기사도 이야기에 근거함과 동시에 그것에 대한 비판입니다. 그러한 비평성이 없어지면 이야기로 되돌아가고 맙니다. 그것이 통속소설이라고 부르는 것입니다. 거기에는 구조밖에 없습니다. 그것 말고는 제로죠. 다름 아닌 '영원한 제로' 같은 것입니다.

근대문학이 감성과 이성을 매개한다는 것은 다른 관점에서도 말할 수 있습니다. 예컨대 개별적인 자기를 감성으로, 일반적인 자기를 이성으로 간주해도 좋겠지요. 개별적인 자기는 문학 이외의 영역에서는 버려집니다. 이성적인 것은 개인의 감정을 넘어선 것이어야 하기 때문이죠. 그러나 근대문학은 개별적인 자기를 긍정하는 지점에서부터 시작합니다. 물론 거기에 머무는 것은 아닙니다. 근대문학은 동시에 그것을 보편적인 것으로 하지 않으면 안 되는 겁니다. 예컨대 자신의 특수한 경험을 쓰더라도 그것이 만인에게 통하는 것이 되지 못하면 문학이 아닙니다.

따라서 문학에는 이성보다 감성이 중시된다고 생각하는 것은 잘못입니다. 이성에 연결될 때에만 감성은 중시될 수 있습니다. 문학은 이야기나 시로서는 옛날부터 있었습니다. '인간에게 감정이 있는 한' 문학은 있었죠. 그러나 그것은 종교나 철학에서 보면 등급이 낮은 것으로 간주되었던 겁니다. 감성이 근대에 중요해졌던 것은 그것이 보편적인 진리 혹은 도덕성에 연결됐을 때부터였습니다. 그때부터 문학은 영원한 것으로 여겨지게 됐던 겁니다.

문학이 영원하게 보이는 것은 그것이 이성을 짊어지고 있기 때문이고, 또 그런 한에서만 그럴 수 있는 것입니다. 예컨대 이전에는 '순문학과 통속문학'이라는 구별이 있었습니다. 그것은 '상상력과 공상력'의 구별에 대응하고 있습니다. '통속문학'은 이야기와 동일한 구조를 갖고 있습니다. 한편 '순문학'은 이야기·공상에 근거한 것이지만, 동시에 이야기·공상을 비평하는 데에서 성립합니다. 즉 그런 것이 상상력이며, 거기에 순문학이 있다고 하겠습니다. 그러나 오늘날 그러한 구별은 성립될 수 없게 되었습니다. 이에 대해 생각하기 위해서는 문학·상상력을 이성과의 관계에서 다시 볼 필요가 있습니다.

칸트의 경우, 상상력은 이성과 감성 간의 관계에서만 존재합니다. 그런 관점에서 말하자면 근대문학은 그때까지 종교가 인수해왔던 문제를 자기 쪽에서 인수하지 않으면 안 됩니다. 즉 도덕적 과제를 인수해야만 하는 겁니다. 그러나 칸트 뒤에 나온 낭만파는 상상력 혹은 문학의 우위를 당연한 것처럼 보았습니다. 그것에 맞서, 말하자면 감성 쪽에서의 비판이 있었죠. 리얼리즘 문학이 그것입니다. 그러나 그 둘 모두 '이성', 즉 도덕적 계기를 결여하고 있었습니다.

또한 앞서 말했듯이 낭만파로부터는 내셔널리즘이 발생하게 됩니다. 즉 문학이 상상의 공동체로서의 네이션의 기반이 되죠. 물론 칸트는 그러한 것을 인정하지 않았습니다. 예컨대 그는 내셔널리즘을 '망상'이라고 말합니다. 당연히 그는 내셔널리즘에 연결되는 문학을 인정하지 않죠. 그는 어느 특정 네이션(폴리스)이 아니라 '코스모폴리스'의 입장에 서 있었기 때문입니다. 아마도 문학에 있어 칸트의 태도를 이어받은 것은 '세계문학'을 주장한 괴테일 것입니다.

반복하자면, 근대문학은 종교에서 유래하는 도덕적 과제를 짊어지는 것입니다. 문학이 종교로부터는 해방되어도 그 과제로부터는 해방될 리가 없는 것이죠 다른 형태로 그런 도덕적 과제를 짊어지게 되는 겁니다. 그것이 사회주의라는 과제로 나타났습니다. 즉 종교를 대신하여 문학을 제약하는 것으로 나타난 것이 '정치'인 겁니다.

문학에게 '정치'는 무거운 짐입니다. 분명 그것에 종속됐을 때 문학은 예술일 수 없게 되죠. 그렇다고 그것을 내다버리면 그저 오락이 되고 말죠. 뒤에서 말하겠지만, 실제로 문학이 모든 하중으로부터 해방된 상황이 생겨납니다. 1990년 이후입니다. 그러나 그것과 함께 '문학'은 끝났던 겁니다. 물론 오락으로서는 남아 있으며 번성하기도 합니다. 하지만 이성과 감성을 매개하는 것으로서의 상상력은 사라지고 말았죠. 애초에 사회주의라는 이념이 사라져버렸기 때문입니다.

제가 문학비평에서 손을 씻게 됐던 것은 그 시기입니다. 물론 그것은 좁은 뜻의 문학비평을 그만두었다는 말이 아닙니다. 앞에서 말했던 것처럼 저는 좀 더 일찍부터 문학의 현장에서 벗어나 철학적인 작업을 하고 있었습니다. 따라서 제가 문학을 그만두었다고 생각했을 때, 그것은 실제로는 문학보다는 그때까지 해왔던 철학을 그만두었다는 뜻이 됩니다. 그것에 관해 조금 설명해두고 싶습니다.

4

제가 문학비평을 택한 것은 1960년대 초였습니다. 문학비평이라면 무엇이든 할 수 있는 게 아닐까라는 생각을 했었습니다. 제가 그렇게 생각했던 한 가지 계기는 비평가 요시모토 다카아키의 영향이었습니다. 그뿐만 아니라 일본에서는 전후, 문학비평에 대한 특별한 신뢰가 있었습니다. 그것은 전전戰前·전후에 철학 및 사회과학이 치명적인 추태를 보여 왔었기 때문입니다. 전후에는 문학비평만이 남았죠. 문학은 감성적인 개인적 차원을 버리지 않았고 동시에 개인을 넘어선 사회구조와 같은 차원을 함께 포착했습니다. 즉 문학비평으로는 자기 자신을 버리지 않고 세계를 포착할 수 있었던 겁니다. 전전·전중戰中의 경험을 뒤밟으며 [사]물에 대해 생각하기 위해서는 문학비평이 필요했던 것이죠.

일본에서는 전전부터 문학비평이 철학이나 사회과학에 대항하는 앎으로서 존재해 왔었습니다. 그 경우, 다음과 같은 점에 유의해야 합니다. 문학비평이라고 할지라도, 고바야시 히데오가 그랬던 것처럼 그것은 실질적으로 프랑스철학이었습니다. 프랑스에서는 철학과 문학에 명료한 경계선이 없습니다. 따라서 프랑스 이외의 나라에서 프랑스의 철학은 대학의 철학과가 아니라 프랑스문학과에서 연구되었습니다. 적어도 일본에서는 전전부터 그랬고 전후에도 그랬습니다. 전후 미국에서도 마찬가지입니다. 철학과에서는 분석철학이 중심이었고 그것 이외에는 독일철학이 있었습니다.

예전의 철학이라고 하면 어디서나 독일철학이 중심이었지만, 그것은 2차 대전 이후에 몰락했습니다. 그러나 독일철학은 어떤 뜻에서 프랑스에서 계승되었다고 하겠습니다. 예컨대 사르트르가 그렇습니다. 그는 헤겔이나 후설, 하이데거, 그리고 이후로는 마르크스를 독일에서 도입했는데, 동시에 그는 전형적으로 프랑스의 철학자였습니다. 즉 그는 소설·희곡을 쓰고 만년까지 「플로베르론」 같은 문학비평 작업을 했었습니다. 프랑스에서는 철학자가 그런 작업들을 하는 것에 별달리 위화감이 없습니다. 예컨대 루소는 철학자인가 작가인가라고 묻는 사람은 없습니다. 따라서 제가 철학이 아니라 문학비평을 택했다는 것은 프랑스철학과 같은 유형의 철학을 택했다는 말과 다르지 않다고 해도 좋겠습니다.

전후 일본의 지식인들 사이에서는 철학이나 사회과학이 실추됐던 것과는 달리 프랑스철학과 결부된 문학비평은 살아남았습니다. 또 독일철학이나 교토학파의 철학을 대신해 사르트르를 위시한 프랑스철학이 지배적인 것으로 되었습니다. 그것은 문학비평과 표리일체입니다. 사회과학의 영역에서도 마루야마 마사오 같은 정치학자는 문학비평에 가까운 것이었습니다. 그의 제자 후지타 쇼조, 하시카와 분조라면 그들은 사실상 문학비평가였다고 할 수 있겠습니다.

그런데 프랑스철학이 2차 대전 이후의 세계에서 중요한 위치를 점하게 됐던 것은, 실제로는 프랑스국가가 전후의 냉전체제 속에서 정치적으로 특이한 위치를 점했던 것과 관련되어 있습니다.

2차 대전 이후는 미국·소련의 이원적 대립이 계속됐습니다. 일반적으로 그것은 자본주의와 사회주의 간의 대결로 간주됩니다. 그러나 주의해야 하는 것은 소련의 사회주의에 대한 환멸이 강해지고 있었던 점입니다. 자본주의=미국을 부정하고 싶다고 해서 사회주의=소련에 희망을 걸 수는 없었죠 그리되면 그 이외의 '제3의 길'은 없는가라고 생각하는 것은 당연합니다. 물론 그것은 실재하지 않습니다. 하지만 그것을 요구求[추구]하는 것이 '상상력'이고 '문학'인 겁니다. 물론 그것은 좁은 뜻의 문학과는 다른 것입니다. 정치든 철학이든 제3의 길을 요구하는 '상상력'이 필요해졌다는 것입니다.

먼저 정치의 레벨에서 말하자면, 냉전시대에 추구됐던 '제3의 길' 중 하나는 문자 그대로 '제3세계'라고 불리는 운동입니다. 제3세계는 후진국 혹은 그 지역을 가리키는 말이 되고 말았지만, 본래 제1세계(미국권圈)과 제2세계(소련권)에 대항하는 프로젝트로서 탄생했던 것입니다. 따라서 1990년 이후 제2세계가 소멸함과 동시에 제3세계가 소멸된 것은 당연한 일입니다.

그런데 '제3세계'에 있어 또 하나의 사례가 있습니다. 그것이 프랑스입니다. 드골 대통령 아래에서 프랑스는 미소 양국 어디도 아닌 제3세력을 만들고자 했습니다. 그것은 말하자면 '유럽'입니다. 이 프로젝트는 제3세계와 마찬가지로 1990년 이후 제2세계의 소멸에 의해 의미를 잃고는 오히려 독일 중심의 EU로 흡수되고 말았습니다. 단, 드골이 꾀한 프랑스국가의 의도는 정치적 차원에서보다는 오히려 미소 양국 이외의 '제3의 길'을 요구했던 상상적 프로젝트, 즉 전후의 프랑스철학에서 실현됐다고 하겠습니다. 따라서 이 시기의 프랑스철학에는 특별한 의미가 있는 것입니다.

그것은 앞서 말한 사르트르로 대표됩니다. 애초에 그의 초기 작업은 상상력에 관한 이론이었습니다. 그는 '상상력'을 실제로 존재하는 것을 무화néantisation시켜, 거기에 없는 것을 지향하는 능력으로 포착했습니다. 그때 사르트르는, 칸트를 언급하지는 않았지만, 다시금 '상상력'의 의의를 회복시켰던 겁니다. 그리고 그것은 단지 철학적 문제가 아니었습니다. 그는 정치적으로 자본주의(미국)도 사회주의(소련)도 아닌 '제3의 길'을 요구했었기 때문입니다.

그런 점에선 일본도 마찬가지입니다. 구로다 간이치가 주장한 '반제국주의 반스탈린주의反帝反スタ'는 문자 그대로 제3의 길이었으며, 요시모토 다카아키가 말하는 '자립'도 그런 의미를 띠고 있었습니다. 자립이란 두 세력으로부터 자립하는 것입니다. 프랑스의 경우, 그러한 자립이 국가적인 차원에서 추구됐다고 하겠습니다. 그런 국가적 차원과의 직접적인 연결점은 없지만, 철학에서 그것을 추구했던 이가 사르트르입니다. 그에 뒤이어지는 철학자들도 동일한 과제를 추구했다고 할 수 있겠습니다.

물론 그들은 사르트르를 비판했으며 사르트르의 상상력이라는 개념도 배척했습니다. 그러나 예컨대 데리다가 형이상학적인 이항대립의 탈구축을 주장했을 때, 그는 그런 이항의 어느 쪽도 아닌 다른 무언가를 가리키고자 했던 것이고, 그것은 다름 아닌 '제3의 길'을 발견하는 일입니다. 또 데리다가 형이상학적인 이항대립을 비판했을 때, 그것은 고대부터 있던 형이상학이라기보다는 냉전시대의 정치적 이항대립, 즉 미소 양국의 이항대립을 뜻했었습니다. 게다가 데리다의 철학은 텍스트의 독해를 중심으로 하는 것이었던바, 종래의 철학에서 보면 그것은 문학비평에 한없이 가까운 것이었다고 하겠습니다.

최근 데리다의 전기가 일본에서 출판되었습니다. 두꺼운 책이라서 골라서 읽었는데, 거기에 약간 의외의 것이 씌어 있었습니다.

그는 젊을 때부터 철학자로서 촉망받고 있었는데도 문학을 하고 싶어 했다는 것입니다. 즉 데리다는 서서히 문학에 접근해 갔던 게 아니라는 겁니다. 젊을 때부터 그러했다는 거죠. 이제까지 저는 다음과 같이 생각하고 있었습니다. 저는 문학에서 철학으로 향했는데 데리다는 철학에서 문학으로 향했고, 그 지점이 결정적으로 다르다고 말입니다. 그러나 아무래도 원래부터 비슷한 유형이었던 듯합니다.

데리다는 이항대립의 탈구축(디컨스트럭션)을 주장했었지만, 들뢰즈에 관해서도 동일하게 말할 수 있겠습니다. 즉 들뢰즈 또한 소련이나 미국이 아닌 제3의 길을 '상상력'에서 구했다고 말해도 되지 않을까 합니다. 그러므로 그 또한 철학에서 문학·예술로 향했습니다. 그러나 지금 제가 이런 것들을 말하는 것은 프랑스 철학자들의 위대함을 찬양하기 위해서가 아닙니다. 그것이 1990년의 시점에서 전환점을 맞이하게 된다는 것을 말하기 위해서입니다.

1990년 소련권이 붕괴한 뒤, 냉전시대의 이항대립은 종언을 맞았습니다. 제2세계의 소멸 뒤에 압도적으로 됐던 것은 글로벌한 자본주의입니다. 즉 신자유주의입니다. 제가 보기에 프랑스의 현대사상은 이런 상황에 저항할 수 없습니다. 그것은 오히려 신자유주의에 도움이 되는 것입니다. 물론 제가 아는 한, 데리다도 들뢰즈도 이런 변화에 대해 즉각 민감하게 반응했습니다. 예컨대 그들은 제각기 마르크스주의자임을 공공연히 이야기하게 됩니다. 그러나 그들의 그런 면모는 포스트모더니즘의 조류에 의해 지워지고 말았습니다. 들뢰즈는 얼마 지나지 않아 자살했습니다.

제2의 길이 소멸하면 제3의 길도 성립하지 않습니다. 그것은 신좌익에도 해당되는 것입니다. 흔히들 소비에트 연방의 해체는 구좌익에게 큰 타격을 입혔다고들 합니다. 그러나 저는 그렇게 생각하지 않습니다. 오히려 타격을 받은 것은 '신좌익'입니다. 그때까지 신좌익은 구좌익을 비판하고 있으면 무언가를 하고 있다는 기분을 느낄 수 있었습니다. 따라서 구좌익의 소멸은 신좌익에게야말로 위기였다고 하겠습니다. 그러나 그런 위기는 거의 알아차릴 수 없었죠. 마찬가지로 알아채지 못하고 있었던 것은, 그때까지 '제3의 길'을 발견해왔던 철학=문학비평이 이 시기에 존재근거를 박탈당하고 있었다는 것입니다.

예전에 니체는 '신은 죽었다'고 말했습니다. 그러나 니체에겐 종교는 죽었을지라도 그것을 대신하여 예술이 살아 있었습니다. 또 그는 칸트 및 헤겔과 같은 철학이 죽어도 『차라투스트라는 이렇게 말했다』 같은 시(문학)는 영원히 남는다고 생각하고 있었습니다. 실제로 니체의 그 작품은 『신약성서』에 대항하려는 의도를 가진 것입니다. 하지만 만약 그렇다고 한다면 별달리 신은 죽은 게 아닙니다. 예술이 신으로 됐을 따름이니까요. 하이데거도 그러한데, 들뢰즈도 종교·철학에 대항하여 예술을 가져왔습니다. 그러면 문학·예술이 죽는다면 어떻게 되는 걸까요. 이것이 20세기 말에 제가 만난 문제였습니다.

저는 1990년대에 『트랜스크리틱』을 쓰기 시작했습니다. 칸트와 마르크스를 근본적으로 다시 읽고자 했던 겁니다. 그러나 90년대 말에 이르러 저는 그러한 비평의 한계를 느꼈습니다. 앞에서 말했던 것처럼 저의 『트랜스크리틱』은 문학비평과 같지만,

최후 지점에서 다룹니다. 문학비평이란 말하자면 텍스트 속에서 '제3의 길'을 발견하는 일입니다. 하지만 저는 90년 말의 단계에서 그런 방식을 포기했습니다. 그리고 저는 칸트로부터도 마르크스로부터도 나오지 않는 교환양식이라는 사고방식을 도입했었습니다. 나아가 저는 거기로부터 사회운동의 실천으로 향했습니다.

그것은 '이동'입니다. 하지만 저는 굳이 이동을 추구했던 게 아닙니다. 정신을 차리고 보니 저는 냉전시대에는 없던 상황 속에 내던져져 있었습니다. 상황 그 자체가 이동해 있었습니다. 따라서 저는 그 속에서 그때까지의 사고에 집착하지 않고 다시 생각하고자 했던 겁니다. 그것이 제가 말하는 트랜스크리틱입니다.

저는 저 자신의 사상을 포함해 그때까지의 사상이 오류였다거나 허위였다고는 생각하지 않습니다. 애초에 언제 어디서나 진리일 수 있는 언설은 없습니다. 냉전시대의 텍스트는 그 시대 속에서는 비평성을 가질 수 있었습니다. 그러나 1990년대 이후에는 그것을 가질 수 없습니다. 물론 그들의 텍스트는 언제가 다시 다른 형태로 읽을 수 있을지도 모릅니다. 그러나 지금 그것을 말하는 것은 시기상조입니다.

저는 『트랜스크리틱』 이래로 10년 남짓 『트랜스크리틱』에서 제기한 '교환양식'의 문제를 발전시키고자 했습니다. 그것이 『세계사의 구조』이고, 또 『철학의 기원』이며 『제국의 구조』입니다. 이러한 작업을 이후에도 계속하리라고 생각합니다. 그것과 동시에 저는 과거의 작업들을 되돌아보는 일에 대해 생각하고 있습니다.

이 강연 처음에 저는 외적으로 강요됐을 때를 빼고는 뒤를 돌아보지 않는다고 말했습니다. 그러나 제 자신이 적극적으로 과거를 되돌아봤던 적이 있습니다. 그것은 2003년 무렵인데,『정본 가라타니 고진집集』전 5권(이와나미)을 편집했을 때입니다. 그때 저는 이전에 썼던 것들을 철저하게 다시 써서 '정본'을 만들었습니다. 금연을 한 탓도 있겠지만, 그 사이에 다른 새로운 작업은 아무것도 하지 않았습니다. 그때 문학에 관해서도 다시 읽었던 겁니다.

실은 저는 지금 과거의 작업들을 재검토하는 일에 대해 생각하고 있습니다. 예컨대 문학평론을 정리하거나 철학적 저작을 정리하는 일 같은 것입니다. 앞서『내성과 소행』이라는 책의 「후기」에서 뒤를 되돌아보지 않는다고 썼던 것에 대해 언급했었는데, 30년 전에 미완으로 끝난「언어·수·화폐」를 이제부터 완성하는 일도 생각하고 있습니다. 다시금 좌절하고 포기할지도 모르지만 말입니다.

사상적 지진에 대하여

나는 이제까지 두 권의 강연집을 출간했었다. 『언어와 비극』(1989), 『<전전戰前>의 사고』[한국어판 『문자와 국가』](1993)가 그것이다. 첫 번째 강연집은 1984년부터 88년까지, 두 번째 강연집은 1990년부터 93년까지의 강연을 모은 것이다. 다른 관점에서 말하자면, 첫 번째는 쇼와시대의 종언과 전후 세계체제의 종언이 육박해왔던 무렵이며, 두 번째 것은 그런 종언이 걸프전쟁과 일본의 참전이라는 사태로 나타났을 무렵이다. 내가 거기서 <전전>이라고 불렀던 것은 2차 대전이 일어나기 이전이라는 뜻이 아니라 우리들이 벌써 이미 다음 전쟁 앞에 서 있음을 뜻하는 것이었다.

그 이후로 나는 강연집을 내지 않았다. 물론 이후로도 많은 강연을 했었지만, 그것들은 『윤리 21』(2000)이나 『일본정신분석』(2002)처럼 책으로 결실을 맺었다. 그렇기 때문에 강연집으로 낼 기회가 없었던 것이다. 그러나 그것만이 이유는 아니다. 세 번째 강연집을 위해 이후의 여러 강연들을 검토해 보았지만 수록하기에 적절한 것이 너무 없었다. 그것은 1995년 이후부터 생각이나 그 스타일에서 내가 현저하게 변했기 때문이었다.

한마디로 말하자면, 나는 문학적·비평적이라기보다는 철학적·이론적으로 되었다. 그것은 '역사의 종언'으로 불리던 시기에 [사]물을 근본적으로 고쳐 생각하고자 했기 때문이다. 또한 내게는 나카가미 겐지의 죽음(1992)이 컸다. 나를 간신히 문학에 묶어 두고 있던 존재가 사라졌던 것이기 때문이다. 「근대문학의 종언」(2003)이라는 강연을 했던 때보다 훨씬 이전에, 이미 내겐 근대문학이 끝나고 있었다. 나는 나카가미의 사후, 문예잡지『군조群像』에 연재 에세이 「탐구」를 재개했고 칸트에 관해 쓰기 시작했다. 그것이 세기말에 『트랜스크리틱』이라는 저작이 되었다.

이후로 나의 강연은 오히려 나 자신의 이론을 설명하는 일이 중심이었다. 즉 그것은 기본적으로 책에 쓴 것을 알기 쉽게 말하는 것일 뿐이었으므로, 강연집으로 낼 의미도 없어졌던 것이다. 예전에 나는 메모만으로, 때로는 메모도 없이 강연했다. 앞서 말한 두 권의 강연집에 들어 있는 것은 그런 강연들이었다. 물론 출판에 맞춰 대폭 고쳐 쓰긴 했지만 말이다. 지금은 그런 강연이 도저히 불가능할 것 같지만 예전에는 그것이 보통이었다. 그런 강연에는 즉흥적인 연주와도 같이 오직 그 장소에서만 나오는, 스스로에게도 뜻밖의 발견이 있었다.

강연 초고를 준비하게 됐던 것은 1990년대에 들어 정기적으로 미국에서 가르치기 시작한 일과 관계가 있을 것이다. 미국의 학자들은 강연에서 준비된 초고를 읽는 것이 보통이었다. 강연의 즉흥성은 오히려 질의응답에서 나온다고 해도 좋겠다. 그들은 몇 번의 강연에서 얻은 응답을 고려한 위에서 논문을 마무리하고 출판했다. 나도 영어로 강연할 때는 용의주도하게 준비한 초고를 읽었다. 단, 통상적인 강의에서는 일본어로 쓴 초고를 그 장소에서 적당히 번역해가면서 이야기했다. 그렇게 하는 동안 일본에서의 강연도 차츰 초고를 준비하게 됐던 것이다. 그렇게 되니 예전의 강연에 있던 재미가 사라지고 말았다.

이 책 『사상적 지진』에 수록된 것은 나 자신이 읽고 '이 정도면 됐어'라고 생각한 것일 따름이다. 그렇게 선택한 것을 살펴보면, 거기에는 하나의 주제가 관통되고 있음을 알아차리게 된다. 그것은 「지진과 칸트」라는 강연에 개시되어 있는 것이었다.

나는 1995년에 일어난 두 가지 사건에 의해 뒤흔들리게 되었다. 한신 대지진·재해, 그리고 그것과 거의 동시기에 발각된 옴 진리교 사건이 그것이다. 그로부터 수개월 뒤에, 나는 서울에서 열린 건축가 국제회의에서 「지진과 칸트」에 관해 이야기했다. 어떤 뜻에서는 지진이 나를 그때까지 지배적이던 포스트모더니즘의 언설로부터 탈각시켰다고 해도 좋겠다. 당시는 탈구축deconstruction 이라는 것이 유행하고 있었는데, 그것은 노골적인 파괴destruction 앞에선 그저 지적인 유희에 불과한 거라고 생각되었다. 나의 『트랜스크리틱』이라는 작업은 거기서 발단한다.

이 지진이 초래한 여러 문제들은 이후 사라진 것처럼 보였지만, 16년 후에 생각지도 못한 형태로 회귀해 왔다. 동일본 대지진·재해가 그것이다. 이 지진이 일본의 사회를 바꾼 것은 틀림없다. 예컨대 데모가 흔하게 일어나게 되었다. 나는 2008년에 「일본인은 왜 데모를 하지 않는가」라는 강연을 했다. 지진의 결과, 일본은 '사람들이 데모를 하는 사회'로 바뀌었던 것이다. 그뿐만 아니라 나는 그런 변화의 파문을 대만의 '해바라기 혁명'(2014)에서도 발견했었다. 다른 한편에서 나는 동일본에서의 쓰나미에 의한 대량의 사망자를 보고 한신 대지진·재해 이후 읽었던 야나기타 구니오의 『선조 이야기』를 다시 읽었으며, 그렇게 『유동론』을 쓰기에 이르렀다. 이외의 다른 강연도 모종의 형태로 '지진'과 이어져 있다. 그런 뜻에서 나는 이 책에 '사상적 지진'이라는 이름을 새겨 내놓게 됐던 것이다.

출판 때에 마스다 다케시, 다도코로 겐타로 두 사람에게 신세를 졌다. 써서 남겨 감사의 마음을 전한다.

2016년 5월 27일

| 옮긴이 후기 |

지진적인/다이몬적인 것에 대해

가라타니 고진은 한신 대지진 및 동일본 대지진을 구체적 사실로 포함하는 특정 시기(1995~2015) 자신의 강연들에 '지진'을 축으로 한 모종의 일관성을 부여하고자 했다. 옮기는 과정에서 메모해둔 것 하나를 언급하면서 지진 혹은 '지진적인 것'에 대해 짧게 말해볼 수 있었으면 한다(이는 옮긴이 개인의 관심에 국한된 것이므로 이 책 전체를 커버하는 '해제'가 될 수 없다는 점, 미리 양해를 구한다). 먼저 다음과 같은 발언을 살펴듣게 된다: "지진도 전쟁도 제각기 반복적인 것입니다. 그리고 강박적인 것입니다. 그러나 여기서 중요한 문제는 그것들과는 다른 타입의 반복강박입니다. 즉, 원原유동성의 회귀라는 반복강박의 문제입니다." 반복적인, 강박적인 회귀, '원'유동성의 회귀.
이 책 속에서 지진이란 반복적으로 찾아오는 것 또는 강박적으
로 되돌아오는 것이며, 그런 회귀에 의해 질서 및 규범의 근원
·아르케가 흔들리게 되는 상황을, 안-아르케적 "갈라짐"의 발
현을 가리키고 또 상기시킨다. 그렇게 반복강박적으로 찾아오
는 지진 또는 지진적인 것의 특정한 사례 하나로 눈여겨보게
되는 것이 있다. 데모크라시의 근원으로서의 아테네 민주주의
에 대항해 이오니아적인 이소노미아(무無지배·비非지배)의 회
복과 회귀가 시도되었다는 사실, 말하자면 지진적인 것으로서
도래 중인 이소노미아의 집행적 힘, 그 힘으로 행위했던 소크라
테스가 그것이다. 이소노미아란 그 자체가 이미 "식민·이주
·이동한 사람들이 만든 사회에서 성립하는 것"이었다. 그런
지진=유동성의 발현 속에서 말하고 행위한 소크라테스 또한
자기를 성립시키는 질서·규범에 따라 그렇게 말하고 행위했던
게 아니라 자기라는 법을 반복적으로 찢고 도래하는 다이몬dai-
mon(정령·신)의 명령을 따름으로써 그렇게 할 수 있었다. "주목해
야 하는 것은 그가 있는 곳으로 찾아오는 다이몬(정령)입니다.
소크라테스는 다이몬 같은 초자연적 존재를 감각하고 받아들일
수 있는 자질의 소유자였습니다. 그러한 인물은 현재에도 드물
지 않습니다. 소크라테스가 특이한 것은 그런 다이몬의 지시가
특이했기 때문입니다. 이를 간단히 말하면, 민회에 가지 말라는
것입니다. 나아가 다이몬은 정의를 위해 싸우라고 말합니다."
찾아오는, 회귀하는 다이몬, 그 정령의 명령, 즉 민회에 가지
말라는 것, 그럼으로써 정의를 위해 싸우라는 것, 그러기 위해

광장으로 가서 문답을 행했다는 것. 아테네 민주주의의 규범이 소크라테스에 의해 집행되는 차이의 노모스를 위험시하고 지진적인 것으로서 불법화했던 이유, 그에게 사형을 구형했던 이유가 거기에 있다.

> 소크라테스가 행했던 것은 아고라(광장·시장)에 가는 일이었습니다. 정의를 위해 싸운다는 것은 거기서 사람들과 문답을 행하는 것이었습니다. [……] 다이몬의 지령은 프로이트의 말을 빌리면 '억압된 것의 회귀'이며, 그것은 강박적으로 찾아옵니다.

지진적인 것으로서 '찾아오는' 다이몬의 명령, 또는 '신적인' 정령·명령을 받듦(베버)으로써 발현하게 되는 정언명령·정언명법의 특정한 게발트벡터. 민회에 가지 말고 정의를 위해 싸우라는 다이몬의 그 명령은 공동체의 법, 공동체=법의 바깥으로 나가라는 말이며, 공동체들 사이에, 법들의 틈에 머물라는 말이다. 다이몬의 명령을 따라 소크라테스가 아고라(광장)=문답(차이·어긋남) 속에 타협 없이 머물고자 했을 때, 아고라=문답은 격차화의 지반 위에 구축된 민회와는 다른 어셈블리의 구성원리로 정초된다.

> 저는 그 시기 「이중의 어셈블리」라는 에세이를 썼습니다. 영어로 어셈블리는 의회이기도 하며 집회나 데모이기도 합니다. 흔히들 의회와 데모·집회란 대립물이라고 생각하

지만 본래는 동일한 것입니다. 그리고 어셈블리는 태곳적부터 있었습니다. [/] 예컨대 루소는 『사회계약론』에서 인민이 주권자가 되는 것은 오직 어셈블리에서라고 말합니다. 그런데 그는 영국의 대의제(의회제)를 두고 인민은 단 하루만 주권자이며 그날 이후로는 대표자에게 복종할 뿐이라고 말합니다. 그렇다면 루소가 말하는 어셈블리란 무엇일까요. 그것은 의회라기보다는 오히려 데모·집회 같은 것입니다. 실제로 유럽에서 의회는 그런 데모·집회로서 시작했습니다.

2012년 6월 일본 정부의 원전 재가동 강행에 맞선 십만 명의 데모로 '국회'가 포위됐을 때, 그렇게 발현하는 광장=어셈블리의 구성력에 이끌려 일본의 국회의원들이 국회 바깥으로 나와 인사하면서 그 힘에 접속됐을 때, 2014년 3월 대만에서의 '해바라기 운동'이 '입법원'을 점거함으로써 "두 종류의 어셈블리가 짧은 기간이나마 통일"됐을 때, 바로 그때가 반복·회귀하는 정치적 지진의 상태, 말하자면 지진적인=정치적인 것의 발현상태, 저 다이몬의 강박적인=신적인 정언명령을 받듦으로써 구성되는 섭정체攝政體의 시간이었던 게 될 것이다. 이 책 『사상적 지진』이 정치적인 것의 이정표에 기입해 넣을 수 있는 목록 혹은 지침의 일부, 이 책 『사상적 지진』을 정치적인 것의 이정표에 기입해 넣을 수 있을 근거의 일부가 그런 시간 상태에 있는 게 아닐까 한다. 다시 말해 이 책을 읽는, 옮기는, 그렇게 '이동'시키는 일의 특정한 한 가지 형태를 그런 이정표 위에서 거듭 소묘해볼 수 있지 않을까 생각해보게 되는 것이다.

2020년 2월
부산釜山에서, 옮긴이

■ 「지진과 칸트」: 1995년 6월, 서울, Anywise, MIT Press, 1996.
(일본어판 『Anywise: 앎知의 문제들을 둘러싼 건축과 철학
간의 대화』, NTT출판, 1999, 원래 제목은 「건축과 지진」)

■ 「타자로서의 [사]물」: 2000년 6월, 뉴욕, Anything, MIT Press,
2001(일본어판 『Anything: 건축과 물질 / [사]물을 둘러싼 문제
들』, NTT출판, 2007).

■ 「근대문학의 종언」: 2003년 10월, 긴키대학 국제인문과학연구
소 부속 오사카 칼리지, 『와세다문학』 2004년 5월호 → 『근대
문학의 종언』(인스크립트, 2005).

■ 「일본정신분석 재고」: 2008년 12월, 일본 라캉협회, 「I. R. S」
9호·10호, 2012.

■ 「도시 플래닝과 유토피아주의를 재고한다」: 2009년 5월, 카이
세리(터키) 에르지에스대학, 『현대사상』 2015년 1월 임시증간
호, 원래 제목은 'Rethinking city planning and utopianism', in
The Political Unconscious of Architecture, Ashgate, England, 2011.

■ 「일본인은 왜 데모를 하지 않는가」: 2008년 11월·12월, 와세다 대학·교토조형예술대학.

■ 「아키유키 또는 고토쿠 슈스이」: 2012년 8월, 와카야마현 신구시, '겐지 아카이브'(구마노대학 주최), 『문학계』, 2012년 10월호.

■ 「제국의 주변과 아주변」: 2014년 5월, 부산대학, 『at플러스』 11호, 2014. 원래 제목은 「동아시아세계의 구조 <한국·부산 편>: 제국의 주변과 아주변」.

■ 「'철학의 기원'과 해바라기 혁명」: 2014년 11월, 대만.

■ 「야마비토山人와 야마우바山姥」: 2014년 12월, 조사이대학.

■ 「이동과 비평: 트랜스크리틱」: 2015년 1월, 신주쿠 키노쿠니야 홀, 『현대사상』 2015년 3월호.

● 가라타니 고진 柄谷行人 Karatani Kojin(1941~)
일본을 대표하는 세계적인 사상가, 비평가. 지은 책으로『세계공화국으로』,『역사와
반복』,『트랜스크리틱』,『세계사의 구조』,『철학의 기원』,『자연과 인간』,『제국의
구조』,『헌법의 무의식』,『문자와 국가』,『윤리 21』,『유동론』,『일본근대문학의
기원』,『근대문학의 종언』,『문학론 집성』,『나쓰메 소세키론 집성』,『세계사의
실험』 외에 다수가 있다.

● 윤인로 尹仁魯 Yoon Inro(1978~)
총서 <신적인 것과 게발트>, <제국 일본의 테오-크라시> 기획자.『신정-정치』,
『묵시적 / 정치적 단편들』을 썼고,『국가와 종교』(근간),『이단론 단장』,『정전正戰과
내전』,『선善의 연구』,『파스칼의 인간 연구』,『유동론』,『윤리 21』(공역) 등을 옮겼다.

사상적 지진

초판 1쇄 발행 | 2020년 3월 25일

지은이 가라타니 고진 | 옮긴이 윤인로 | 펴낸이 조기조
펴낸곳 도서출판 b | 등록 2003년 2월 24일(제2006-000054호)
주소 08772 서울특별시 관악구 난곡로 288 남진빌딩 302호 | 전화 02-6293-7070(대)
팩시밀리 02-6293-8080 | 홈페이지 b-book.co.kr | 이메일 bbooks@naver.com

ISBN 979-11-89898-23-6 03300
값 | 24,000원